引论一

古者太平，万民和喜，瑞应辨至，乃采风俗，定制作。

——《史记·礼书》

观风俗，知得失，自考正也。

——《汉书·艺文志》

移风俗于王化，崇孝敬于人伦。

——《晋书·文苑传》

弘长名教，敦励风俗，宜加褒显，以劝将来。

——《旧唐书·孝友传》

清白畏慎，为政必先究风俗。

——《新唐书·王质传》

乐哉！天下安宁。道化行，风俗清。

——《宋书·乐志》

引论二

本之天理，民彝之大，而并及夫衣服饮食之细，通乎古今治忽之微而不遗乎？簿书朱墨米盐之末，夫人得而观之，知山川如是，物产如是，风俗如是，人物仕宦文章如是，古如是，今如是，而岂无所思乎？观山川，思朝廷疆理之艰；观物产，思细民力作之苦；观人物，思前言往行之可法；观风俗，思故习转移之孰在；观仁宦，思旧政臧否之可鉴；观文章，思其人贤否何如，其世污隆何如。凡接乎目，必有动于中，而思为吾人所以为之之地，岂徒资见闻考索而已乎！

——明正德·周季凤《云南志·序》

窃尝念日月星辰系于天，鸟兽草木系于地，君臣父子夫妇昆弟朋友之伦系于人，耳目口鼻系于面，喜怒哀乐系于情，金石丝竹匏土革木系于音，以奕系秋，以丸系僚，凡类此者，其所系殆无穷也……然而斯系也，发缠绵之隐，任杼轴之劳，生滇者观之，当兴经纶雷雨之思，吏滇者观之，当深桑土绸缪之计。

——清嘉庆·师范《滇系·自序》

国家大经大法外宜兼详民事也。中国旧史，大都详朝廷制度，略于民间礼俗。《史记》独多言民事，千古称之，今宜扩而充之。凡民间礼俗之大，居处炊食之细，及一切日用之于风教有关者，良窳得失，灿然无遗。考其原委，上补前史之缺，明其变通，下征进化之美。庶几免一姓家谱之诮乎！

——民国·袁嘉穀《与清史馆馆长第一书》

方志之作，其体史也，其用则政书也。一方宜详考历代文化递嬗之迹象，以为征文考献之资；一方宜备载民情风土之所宜，以为施政牖民之鉴。故收罗必广，记载必周，庶几彰往察来，可裨实用。

——民国·周钟岳《新纂云南通志·序三》

引论三

云南善地，朕所亲历，倘非天命有归，愿封于此足矣。

——元世祖忽必烈（见民国《滇绎》）

云南之地，稽之古典，气厚风和，人民尚兵。

——明太祖朱元璋（见明洪武《云南机务抄黄》）

气厚风和，君子道行之所系。

——明太祖朱元璋（见明·刘文征《滇志》）

士大夫多材能，乐事朝廷，不乐外宦。

——元·虞集《云南志略·序》

田无旱潦，米不传输，山泽之利，取之无禁，民至老死不相往来，他方乐土未必胜此也。

——明·谢肇淛《滇略》

人禀名山大泽之气，子弟多颖秀，科第显盛。民遵礼教，畏法度。士大夫多材能，尚节义，彬彬文献，与中州埒。

——明·刘文征《滇志》

云南府：自元明至本朝，人物科第，后先振起，服食器用，骎骎乎有中原之风焉。汉多彝少，风气渐开，士雅民淳，教化易入，耕织贸易，各安其俗。

昆明县：士多秀颖，素重名义。民性淳良，不好争讼。但近城市多习贸易而少事耕织，服食交际不无奢靡耳。

——清康熙《云南府志·风俗志》

惟滇会区，西南要地，握两迤枢，应井鬼位，地灵所钟，物华所萃，昆水深凝，金碧高峙，秀谷苍峦，奔赴而至，疆域既雄，形势自异，时序既合，畜植自利，况尔民风，简朴易治，扶之育之，厥有其事，往哲前贤，茂迹不坠。

——清康熙《云南府志 · 地理志 · 序》

兵民错居，闾阎栉比。野安耕凿，户习诗书。民无告讦之风，士有干谒之耻。

——清雍正《云南通志 · 风俗 · 云南府》

滇南人心风俗，视他省独厚。兵将一心，忠义奋发。砥柱天南，军威一震，中原时势转弱为强，又不独全滇之幸，实天下大局之幸也。

——清 · 吴鲁《昆明县志 · 序一》

惟滇首邑，西南乐土。君子攸宜，行道之所。

——清道光《昆明县志》

吾滇人重去乡，昆明为尤甚。县中自士大夫之服官于外，惟乡举赴礼部试，乃出里门。否则，井田桑麻以终老田间为乐也。其他牵车牛远服贾者，百不一二见，以故淳朴之气较他处为优。然碍以见闻辄失之窒，漆园叟之所谓拘于墟者，信乎。

——清道光《昆明县志》

世所称本籍人者，言之其性质纯善谨慎，息事泯争，各务生业，各守本分，且思想缜密，举措敏捷，在昆明县全境中当首屈一指，是其优点。惟富保守性，无冒险进取之志，又喜独立不羁，少合群美德，加以近年竞尚奢靡，中人之家，多属外强中干，是其缺点。至于业工者，间守成规，不思改进，业商者习于诈伪，罕见诚实，故市内凡有起色之工商业，皆操外省外国或外县人之手，尤为莫大缺点。

——民国《昆明市志》

碧

老昆明的近代化始于清代后期的洋务运动，并随着后来的变法、新政逐渐深入。到了清末，昆明自主开办商埠，滇越铁路通车，近代化高潮涌进昆明，并持续到民国时期。清末昆明城里出现了交涉使司署、巡警道署、劝业道署，出现了海关、商埠总局、云贵电报总局、大清邮政局、云南陆军学堂等数十个事业机关，还出现了一批前所未有的新行当，不少旧式“行当”也逐步“近代化”，昆明开始拥有近代工业、近代商业、近代教育、近代交通、近代文化事业、近代金融、近代医疗、近代娱乐等。

随着城市近代化，新的城市功能也出现了，除了传统的军事、行政、财政、水利功能外，近代市政也进入了昆明，出现了一大批近代公用事业，如通商、学校、路桥、工厂、供水、供电、电话、电报、邮政、消防、排污等。特别是辛亥革命和护国起义后，昆明社会相对稳定，近代工业和近代公用事业大量涌现，昆明人主动引进国外先进技术、设备和管理，引进外国先进的城市管理模式，在半个多世纪的转折时期里，老昆明迅速从旧式城堡发展为近代城市。

老昆明 旧话旧照 那些行当

朱净宇 编著

云南美术出版社

图书在版编目（CIP）数据

老昆明旧话旧照．那些行当 / 朱净宇编著．-- 昆明：云南美术出版社，2019.1（2024.6 重印）

ISBN 978-7-5489-0295-9

Ⅰ．①老… Ⅱ．①朱… Ⅲ．①地方文化－昆明 Ⅳ．① G127.741

中国版本图书馆 CIP 数据核字 (2019) 第 026313 号

选题策划：张文璞　肖　超

责任编辑：孙雨亮　韩　洁　何　花
整体设计：高　伟　昆明创境广告有限公司
责任校对：杨谨瑜　沈正德　洪　娜　赵　婧
摄　　影：[法] 奥古斯特·费朗索瓦（方苏雅）
[美] 伯特·克拉夫奇克
朱净宇　赛　克　王　浩　孙家福　等

老昆明旧话旧照 那些行当

朱净宇 编著

出版发行：云南美术出版社
印　　制：昆明美林彩印包装有限公司
开　　本：787mm × 1092mm　1/16
印　　张：21.75
字　　数：400 千
版　　次：2021 年 6 月第 1 版
印　　次：2024 年 6 月第 2 次印刷
书　　号：ISBN 978-7-5489-0295-9
定　　价：98.00 元
电　　话：0871-64107562　64195028（营销中心）
社　　址：云南省昆明市环城西路 609 号云南新闻出版大楼 24~25 楼　邮编：650034

序

叮叮糖，

叮叮糖，

吃了不想娘，

想起娘来哭一场。

还记得这首昆明儿歌吗?

如今一座座高楼平地而起，水泥钢筋，直插云天，势不可当，犹如夜场上的欢歌狂舞，灯红酒绿，甘之如饴，让人欲罢不能，恰似“吃了不想娘”的“叮叮糖”。

身后一间间老屋黯然离去，依稀故人，如烟往事，魂牵梦绕，又似月光下的二胡独奏，余音绕梁，乡愁涌来，让人情不自禁，“想起娘来哭一场”!

“糖”可养身，“娘”可安心，鱼与熊掌，“想”与“不想”，如何兼得?——老昆明的儿歌一语成谶，不服不行。

一

来了城市化，正好寄存皮囊；走了老昆明，何处安放灵魂? 600年的近日楼早就消逝了，“九里三分”的城墙早就没有了。淡出昆明的还有五华山的瞭望塔、藩台衙门的菜市、得胜桥的桥头堡、象眼街的大象铺石、太和街的石板路、北门街的唐家花园、威远街的龙公馆、惠家大院的西南联大“教授楼”、塘双路的滇越铁路车站建筑群、巡津街东廊的法式楼院、文武官员到此下马的文庙大门、“一颗印”和“八面风”建筑成群的武成路、长春路和大观街，还有护城河、洗马河、金汁河、银汁河、玉带河、西坝河、篆塘河、明通河、采莲河、金家河、乌龙河、兰花沟、大小绿水河和新老运粮河，有的河段消失了，有的河段成了地下暗河、城市下水道……彷徨在后现代的门槛前，可叹“鸡鸣紫陌，马踏红尘，教弟子向哪头跳去?”

（明·陈用宾撰金殿楹联）

城市化突如其来，来势汹汹，昆明主城膨胀，人口锐增，“九里三分”骤然稀释，八方人潮迅速聚集。外则改天换地，内则脱胎换骨。当初逐鹿丛林，心无旁骛，此后利弊互见，触目惊心：江山依旧而城市变形，高楼林立而霸气侧漏，街巷划一而面目全非，不知此城为何城！邻里星散而乡情解体，人心不古而世风日异，个性消解而文脉错位，直认此城为他城——若有所失，满怀乡愁，又不知往哪里安放?

我们曾自以为离得开“老昆明”，听任它消解淡化，渐行渐远。但它总会悄然归来，或隐或现，无形无影，无声无息。但无形之中，它仍然会一飞冲天；无声之处，它仍然会一鸣惊人——夜半猛醒，乡愁袭来，扪心自省，清泪两行。原来“老昆明”无所在而无所不在，无所能而无所不能，它永远留驻在我们心中，渗透在我们的血脉里。

二

天佑昆明，让昆明得天独厚，四季如春；让昆明得地独秀，山奇水异；让昆明得城千年，史迹遍地；让昆明得人百族，风情别具。人说昆明，元世祖称之“云南善地”，明太祖谓之“气厚风和”，明代四川状元杨慎赞之“春城”，清代云南“状元”袁嘉穀称之“可恋可誉”。老昆明不仅在高原山水之间留下了一座美轮美奂的城池，还为我们留下了特殊的地方文脉，深厚的文化底蕴，鲜活的城市个性，独有的山国气质，传奇的历史记忆——这是昆明的灵魂，是昆明的精神，是昆明人的“娘”。

面对老昆明，我们应有敬畏之意、惕惧之心，然后可知昆明云彩独奇，月亮独大，堪称天下唯一；可知昆明“三山一水”“五湖四海”，全是风水宝地；可知30000年前有“昆明人”，10000年前有“贝丘文化”；可知从庄蹻而有滇国，从《史记》而有“昆明”；可知从南诏而有拓东路，从辛亥而有光华街；可知先祖多来自柳树湾，先人多出自高石坎；可知昆明人有容乃大，道、儒、释三教一体；可知山国有寡民，有“温吞水”性格，有“家乡宝”情怀，还有“不问能不能做，只问该不该做”的血性。

人常存敬畏之心，可以知礼，如做官之“修身齐家，正己化人”；可以知义，如“联大”八百壮士之从军，书生意气亦慷慨；可以知廉，如刘文征家两代清官，满城争睹“刘青菜”，如严清之廉正，官至尚书而早朝无腰带；可以知勇，如钱沣之千字文弹劾和珅，如马毓宝之满腔热血独赴“一战”；可以知用，如“黄包车”之押解日寇战俘，“闪扁担”之挑送斯诺行李；可以知荣，如战国青铜器沉淀之“南方丝路”信息，民国“工程碑”记载之中国最早水电厂；可以知善，如老中医之讲医德还要讲气节，老商人之“诚朴”经营而多积“阴德”；可以知难，如禹碑“蝌蚪文”之怪诞，王官坟碑武则天造字“埊”“圀”之奇僻；可以知源，如“吃馒馒”“颤嘟嘟”都是“宋词”，“硬挣挣”“恶嗽嗽”出自“元曲”；可以知古，如清代开发过房地产，抗战时就有过“大昆明规划”；可以知趣，如警察敲门而店铺开张，“邮政骑马”而“电报骑牛”；可以知音，如街上有人喊“有旧衣烂裳么找来卖——”，巷口有人叫“咳嗽、发烧呢买药啦——”；可以知美，如杨慎之诗，如担当之画，如孙髯之联，如钱沣之字……

惕惧则可以知己之丑，有“见闻辄失之窒”（清道光《昆明县志》），“无冒险进取之心”（民国《昆明市志》）；可以知人之耻，冯甦卖身搭着老娘卖，“贪官碑”上贪官贪得遗臭万年；可以知乱世之祸，吴三桂作乱天下而身败名裂，徐之铭巡抚云南而竟杀官越财；可以知无德之恶，“天盛当诱人上当，王安良丧尽天良”；可以知“围海造田”之蠢，买官卖官之害；可以知城隍庙之神，东岳庙之鬼，善而有善报、恶而有恶报。

敬畏而惕惧更可以知足，知足者常乐，知乐者忘忧；可知汉唐宋元，伟烈丰功，卷不及暮雨朝云；可知天有常道，人有常志，后人须择善而从；可知“尽人事、知天命”而行大道；然后知可为，知不可为，知其不可而为之，达到从心所欲、不违天命的最高境界。

惕惧还可以知“龟蛇龙气”之谬，“金碧交辉”之误；可以知早年书圣更比孔圣“拽”，西寺塔“跑”到东寺街；可以知城隍庙有宣讲“圣谕”的右厢房，南教场有砍头示众的大刑场；可以知“老将”于教场“祭霜降娘娘”之丑，考官于科场上演鹿鸣闹剧之陋；可以知科场如戏场，入场要搜身，封门要拜鬼；可以知官场如剧场，官印要避邪，坐堂要“排衙”；可以知男女曾经不得同台演戏，不得同场看戏，大家闺秀出门脸上要盖一块蓝布；可以知婚前要赶“鞭猪”，婚夜要造“捶门柬”；可以知报丧不进门，磕头不值钱；可以知“女德”之害，那贞女、烈女、节妇、义妇，误了多少卿卿性命；可以知禁娼之奇，妓女要腰悬白绸，穿彩色短装，违禁嫖娼要罚款，还要打手心；可以知当年筑大烟囱要看“风水”的脸色，治大病要请“师娘”

来跳神，无端“开矢口”、有病“洒烂药”……

如今，这一切只能从历代史志、先人笔记、石刻碑传、耆老回忆、坊间传闻中去寻找了，这是一种遗憾，也是一种幸运。随着困惑不断显现，乡愁不断反弹，社会不断开放，资料不断积累，探讨不断加深，记忆不断扩展，影像不断涌现，让我们的老昆明寻觅有了更加多元的角度、更具内涵的深度、更为包容的广度。数年之间，沉浸其中，几次搁笔叹息，小小古城昆明，围城不过九里三分，人口最多不过10万，竟留下了如此厚重的精神遗产——说不完的历史往事、看不断的市井风情、数不清的奇人贤士、道不尽的本土文化，令人叹为观止。历史可畏，先人可敬，如果我们不进行盘点，不进行整理，不得之于祖先而传之于后人。那么，我们将愧对天地，愧对前人，愧对后代。

三

古人修史志而讲“实用”，无非两条：一是“资治”，所谓“施政牖民”是也；二是“资文”，“以为征文考献之资”（周钟岳《新纂云南通志序》）是也。其实还应该有一条，那就是“资民”，即“资”百姓。“资治”是“肉食者”的事；“资文”是“串荤食者”的事；“资民”才是“草食者”的事。

我们可以充满善意地想象，早年如果了解清代和民国两次“泄湖涸田”的论争，“肉食者”们“围海造田”的蠢事或许会有所收敛；如果认真考辨过“春城”和“龟城”的由来，或许会改变一些“食串荤者”人云亦云的话风和文风；而“宾馆菜”和“名人菜”的开发，则很可能会让不少“草食者”大开“洋荤”，大饱口福——以今天的眼光来看，许多往事未免可笑，“然后之视今，亦犹今之视昔”（周钟岳《新纂云南通志序》），自不必讪笑前人。读一书而可知前人如何生活、可思今天如何生活、可求以后如何生活，善莫大焉。

中国自古就有重视风土习俗研究的传统。《史记·礼书》称“古者太平，万民和喜，瑞应辨至，乃采风俗，定制作”；《汉书·艺文志》说“观风俗，知得失，自考正也”；《晋书·文苑传》说“移风俗于王化，崇孝敬于人伦”；《旧唐书·孝友传》说“弘长名教，敦励风俗，宜加褒显，以劝将来”；《新唐书·王质传》说“为政必先究风俗，所至有惠爱”；《宋书·乐志》说“天下安宁，道化行，风俗清”。为此，就要“详考历史文化递嬗之迹象”，“备载民情风土之所宜”，而且“收罗必广，记载必周”，“彰往察来，可裨实用”（周钟岳《新纂云南通志序》）。云南“状元”袁嘉穀认为：“中国旧史大都详于朝廷制度，略于民间礼俗。《史记》独多言民事，千古称之。今宜扩而充之，凡民间礼俗之大，居处饮食之细，及一切日用之于风教有关者，良窳得失，灿然无遗”。不但要“兼详民事”，还要“考其原委，上补前史之缺，明其变通，下征进化之美”。此外，邮电、轮船、铁路均应列专志记述，“庶几免一姓家谱之诮”（袁嘉穀《与清史馆馆长第一书》）。

这里既不是“一姓家谱”，不是“一方宦绩”，也不是“一纸琐闻”。这是一次用心独到的采访，一次悲喜交集的重逢，一次真挚谦卑的致敬，一次诚惶诚恐的救赎。笔者不揣浅陋，试图以今人的视角、今世的眼光、今天的话语重拾记忆、重述历史、重访风土、重叙人情、重现民俗、重论传统、重返文化、重获个性——不敢妄说“成一家之言”，亦求“究天人之际，通古今之变”（司马迁《报任安书》）。

公元1895年，列强瓜分中国大势已成，中国遭遇前所未有之巨变，当彼之时，启蒙思想家严复写了一篇《论世变之亟》，谈及中西文化传统，其有一番精彩的论述：“中国最重三纲，而西人首明平等；中国亲亲，而西人尚贤；中国以孝治天下，而西人以公治天下；中国尊主，而西人隆民；中国贵一道而同风，而西人喜党居而州处；中国多忌讳，而西人重讥评。其财用也，中国重节流，而西人重开源；中国追淳朴，而西人求欢虞。其接物也，中国美谦屈，而西人多发舒；中国尚节文，而西人乐简易。其于学也，中国夸多识，而西人尊新知。其于祸灾也，中国委天数，而西人之恃人力。”有意思的是，百年前的中西文化差异，如今多半演变成了现代昆明与传统昆明的文化碰撞，面对如此尴尬的“移风易俗”，也只能如当年的严复一声叹息：“若斯之论，并存于两间，吾实未敢遽分其优绌也。”

滇人、昆明人爱国爱乡，都是“家乡宝”。清乾隆年间，云南进士周於礼在京为官多年，曾遥望西南，赋思乡诗曰：“神茫茫，思转长，彩云一片是吾乡。”云南“状元”袁嘉穀说：“吾中国人也，读中国书，应有光大中国之作以报中国。”又说：“云南者，中国之一部也。吾生云南，壮而游，老而归，六十年读云南书，应有光大云南之作以报云南。”他大声疾呼：“滇之人生滇、爱滇，将以保永久之滇，不得不考古之滇，以兴起将来之滇。”（《云南大事记》）

先贤教诲，言犹在耳。一介书生，得立于巨人肩上观察、垒字，幸而左右逢源、上下有据、俯仰有道、进退有方，尽管秃笔一支，乃能从心所欲，从容不迫，集古今之成，得一家之言，何其幸也。然而，这毕竟只是一次特殊的“采访”，资料浩如烟海，纲目千头万绪，人事众说纷纭，虚实百口莫辩，又何其难也。笔者勉为其难，博采各家之长，众人之说，以百姓为本，以民事为主，以风土为根，以文化为魂，以纪传体为纲、为目，以笔记体为文、为篇，分门别类，编纂成书。无奈学有不及，力有不逮，虽历时五载，日旰忘餐，反复修改，分辨真伪，考证谬说，仍然错误难免，若得高人指教，一一纠正，更何其乐也！

朱净宇

2020年5月4日于昆明虹山

目录

老街市

老交通

陆上交通

桥梁交通

水上交通

空中交通

老水利

老农业

老金融

老工商

老房产

老文教

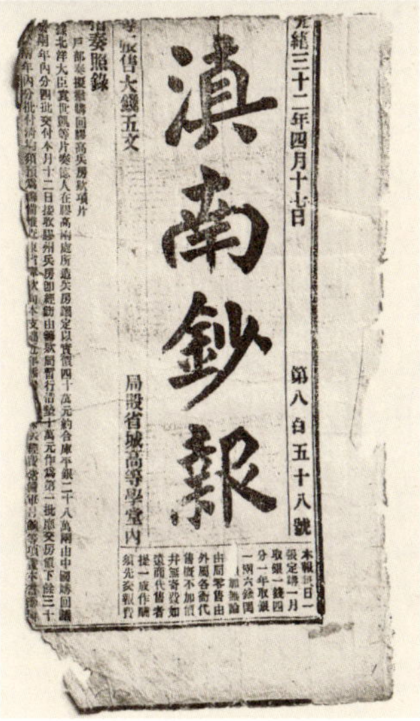

老药堂

老医院

老集园

参考书目

后 记

近日樓

老街市

昆明坊间曾流传过一首花灯《数西调》，唱的就是老昆明的街市风情、市井百态，其娓娓道来，方言精到，诙谐生动，活泼有趣，把一幅清末民初的昆明版《清明上河图》展现在我们面前：

仿这份儿

我不说今论古，只唱唱昆明城这颗滇中明珠。

七座城楼千条路，四通八达好进出。

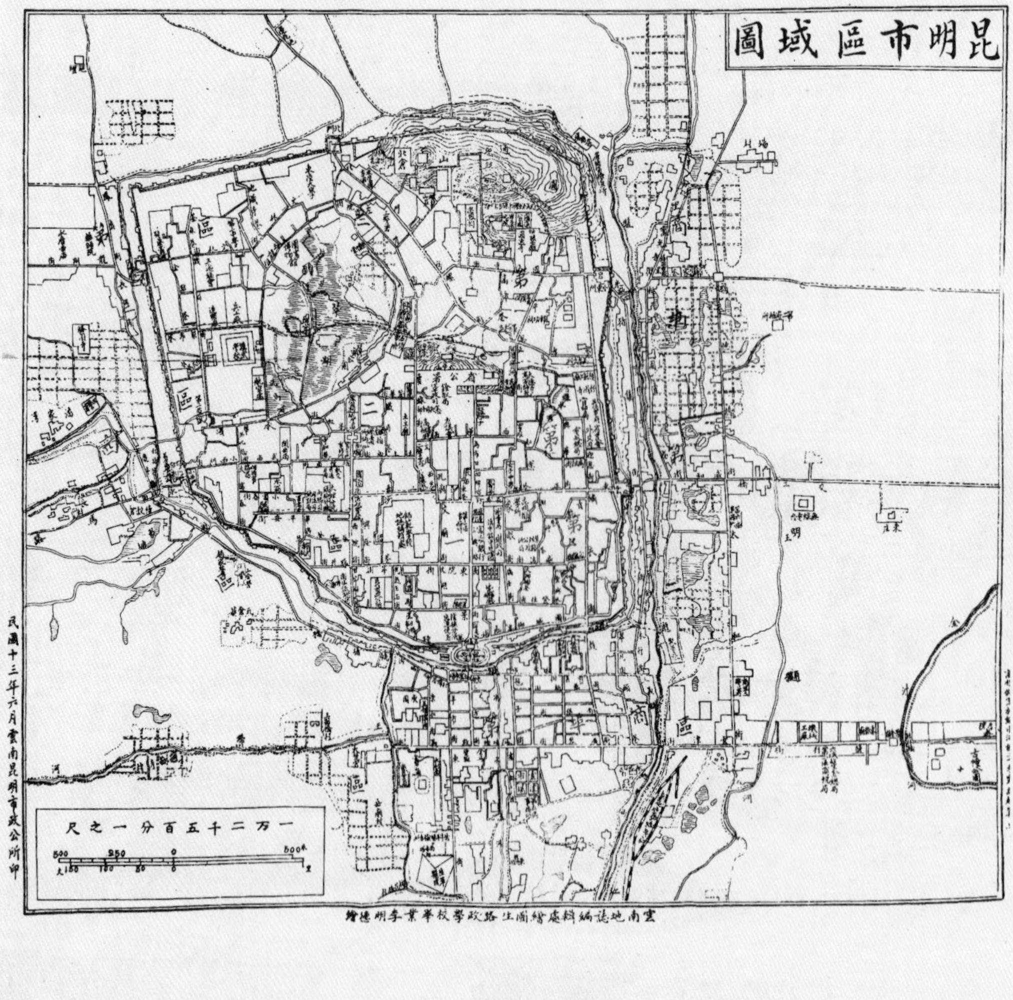

一道盘龙江水流千古，三山四海美名出。
城里藏龙又卧虎，商贾云集学生在读书。
苍松翠柏古树木，牌坊就有好几处。
到处是些石头路，古香古色赛京都。
五华山旧时也是省政府，唐继尧在这点儿做过都督。
正义路原本是些布匹铺，三市街更多的是“米老鼠”。
东寺街开的是纸马铺，尽卖些香蜡和纸烛。
金碧路广东人卖起狗肉，买盐巴你要走到拓东路。
二蠹街铜匠在出入，三蠹巷中多是些棺材铺。
宝善街炊具店琳琅满目，南教场尽卖些破旧烂衣物。
同仁街叫花子常出没，玉溪街小锅米线把名出。
武成路有几家腌菜铺，端仕街的卤饵快油露露。
文庙街多开些帽子铺，景星街的烧鸭最饱口福。
福照街是裁缝们的打堆处，武成路下段更多的是棉絮铺。
大西门兜底就马店多，大观街的碾米房有好几处。
金牛街尽开些削皮铺，晓东街是电影热闹处。
桃园街当然有桃树，柿花巷就找不着柿花的生长处。
文明新街开着几家照相铺，王运通家的膏药拔尽总毒。
大都会里天天在跳舞，男女搂着挪着还抱住。
大井巷的摩登女图凉快不穿汗裤，风吹旗袍露出屁股。
穿城古楼里常摆赌，六道城门有许多吹烟铺。
拉黄包车的车夫好辛苦，浑身上下挂汗珠。
外省人来云南苦不堪诉，拖儿带女让你肉疏，
抓一把荨麻来揩屁股，刺疼了骂几声昆明狠毒。
抢人事常发生不分公或母，海心亭好大的鱼听说会吃猪。
洗马河边是军校，承华圃街成了操兵路。
钱局街边枪炮局，站门的兵神气扎实足……
栗成之的滇戏唱得数，马连良到昆明拜他做师傅。
金素秋的京剧更是突出，盘丝洞唱三天都演蜘蛛。
马云顺开过个花灯铺，整一段张小二哪个不佩服？
无钱人在昆明千辛万苦，有钱人到昆明享尽清福。
（见《文化昆明》等）

○"以市为景"的老街子

三市街街市

南城墙下的小吃摊

早年昆明人逛土纸市场

老昆明的集市叫街子，赶集叫赶街，赶街的日子叫街天。早在元代，李京的《云南志略》就记载滇中称"市井"为"街子"，人们上午聚集到街子交易，傍晚时散去。街天按十二生肖来排，街子也按十二生肖取名。到了明代，谢肇淛的《滇略》也记载说，滇人称市场为"街子"，并以日支命名，如逢"辰日"赶街的叫"龙街"，逢"戌日"赶街的叫"狗街"等。每逢街天，四方货物汇集，中午开始赶街，太阳偏西才散市。下至清代，康熙年间的《云南府志》又记载，滇中"日中为市"，都叫作"街"，以十二生肖安排各处街期，逢"子日"赶街的叫"鼠街"，逢"丑日"赶街的叫"牛街"等。各个街子的街期都不一样，以便交错赶街，进行交易。清嘉庆年间的《滇系》提到"街子"，也有类似的说法，并称一般是"每五日一街"，而"村城不同日"。老昆明城五华山前有马市口、南门外有羊市口和珠市街、东门外有珠玑街，一般认为这几个街名是从牲畜市场演变来的。但也有人认为，这几个街名应从以日支命名的马街、羊街和猪街演变而来——早先"猪街"或"猪集街"都是亥日（属猪之日）赶街，为了"雅驯"，后来才改名"珠市街"或"珠玑街"。

如今昆明西郊有马街、呈贡有龙街、宜良有狗街等，则可以肯定是以街天所属十二支得名的。有时街天也会按农历日期来安排，街名也就跟着走，昆明安宁有二街，每月逢二赶街；有七街，每月逢七赶街；有八街，每月逢八赶街；还有一六街，每月逢一、逢六赶街。晋宁也有一街子，每月逢一赶街——如此“街”名，既简单，又方便。

早年大东门外小街茶馆

早年石屏会馆旁石碑市场

早年东郊的棉絮毡子市场

至于民国昆明的街子，“分别起来，官渡、矣六甲、小街子，是每日午街；九门里、寅峰街、小山头、六甲、官庄，是每日早街；大板桥，隔日有街；小板桥，系巳亥日街；鸡街、龙潭街、龙头街，系辰戌日街；马街，系子午日街；兴街、乐亩街、下冲街，系卯酉日街；高峣街、海潮庵街、团山乡，系寅申日街；普吉街，系丑未日街。这些都是六日期的。西华街是逢二、八日赶的；晖湾街是逢一、五日赶的；乡贤街是逢四、九日赶的。就中以官渡、小板桥、大板桥、马街、鸡街、龙潭街、龙头街、普吉是为繁盛。”当时“各街集所售物品，以粮食、蔬菜、油、盐、柴、炭、布匹、牲畜、农具等为最多；其次就是特产土物和建筑材料。至于奢侈品、化妆品都很少。农村俭朴风气，尚能维持不坠，这是值得称述的！”（民国《昆明县乡土教材》）

提到云南的街子，明人谢肇淛的《滇略》中还有一段记载，说云南“以市为景，游人纵观”——云南人赶街不仅仅是买卖交易，还凑热闹，看新鲜，有“逛市”和“玩市”的意味。云南每个月的街子还各不相同——“正月灯市，二月花市，三月蚕市，四月棉市，五月扇市，六月香市，七月宝市，八月桂市，九月药市，十月酒市，十一月梅市，十二月桃符市”。直到清代，滇中仍然“一岁有十二市，俗皆以市为景”（清嘉庆《滇系》）。这和昆明的季节和节庆有关。昆明的女娃娃这样唱道：

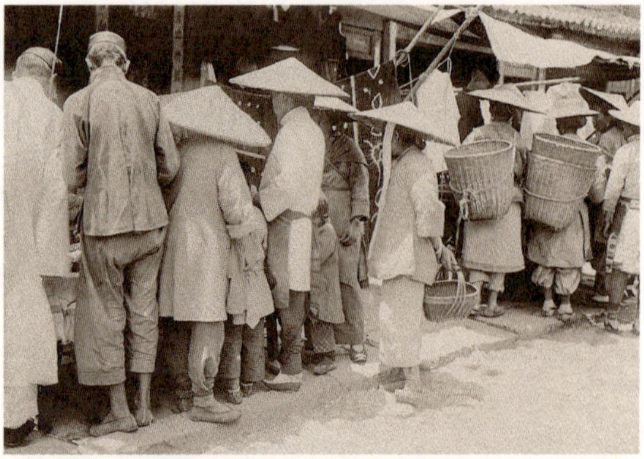

老昆明的布市，前店在出售蜡染织布

昆明人逛街子

张打铁，李打铁，
打把剪子送姐姐。
姐姐留我歇，我不歇，
我要去张家楼上去打铁。
打到正月正，狮子闹龙灯。
打到二月二，龙抬头。
打到三月三，约着姐妹耍西山。
打到四月四，跟妈去耍昙华寺。
打到五月五，五只龙船敲花鼓。
打到六月六，家家门前晒红绿。
打到七月七，七个果子甜如蜜。
打到八月八，八丫西瓜献月牙。
打到九月九，九朵菊花泡烤酒。
打到十月十，十只小猫偷鱼吃……

老昆明的街子不但有买场，还有看场。“云南十八怪”中的“鸡蛋拿草串着卖”“树上松毛扭着卖”“蚕豆花生数堆卖”都是看点。这首儿歌和明人谢肇淛《滇略》的记载有异曲同工之妙——

“正月灯市”在春节之后。此时昆明城内外官府、商民还在过节。市面铺户都关着门，但另一些小商贩却乘机满街摆摊，挂出字画，摆出各种儿童玩具，如花脸、号鼓，还有木头或洋铁皮的火车、轮船、飞机等儿童玩具。到正月十五的上元灯节（元宵节）前，三牌坊东边菜市上更摆满了用纸纱糊成的鱼灯、龙灯、狮灯、兔灯和小脚灯，元宵节时，昆明本地和广帮、川帮的商人老板都要组织一班人耍龙灯、舞狮子，引来大批市民围观，热闹非常。

“二月花市”在花朝节。昆明民间以农历二月十二为百花生日，要举办“花朝节”，有花市、花展，还有花会。男女老少倾城出动，上街入寺，赏花买花，延续多日，把昆明装扮成一座花城。

“五月扇市”，盛夏来临，端午节前，凉扇、香囊、香枕和麦秆编制的五角粽角畅销。而端午节之日，昆明三牌坊、甬道街又摆满各种花木，任人选购。

“七月宝市”赶上了“七七”乞巧节和七月十五中元节，昆明街面上不但出售麦秧、水果、菜蔬，还有各种纸钱、纸元宝等，以供市民祭祀先人。

“八月桂市”时逢中秋节，月饼、水果、鲜花又是必不可少的商品。

“九月药市”又逢“九九”重阳节，昆明民间习俗要喝“菊花酒”，有的自己采集，洗净冲酒，有的直接到街上购买，十分方便。

走街串巷的小商贩

再说“十一月梅市”，昆明梅花开得早，街市上有村姑叫卖梅花枝条，买来就可以插瓶了。

“十二月桃符市”在过年之前，昆明人过年要办年货，街市就更火了。满城售卖门神、对联、桃符、爆竹、烟花、玩具等，而以制台（总督）衙门前的甬道街最为热闹。

《滇略》说云南“一岁凡十二市”，老昆明每个月的市场都有不同的特点、不同的看点，造就了“以市为景，游人纵观”的市场奇观。对此，昆明也有童谣：

大板桥，耍一耍，新箩箩，耍回来；
官渡街，耍一耍，白饵块，耍回来；
小板桥，耍一耍，凉篾帽，耍回来；
昆明城，耍一耍，新衣裳，耍回来。

还有：

一出东门东又东，东门卖点小花红。
二出南门南又南，南门卖点小橄榄。
三出西门西又西，西门豆腐白稀稀。
四出北门北又北，北门卖点烧玉麦。

早年大观河边的交易市场

○日本经济情报中的清末昆明街市

清代后期，昆明城内外的行业已经发展到50多种，并且出现了一定的行业聚集于某个街区、某几个点的现象。据有关资料，清光绪年间，南门顺城街、西门凤翥街一带为迤西马帮的主要站口，城东的大板桥为迤东马帮的主要站口；昆明的米市集中在南门、小西门、小东门三处；菜市集中在三牌坊至四牌坊一段、南门外三市街、大东门三处；猪肉市、花市集中在三牌坊至四牌坊一带；猪肉、羊肉，鱼市、灯市集中在三牌坊；海味、干果、煎销、金字、银匠行业集中在三牌坊上街；绸缎行业集中在三牌坊下街；芙蓉铺、脂粉铺、绒线铺、纸笔墨铺、药材铺、糕饼酱菜铺、布铺、烟叶芦茶铺集中在四牌坊至马市口；羊肉市集中在南门外羊市口；旧衣市集中在福照街；旧货市和铜锡器铺、箱铺、新号铺、玉器铺、皮革铺、缅货集中在二囊街（今民权街）；轿行、灯笼店、饭店、金箔店、衣帽铺集中在总督署附近街道；绸缎铺、布匹铺和花纱铺集中在三市街；金箔锡箔手工业集中在甬道街；象牙器集中在文庙街；帽业、象牙业、翠花业、油布业集中在文庙正街；攒裱画匠、绣花集中在书院街；靴鞋铺、帽铺、皮革铺集中在东院街；布铺、纸铺、干果铺集中在按察司街口而下至正南门前；白铜器业、篾帽业、毡条业集中在南门月城；川杂货集中在凤凰桥两边和四川街；印花布集中在中堆；丝棉线铺集中在珠市街（今宝善街）；玉溪布及裹脚线带等集中在玉溪街；药材业、土杂货业、麂皮衣物业集中在打带巷到顺城街的街上；广洋杂货集中在广聚街。（见陈树志《清

日本人所拍民国初期的昆明正义路

日本人所拍民国初期昆明露天街市

代—民国时期昆明城会馆研究》)

清代末期，日本军国主义者为侵略中国，把情报工作延伸到中国大地，做到了云南。他们派出领事官员和特务学校同文书院云南班的学员来到昆明，除窥探城镇、地貌军事情报外，对居民、风俗、寺庙、商业、服务业、手工业、交通运输、农业、林业、副业、渔业的情报也很重视。近年来，日本间谍镜头下的昆明照片被发现，其之系统和缜密，令人心惊。至于文字情报，可以从清宣统二年（1910 年）日本外务省通商局编辑的《云南概况》中看出来（见《昆明市志长编》），其中对昆明城内的商业分布描写得十分详细：

1. 南正街、三牌坊：从南门直线向北，省城第一繁华街道也。洋纱铺三十余家，丝线铺二十余家，其余为洋杂货铺。

2. 四牌坊、马市口：四牌坊有陶瓷器铺十家左右，马市口有洋纺铺数家，外有书铺、药铺及劝工局售货处等。

3. 辕门口、东院街：辕门口以帽靴铺为多。东院街开设洋广杂货铺。

4. 西院街、福照街：西院街以棉衣铺为多，并有马鞍店两三家。福照街则售上等衣类及蒲团等。二纛街以玉石器、铜器、衣类店为多。

5. 长春坊、树（熟）皮坡、东门正街：此街以饮食店、古玩店杂其间，并有盐行数家。

6. 粮道街：此街以客栈、夫行为多。

7. 书院街：此有刺绣店数家，余则书画装裱店为多。小西门正街则开设小店铺杂其间，登仕街为资本家住宅。

8. 南门外：三市街有米商及饮食店数十家，至售蔬菜，多设露天地摊。云津街接滇越铁路终点站。太平铺、盐店街（真庆铺）盐店为多。

9. 东门外：金牛街贩卖牛、马、羊等及制革业为多，猪集街则杂开小店。

10. 西门外：永平街、庆丰街有米商数家。

总之，大商店多在南门外，此地与车站相近，且开辟为商埠，省城商业，将向此方面发展。

○滇剧唱段里的老昆明街景

民国时期的老昆明街景，曾被编进民间的滇剧和花灯调，编的唱的演的全是本地风情，通篇百姓语言，完全草根角度，富于乡土气息，很受昆明人欢迎。

早年昆明有个滇剧名票叫高竹秋，20 世纪 30 年代初，他曾自编自导自演了讽刺喜剧《新探亲》。此剧上演后，引起坊间轰动，是当时少有的一出成功的时装剧。剧中有一大段唱词，叫《昆明景》，写的就是昆明街市。这段唱词多用方言俚语，

忠爱坊下的街市

河堤路上的驮马

坐滑竿的“上等人”

城墙下卖小铁器的残疾人

生活气息浓郁，听来朴实亲切，更寓情于景，寓讽于景，针砭时弊，深接地气，为全剧添色不少。所唱昆明街景，从南到北，从东到西，几乎唱了个遍，无不生动活泼，让人如临其境，如见其人，堪称绝妙好词：

承祖业经商做生意，无非是将本求利息。

铺子开设在昆明地，我把那昆明市面提一提：

省政府在五华山头起，几位委员一主席，

全省军政总管理，拥护还靠民众力。

下得山来往西去，省党部就在右隔壁，

里面供的孙总理，青天白日两面旗。

马市口一路走下去，三、四牌坊步步低，

绸缎铺统统在这里，京、广、洋、杂样样齐。

“万来祥”生意做得好，“振环药房”远不及；

“赵丝线”花绒颜色齐，“汇康”百货数第一。

下几步四层楼耸起，“华丰”茶楼在这里，

下层冲凉把澡洗，三楼上面吃素席，

“老板华堂”本姓李，一天到晚笑眯眯，

倘若要办红、白席，请他帮助最得力。

走累喝茶歇口气，“大华社”内讲交谊。

十字路口“天宝利”“毕大蜡烛”刷红漆。

"道冠古今""德配天地"，文庙里面鸟兽齐，

老虎、豹子和狐狸在，还有孔雀和野鸡，

猕猴跳来又跳去，一只狗熊黑漆漆，

陈列着图书和机器，民众教育要普及。

二纛街走上去，三纛巷打铜器。

土主庙街转过去，劝业场内卖旧衣，

城隍老爷走运气，满堂神像化灰泥。

黄公东街走下去，夹岸柳荫翠湖堤，

荷花池有股清香气，海心亭内看大鱼；

自来水池清透底，打开龙头不用汲。

原路回头往东去，昆华女中分两级，

学生尽是大闺女，一色"阴丹士林"衣。

"仁和园"开在牌坊底，过桥米线、剔骨鸡。

黑大头出产在云南地，"老永香斋"本姓徐。

"藩台衙门"人拥挤，菜市上卖鸡又卖鱼，

水果摊摊摆满地，夏季桃李冬季梨。

宪兵司令衙门里，专管军队讲纪律。

富滇银行发纸币，以旧换新五抵一。

灯红酒绿另有天地，"香槟"餐馆在路西，

五香鸽子、油淋鸡，冬菇包子最惬意。

人声喧闹看影戏，"娱乐"改为有声机，

"璇宫艳史"最有趣，世界名片果不虚。

"福林堂"药材产道地，膏、丹、丸、散品色齐；

卖棉絮的匠人

街边的小吃摊

在小食摊上吃凉米线的彝族姑娘

寺庙前的卦摊

露天搭台演出滇剧、花灯

马市口的国际照相馆

“王运通”膏药祖传秘，文明街生意在夜里。
古董摊上旧东西，大烟家什摆满地，主顾多半带烟癖，
“毛竹枪”（大烟枪）越老越振气，水晶灯罩胜玻璃，
禁鸦片哪天才彻底？！拯救同胞出黑籍。
“五洲药房”总代理，“春影阁”药品分中西。
“亚洲商店”用女伙计，追赶时髦学洋气，营业之中占一席。
“周铨盛”买包纸烟吸，“炮台、司令”真阔气，千万金钱往外溢。
大南门头安机器（设电话局），电话可以通消息，
近日公园圈围起，纪念标杆像管笔。
品字三坊“忠爱”去，只剩“金马”对“碧鸡”。
三市街退街十丈几，铺面皆用“红毛泥”（洋水泥），
“郭米纳”“加波”“沙发礼”，这几家洋行是“老咪”。
南强街是“窑子”的集中地，“惠滇医院”把病医。
“南生公司”在庾园里，专办“特货”（鸦片）运广西。
天南戏院看京戏，生、旦、净、丑配得齐。
环城马路新修起，这条公路通迤西。
大观楼风景真美丽，远看西山大石壁。
滇池周围五百里，水上行旅靠舟楫。
回转头来原路去，“广聚街”广帮有势力。
曲焕章白药有名气，跌打损伤都能医。
“云津”集园住娼妓，倚门卖笑把人迷，
生活逼迫不得已，哪个是心甘情愿的？！
“嘟”的一声震耳底，却原来是火车站上放汽笛。
古幢公园青草地，吴井街凉水甜如蜜。

米市上的两代人

"聚奎楼"（状元楼）团转是菜地，金汁河埂两道堤。

倘若还要往前去，巫家坝内看飞机。

折头来到"羊玉里"，人烟稀少甚偏僻。

金牛街有股臭脾气，过路人们需掩鼻。

无线电台云雾里，就在南国数第一。

圆通山在城墙里，一窝羊果然像真的。

北校场内扎军旅，三操两讲在练习，

礼拜天士兵在游戏，莲花池内洗军衣。

黑龙潭离城三十里，唐梅宋柏是古迹。

我说着说着不注意，越说越远难收集，

看昆明已成繁华地，却怎么外面实来内里虚？

一百一二（指老滇币）一斗米，柴卖三十三，炭卖五十余，

农村破产为经济，社会缺乏购买力。

却怎么游乐场中人拥挤，茶楼酒馆川流不息？

奇情矛盾是何道理？

难道说只顾眼前贪安逸？

言到此只有叹口气，休笑我杞人忧天枉着急。

（见胡以时《半世纪前<昆明景>》等）

○本地、外地学者眼中的老昆明街市

提起民国初期的昆明城，在昆明长大又到南京教书的学者周光倬有一段回忆。他说，"20世纪初的昆明城是非常冷清的，人烟亦不密，城内有些地方，像双水塘、蒲草田（今翠湖以南），大西门和北门，都是很僻静的，每天黄昏以后，就少有人走路。城外只有三市街，小西门外到老篆塘（现在已填去），东门外到珠玑街口，比较热闹。自滇越铁路通车后，南门外的变迁最大。云津市场改为宽而直的金碧大马路，接到火车站。南教场因为开了护国门，也为之改观，民国二十五年（1936年）后青年会所新厦成立，这一带地段，原先本是杀人的刑场，现在地运亨通，慢慢地变成昆明

街头的军人、老奶、少妇

临街的店铺和大斗笠地摊

集市上的豆腐摊

市最引人注目的银座街了。”

早年昆明城里还有不少草房，周光倬说：“我们幼小读书的时代，还记得城内西北角，有许多的草房陋屋，后来因为容易发生火情，难以防范，才严加取缔，草房在城内的灭迹，不过是抗战前数年的事。城内的空地，十年前因为各县地方的不靖（不安定），移来昆明避难的百姓增加，又因铁路交通的便利，在此建筑住宅，早已密集布满了，才向城外东南区发展。”后来修筑环城马路，“市区范围第一步的扩充以后，昆明市区的繁荣已萌芽，人口也增加到十五万左右。地皮高涨，房价也略有增加。但是那个时期，昆明仍保持着农村都市的状态，虽然情形渐变，并不十分显著。”那时“租房并不困难。三间正房，每月的租金不过国币八元左右，大家还觉得房租太贵”。抗战初期，“昆明市区，街肆外表，相当辉煌，金马碧鸡两坊以迄近日公园，殊整洁美观。自近日楼向北一望，亦非常壮丽鲜华。护国路为后起之秀，有银行区之称”。但“抗战以来，情形惨烈地转变，住的问题，一天一天地严重，供不应求，外来的人，感到十二万分的头疼苦恼。所以地皮房价的高涨，超乎寻常以外，为京沪所无。现在可谓登峰造极，一般人推想还在无形中涨着，我想照这样下去，不论本地或外来的住民，靠薪工维持生活的，实无法应付了”（周光倬《扩大昆明市区的一种建议》）。

近年网友“香巴拉密室”在旧书店另淘得一本《旅途游踪》，出版于 1943 年，作者是西南联大学生岑颖，随学校南迁到昆明，在昆明求学的时间不短。书中有《世界的花都：昆明》一章，以一个外地大学生的眼光看昆明，别是一种感觉：

昆明是云南的省会，它的名声好像比整个云南还要使人熟悉些。昆明的交通随着战局的开展而迅速发达，形成了西南交通的孔道，一切都跟着繁华起来。入境的外省人日渐增多，人口亦顿时激增。据民国二十五年调查，本籍人数共十三万一千七百九十七人，外省寄籍人数共一万零七百二十二人，外侨三百二十三人，总共十四万二千五百四十五人，而据今年二月间统计，外省入境人数已激增至五万九千七百人，想不到时过一年余，外籍人迁徙来此者会激增之如是之速。

篆塘边的烧饵铁摊

早年祖遍山的小吃摊

早年城郊集市上的小吃摊

昆明的表面，给人的印象是装模作样的古色古香的建筑，虽然有画栋雕梁的牌坊楼阁，却并不显得雄伟壮丽。市房住屋颇整齐而饰色艳丽，唯矮小积垢，反而显出稚气。街上在午前是冷清清的，沉寂得像深夜一样。入夜比较活跃一点，人行道上熙攘往来的人虽多，而大多是步履懒散的好闲游客，店铺里面还是一般的清淡。

市里主要的干路，就是金碧路、护国路、正义路及武成路，其中正义路是最长最直最热闹的一条正街，你只要花上个把钟头，顺着路巡视一遭，便可窥见昆明市容的状况。要是从护国路的南头出发，第一步就踏上槐荫满街的金碧路。朝东走几十步至得胜桥，这是金碧路的东端。沿着一条黝浊淤塞的河岸，有几座高大的洋楼，地区幽静而疏朗，外人经营的旅馆，有商务酒店、邮政酒店、滇南酒店、巴海列酒店等数家。云南省邮政管理局亦在此间。这地方宛然是法国风味的区域，即所谓巡津街。沿金碧路西行，街道宽阔，有英法人开设的洋行，有安南人开设的餐馆。此路中段有法商开办的汇理银行。

集市上的豆腐摊

集市上的豆腐摊

茶馆里的老少茶客

卖避邪门签的小摊

在正义路的南头交接到金碧路的地方，有两个高大绮丽的牌坊，左一个上面题：金马，右一个上面题：碧鸡。四近即南门市场。正义路的南段，百步前的路中央耸立着如古都前门一般建筑的崇楼，是所谓近日楼。登楼可远眺，寺观塔影，滇池风帆皆延展于轩窗之下。朝晖夕阴，气象万千。楼前有一小公园，绿荫遮阴，芳草铺地。园之四围是花市，每天有乡村妇女从郊外担花入市，集此出售。除你所见过的鲜花之外，尚有许多不知名的热带奇葩艳花。即使是你熟悉的花，也比你所见过的开得艳，开得大。

过此，再向北走，就算进了南门，乃是一条最繁华的街市，这正义路的中段，也有一个牌坊，上题“天开云瑞”四个大金字，北面题的是“地靖坤维”。当地人叫作三牌坊。牌坊的东路叫威远街，有富滇银行，主席公馆亦在此。西路叫光华街，有商务印书馆及几家旧书店。古董店多在文庙街上。昆明全市商号据商会统计大约有七千余家，但商业并不景气，据说是因为八千万元的旧滇币最后只当二折用。云南加了一种特种消费税，昆明的物价就较各地昂贵。商人对于顾客很少迁就，所以你跨进店铺里，看中意东西，问好价就要付钱买，要爽快，就是吃了亏也要当作便宜，否则客气点会说你“二气”，就如江浙人说的“二百五”，不客气的说得就更难听了。遇到这种场合，你得识相点，只当作听不懂他们的土话，掉头离开，免得引出是非来。

昆明找住屋也是一样难，当地居民没有出租住屋的惯例，有着空屋，宁可堆积破旧家具，也不会打算出租盈利。所以你要先结识一位本地人带你去找他可以央求亲朋让出一两间给你住。一般来说，云南人的特点是淳朴而温厚的。在昆明能够尝到的滇味就是菌类中最名贵的鸡㙡与次于鸡㙡的灵芝菌、青头菌、北风菌、牛肝菌种种。还有乳饼、乳扇。此地有四时皆春的天气，有明媚秀丽的山水，有恬淡雅致的环境，有风味相仿的生活，又有完备丰富的物产，只要政治能澄清开明，日常必需的物品价格平抑不暴涨，住家确是一个极好的地方。

○南城要道“四牌坊”

旧时昆明城北部以庙宇、食馆、茶园居多，一般居民较少；南部商业繁华，人口密集，全城人口的十分之七都聚集在这里。最繁华的去处就在今天的正义路一带，早先叫“南城要道”，昆明有名的“四牌坊”都集中在这里：

“一牌坊”是金马坊和碧鸡坊，在今三市街和金碧路交叉口两侧，处于同一横线上。

“二牌坊”是忠爱坊，在今天的近日公园南边。

“三牌坊”是天开云瑞·地靖坤维坊，在今天的正义路与威远街、光华街交会的十字路口。

“四牌坊”是万寿无疆坊，在今天的马市口，其附近旧时有不少纱、线铺子。

四个牌坊的所在地都是昆明的重要街市。

金马碧鸡坊和忠爱坊号称“品字三坊”，三坊之地虽在老昆明南城之外，但自古商业十分繁盛，店铺之多，有“行于其间，直无一步与两廊铺户相违之”赞。到清代中后期，战乱频繁，兵荒马乱，这里一度败落。滇越铁路通车后，这一带被辟为商埠，才又重新繁荣起来。

忠爱坊

天开云瑞·地靖坤维坊原来的坊名是“怀柔六诏”“平定百蛮”，来势汹汹，为清康熙二十七年（1688

金马坊

碧鸡坊

天开云瑞坊

天开云瑞坊另一面“地靖坤维”四个大字

年）产物，出自云贵总督范承勋之手。清道光八年（1828 年）重修时，布政使王楚堂新题“天开云瑞”“地靖坤维”（清道光《昆明县志》）——“天开云瑞”是“清”，“地靖坤维”也是“清”，却一改原坊名的煞气，而有国泰民安、吉祥安静之意。1916 年，此坊再得重修，抗日战争时期因日寇轰炸受损，后被拆除。

○“二牌坊”火劫

忠爱坊号称老昆明的“二牌坊”，位于老昆明南门外，今三市街北口，近日公园南面，其形制颇似金马坊、碧鸡坊，跨街屹立，雕梁画栋，金碧辉煌。

昆明“品字三坊”中，忠爱坊建得最早。一说忠爱坊始建于元代，原来在城中，明初洪武年间，镇守云南的黔国公沐英筑砖城，才被划到南门外今址。此坊之立，原为纪念元代赛典赤镇守云南之功，坊名“忠爱”，意思是“忠”于君而“爱”于民。

清代的咸丰七年（1857 年），滇南造反者围攻昆明，总督恒春据城而守。造反者警告要把大将军炮架在忠爱坊的石狮子座上，轰击总督衙门。恒春的对付办法是：

命兵士立于南城近日楼上，向忠爱坊连发数十支火箭，霎时烈火腾起，数百年牌坊毁于一旦。清光绪八年（1882年），总督岑毓英倡修忠爱坊，耗费六千余两银子，历时两年竣工。新坊以香桫木为立柱，高达4丈，十分珍贵。1924年，忠爱坊附近油蜡铺失火，殃及忠爱坊，又毁于火。

遭火劫后重建的忠爱坊

1999年4月，忠爱坊重建。由于资料全无，设计极为困难，后寻得一张照片，才依图恢复重立。坊上“忠爱”二字，原为沐英手迹，后拓取清末昆明著名书法家赵藩字迹，以为弥补。

○商埠的“租界”和贫民窟

1910年，滇越铁路直达塘子巷，当局把昆明城南金碧路、拓东路一带辟为商埠，对外开放。早年这里洋货充斥，巡津街为商埠中心，与滇越铁路总车站昆明站隔盘龙江相望，洋人机构林立，法国领事馆还在这里组织了警察，俨然成了一个变相的租界。

滇越铁路通车后，外国“洋人”和中国“贵人”从中国香港和越南的河内、海防运进大批建筑材料，在此兴建洋楼和豪宅。这里的茭瓜塘是高官贵人的别墅区，多为中西合璧的建筑风格。巡津街的商务酒店装潢豪华，设备新潮，还附有舞厅，成为当时洋人洋商、达官显要、社会名流的休闲娱乐之地。街上还有甘美医院、英美烟草公司、美国三达水火油公司、法国龙东公司、徐璧雅洋行等，都是法式建筑，成了昆明最早的“洋人街”，老昆明人又称之为“洋楼街”。巡津街北端的塘子巷、金碧路、拓东路一带，也因洋人聚居、洋货充斥、洋机构林立，被称为“洋人塘”。当时洋货大量进口，从金碧路到得胜桥，两旁商店塞满了洋纱、洋布、洋油、洋纸、洋酒、洋纸烟、洋罐头、洋杂货、洋铜铁器具、洋玩具等，应有尽有，无一不备，繁华一时。

1925年秋天，一个四川青年漂泊到昆明，也大有发现：“滇越这条大动脉，不断地运送来法国的货物和机器，把这原是村姑娘面孔的山国都市，出落成一个标致

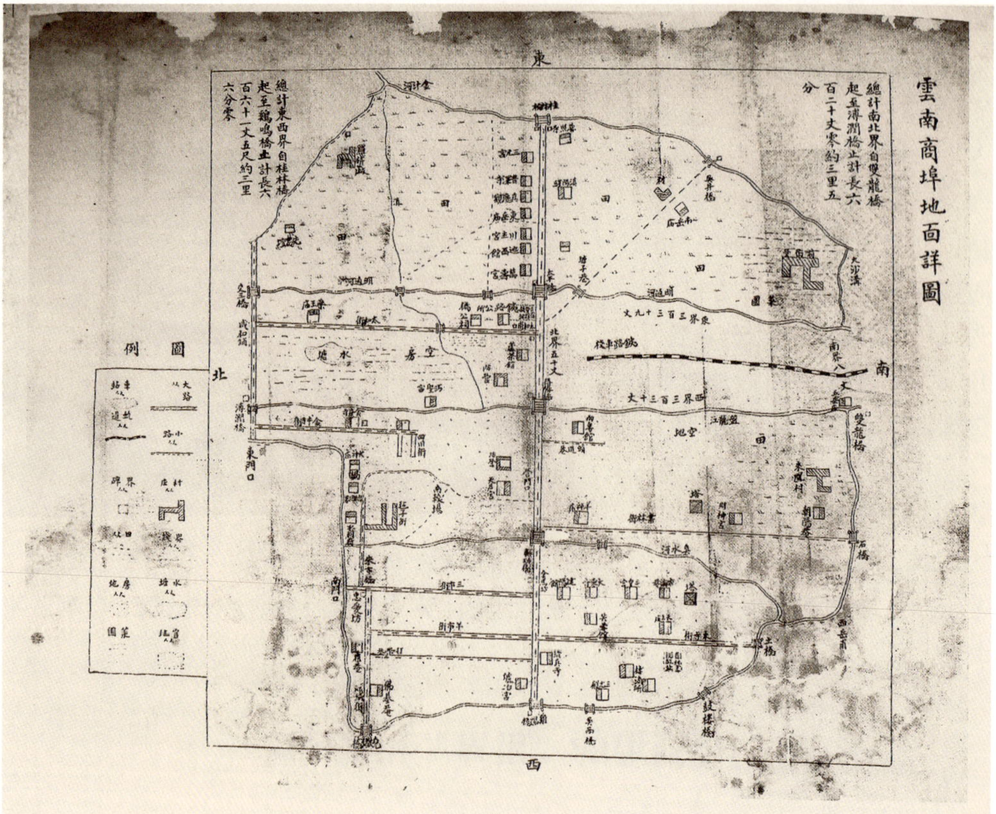

昆明商埠区划图

的摩登小姐了。在她的怀中，正孕育着不同的胎儿，从洋货店里出来的肉圆子，踏着人力车上的铃子，噹啷噹啷地驰在花岗石砌成的街上，朝每夜觅得欢乐的地方去。那些对着辉煌的酒店，热闹的饭馆，投着饥饿目光的人，街头巷尾都可以遇着。卖面包的安南（越南）人，叫着‘洋巴巴’的云南声调，寂寞地走在人丛中，不时晃在眼前，又立即消失……”（艾芜《人生的第一课》）

到了抗战时期，在这里“坐黄包车的常常是那些落入风尘的烟花楼女，战时的昆明使这行古老的营生进入了空前绝后的黄金时代。大量背井离乡的中外有钱单身男性，自然成了她们追逐的首选目标。她们穿着入时神情热望，劈叉的旗袍下摆故意裸露大腿，特别招惹蓝眼睛。挥汗如雨的车夫在南屏电影院和坐落在巡津街‘红灯区’——法国人经营的‘都兰’旅馆，以及塘子巷的‘谊安大厦’之间拉着她们来回穿梭。到了晚上，美国大兵开着敞篷的小吉普载着她们招摇过市”。（戈叔亚《战时老昆明》）

与此同时，紧靠商埠中心的祥云街和南强街一带却完全是另一片天地。居住在那里的多是城市贫民和破产农民，地势低洼不平，街上到处是污水坑、烂泥潭，遇

昆明城隍庙前戴洋帽的逛街男子和戴瓜皮帽的卖烟老人

到下雨，水就淹到膝盖。据说有小孩从街边楼上失足跌到泥潭中，竟然毫无损伤。街头多半是摊贩，卖烧饼、合合米、太平糕、杂烩饭、洗脸水、茶水、糖瓜子、旧衣烂裳、死牛马肉、猪羊杂碎、大烟白面等，还有下等妓院、裁缝铺、洗脸担、摆赌摊、剃头摊、补鞋摊等，还有代人写信的“写字公公”，有摆摊测字的“算命先生”，郊区农民则到此卖鸡蛋、卖坛坛罐罐、卖腌肉等，无所不有。

抗日战争时期，夜晚的祥云街又成了黑市。“乞丐到了夜晚一般都云集同仁街，因为那里具有广州风格的骑楼可以为他们遮风避雨。西南联大的穷学生则喜欢到祥云街的地摊上买美军的旧通俗读物或者世界名著来学习英语。这里可以说是昆明众多的零售黑市之一，其中相当部分是美军所谓‘剩余物资’。从锅碗瓢勺奶粉罐头到钢笔电筒打火机，从大皮鞋‘罗斯福呢’‘骆驼牌’香烟到船形帽军用毛毯英文打字机什么都有，价钱也不算太贵。在那里，人们用高价也可以买到法国高级香水、口红和指甲油、瑞士手表、德国徕卡照相机或者 Lux 牌、Palmolive 牌的香皂。人们在购买苏格兰酒之前往往非常仔细地检查软木塞和封蜡，却没有发现瓶子下面有一个小洞，真正的酒早已喝光，换上的是从外表看差不多的本地酒”。“批发黑市则在南屏街和护国路交叉口的高山铺，那里是一个巨大的露天广场。在那里的物资就什么都有了。有汽油、飞机和汽车零件、布料、黄金、外币、酒和医疗器械，甚至枪械车辆等等”（戈叔亚《战时老昆明》）。

当年的祥云街区白天满街乱哄哄，夜晚娼窑门前绿灯笼阴阴地亮着，早上常常可以看见穷人抛尸街头。商事的繁盛与这里好像沾不上边。早年有民谣曰：

南屏街来同仁街，多少花子蹲廊檐。

天天死尸横街上，烂席裹了颠倒埋。

○从“村姑娘山城”到“摩登小姐都市”

滇越铁路开通之后，国内沿海“两粤、江浙各省之物品”，国外“欧美全世界之舶来品，无不纷至沓来”，涌入昆明，充斥街市（民国《续云南通志长编》）。同时，“外省外国及外县商人皆奔走偕来，聚集于此”（民国《昆明市志》），昆明人口大增，在社会、经济、时尚等方面激起不少变化。

从清末到民国初年，昆明进口洋货的种类繁多，主要是消费品。据云南总商会1919 年的统计，仅昆明市场上的日货就有食品 52 种，布线丝纱 72 种，纸 36 种，火柴 35 种，墨类 25 种，笔类 16 种，酒类 40 种，烟草 43 种，脂粉牙粉 46 种，石碱肥皂 41 种，化妆品 25 种，靴帽 9 种，器用杂货 19 种，化妆品 60 种，药品 44 种。除此之外，还有大量的法货、英货。滇越铁路通车的第二年，就有 17 种品牌的英国纸烟进入了昆明市场。昆明“马市口、三牌坊一带之洋货铺，日益扩充，举目一视，几全为洋货所堆积，购买洋货，拥挤异常”（民国《云南风俗改良会会刊》）。

当时的昆明，从马市口到得胜桥，两旁商店塞满洋货，有洋纱、洋布、洋油、洋纸、洋匹头、洋酒、洋纸烟、洋罐头、洋杂货、洋铜铁器具、洋玩具等，应有尽有，无一不备。且制造之精、工艺之巧，颇称新奇。当时火柴、肥皂、钟表都是洋货的天下。火柴几乎全是外国货，称为“洋火”，主要是日本货，而以“三井”洋行的骑马印、月琴印火柴最畅销。英法的香皂、肥皂也沿着滇越铁路进入昆明，占领市场，被称为“洋碱”或“洋皂”。高档洋座钟成了富贵人家的招牌摆设。

洋货铺天盖地袭来，洋消费成了一种时尚，老昆明朴实节俭的风气被挤到社会的角落里去了。民国《续修昆明县志》记载，清光绪年间缅甸、越南沦陷，“并许外人至滇互市”贸易，一时“洋货纷集，民间争相购用”。“于是朴素之风又为之一变，习染所成，渐趋奢侈”。当时的媒体也评论道，昆明僻处边地，风气晚开，但作为云南的省会，机关、学校、医院、商号、工厂、洋行、银行、教会、市政设施数量居全省之冠。滇越铁路通车后，风气为之一变，一般暴发之家、浮华之人，无不趋于时髦，趋于奢华。一班新式人物或游学自海外归来，或做了官从内地回昆，都把旧有的朴实之风丢在一边，崇尚新式文明。1923 年在昆明召开全国教育联合会议时，当局就在洋楼设西式宴席款待参会者，宴席用的洋酒有 5 种，洋菜有 12 种之多。如此一来，上行下效，西餐、洋酒在社会上层流行开来，成为一种身份的象征。昆明富贵之家，招待客人必用洋酒，否则就不算恭敬有礼。摆一桌席动辄费用达数十元，相当于当时普通工人两三个月的工资。至于一般中上收入的昆明人，也“竞于奢侈，争于铺张，饮食起居日用之物及衣服之质料皆不愿用本省之土产，而竞用外货”，不惜巨资，争相购买，“早把云南自来固有古风，全抛掷在九霄之外”。民国《续修昆明县志》也抨击说：“近来西学肇兴，游学海外者，心醉奇淫，贸迁商埠者，神迷丽间，有老成典型，反相率而非笑之，是冠婚丧葬饮食衣报风尚所趋，穷极奢靡，非从前朴实之旧。然表面虽荣，内容实瘁，不免外强中干之虞矣。”

1919 年，一个广东艺人跑来昆明开了个“美生”理发室，送给昆明人的是“东

昆明街头坐在人力车上的“摩登小姐”

一位“摩登小姐”坐着人力车在昆明街头招摇而过

洋头”，此举竟也开风气之先。到1924年，昆明的理发店发展到了60家，多为广帮、川帮开设，也有日本人开的。“收费甚昂，每次约需一元左右”（民国《昆明市志》）——相当于那时一个普通工人四五天的工资。同时还出现了不少沐浴室，营业都很兴旺。

至于住房，也见奢华之风。建房讲求西式，地上要铺花砖，顶棚要刮灰沙，还要塑出花样，灯光一照，光明华丽，浴房、厕房多用瓷器。这样住起来当然舒适，但由俭入奢，花费很大，巨富之家自不必说，中等之家争相仿效，造成经济负担。

昆明人的娱乐消费，也受到了“西风东渐”的影响，出现了跳舞、滑冰、照相、看电影、要公园、逛商店等新“玩场”，传统的戏园里还出现了话剧。新的时尚渗入了昆明人的娱乐生活，昆明人不仅到书场听鼓书相声，到“四海升平”和光华茶室听说书，到缘友茶社和“太华春”听滇剧和围鼓，还到侨声剧场看粤剧，到越声剧场看越剧，到民众剧院看话剧，到鼎新街的青年会打弹子和乒乓球，到巴黎跳舞场跳交谊舞，到西南大戏院看歌舞等（蒋枝偶《近代昆明城市居民的消费变迁》）。华丰茶楼的三楼出现了哈哈镜，看一次要收三个铜板。弹子房“每点钟收费二角”（民国《昆明市志》），都是当时昆明人娱乐的亮点。

消费时尚的形成，攀比心理起了重要的作用。当时的《学生月刊》说：“过节时，富人是有钱的，遇到有节，便很阔气地去过。贫人虽是没有钱，却要羡慕，见富人过节，心里想着学，便关了门，把买卖的事情和很好的时光都费掉。”当时的云南省督军唐继尧也跑出来指责说，昆明富贵之家“衣食务求华美，住居竞尚壮阔，甚至日常应用之一器一物，几无不趋重于新奇”，争相购买洋货，导致“财源外溢，滔滔不已”。社会中层人家，也“勉强模仿富者举动，衣必时髦，食必甘肥，快意一时”。社会上“酒食应酬、婚丧典礼、麻雀鸦片，无不奢侈，流毒不浅”（民国《云南风俗改良会会刊》）。一时间，老昆明人所吃、所穿、所用、所住、所娱乐，无一不依赖外人，也无一不照顾外人。近代昆明名士陈古逸感叹道，昆明人“俭朴之习，向为全国所称道。自滇越铁路通后，海风大来，俭朴之习，渐形淘汰，奢靡之俗，日见革新”“一举一动，一饮一食，多是奢侈浮靡”。富裕之家以奢侈为荣，一般人家争而仿效，使得昆明这座斗大的山城也受此陋习污染，浑朴淳厚的风气“大变”矣（《昆明近世社会变迁志略》）。难怪从四川流浪到昆明的文学青年艾芜也感叹说，滇越铁路通车后，昆明“这原是村姑娘面孔的山国都市”，已经“出落成一个标致的摩登小姐了”（艾芜《人生的第一课》）。

早在民国之初，昆明《滇声报》就认为当局对社会风气的蜕变负有不可推卸的责任：“近来有维持风化之贵者，服则西缎，食则洋食，吸则纸烟，饮则洋酒，上行下效，一日千里，进步之速，速则速矣，其如经济何！”又称：“记者敢进一言曰：扬汤止沸，不如去火抽薪。当道诸公，苟能以身作则，举凡一切衣服、食饮，崇尚俭朴，则朝中好高髻，四方高一尺；楚王好细腰，宫中多饿死。上有好者，下必甚焉。留心世道人心者，当不以斯言为河汉！”——署名“月波”，时在1914年6月30日。

○民国初期的时尚和时尚业的兴起

滇越铁路的通车，洋时尚的“入侵”，导致人心不古，世风嬗变，最明显的标志是昆明人的穿着逐渐与国际“接轨”。近代名士陈古逸在《昆明近世社会变迁志略》中说，当时昆明“时髦男子”多穿一身洋装，价值“千金”之贵，又多戴毡帽、穿皮鞋，都是奇贵之物。“女子服饰更争奇斗艳，达于极点”：头发是必须烫的，烫一次“贵至百金”；袜子是不穿了，穿的是镂空皮鞋，露出脚趾，趾甲还染着颜色——陈古逸所记百年前的时髦，就是到今天，也不落伍。与此同时，昆明旧衣铺迅速消亡，而绸缎、绢、哔叽、毛棉呢、毛棉绒不断出现，西装、旗袍、金银珠宝首饰呈现增加趋势（蒋枝偶《近代昆明城市居民的消费变迁》）。

洋布洋装铺和门前传统装扮的妇女

昆明人早先多穿布衣，补巴衣服随处可见，“只重清洁，不尚华丽，尤其不以补缀为耻”（陈古逸《昆明近世社会变迁志略》），而以“新三年，旧三年，缝缝补补又三年”为荣。相反，穿丝绸衣裤的人会被人耻笑。后来时尚一族穿起了绸衣、皮衣，守旧一族还穿着布衣。大家见了面，竟然彼此都不好意思：穿布衣的会自惭形秽，穿绸衣、皮衣的也会跟着自惭形秽。为了避免这种尴尬的场面，守旧一族（哪怕是“贫士”）也跟着穿起了绸衣——“不得不从事奢靡之势，良可憾也”（民国《云南风俗改良会会刊》）。

如此一来，昆明穿绸缎衣服的人越来越多，街头随处可见，所谓“细软衣服”“都是拿来打粗穿，个个都是见惯了，绝不会像以前生诧异的”（民国《云南风俗改良会会刊》）。由于“风俗渐尚奢侈”，绸缎店铺也越开越多，到1924年就达到了43家。这些绸缎铺多开在昆明最繁华的三牌坊、文庙街、马市口等处，营业规模较大的有申大公司和竞华、益兴、万丰、德厚生等商号。制作一套时新绸缎衣服，费用相当于中下层人士几个月的收入。

从式样上看，虽然还有一些男人穿长衫马褂，但大半已经改穿短装和西服了，妇女则改穿旗袍，又促进了成衣店铺的发展，当时专门制作西装的就有富安衣庄、安进衣庄、南兴衣庄等9家，而以广帮及安南（越南）人制作的最好，价格也比较高。穿西服要戴帽子，又带动了制帽业的发展，帽店开设了80户，“样式多仿京沪，纱缎绒棉各种均有”，而以富有号、象乾斋、极品斋几家的营业最盛（民国《昆明市志》）。穿西服还要穿皮鞋，于是皮鞋业也发展起来，多半仿制洋式皮鞋。

妇女的首饰更是社会风气的重要标志物。早年昆明富裕家庭的妇女，佩戴的多是一只金耳环、一只金簪、一只金钗或戒指，就算是奢华了。因为云南边地出玉石，所以玉器用得多一些。一般人家金器用得不多，多半用银器，珍珠、钻石之类就更没有了（陈古逸《昆明近世社会变迁志略》）。到民国初期，富家女插在头上的，不但有珍珠宝石、金刚石，还有白金、翡翠等，再加上脂粉、香水之类，价值无一不贵，足以耗尽一个中等人家的家产（民国《云南风俗改良会会刊》）。清末昆明经营首饰的金店银楼仅有五六家，到民国初期增加到十二三家。当时从上海、武汉来的客人都说，昆明不少妇女的奢侈和沿海、江城有得一比，甚至有过之而无不及（陈古逸《昆明近世社会变迁志略》）。

到抗日战争之前，约从1927年到1937年，昆明人的穿着时尚又有了变化。这时的男子一般穿的是中山装和西装，学生以学生装为主，与此适应，稍大一点的服装店都缝制西装、中山装和学生装，而且标有“国际”“上海”的名号，如上海青年服装公司、上海国泰服装公司、上海大同服装公司、南京瑛记服装公司、国际服装店、昆明服装公司、义合祥西服店等，共有53家之多。与此同时，稍有规模的皮鞋店和制革店也达到了26家（蒋枝偶《近代昆明城市居民的消费变迁》）。

此时的昆明女装更加开放、新奇、时髦，有“袒胸裸臂，搔首弄姿”（民国《云南风俗改良会会刊》）之讥。旗袍“初则长仅过膝，又复加长，几于扫地，旗袍一兴，裙皆绝迹，近则长袍深叉，内着亵服，短仅数寸，必露其骺，又炫于西人曲线美之谈，衣皆贴体，若背、若腰、若乳、若臀，无不毕露”，还烫头发，染指甲等（陈古逸《昆明近世社会变迁志略》）。而一年之中，风气数变，衣服样式经常变换，春夏称为时尚，入秋冬不免陈旧，甚至衣服还没有穿上身就落伍了，又要另外缝制。买回来的饰物不久就过时，只好收起来，把小箱子都塞满了（民国《云南风俗改良会会刊》）。

○抵制“仇货”：“乌龟草帽”的沉浮

1919年，五四运动波及昆明，抵制日货是一大内容。这一年的6月里，昆明人画了不少宣传画，四处张贴，讽刺那些不知国耻，仍然使用日货的人。时《滇声报》有一段非常生动的报道：“某君绘滑稽画一种，张贴通衢。其图中绘一乌龟，龟背尽列啤酒、仁丹诸日货。龟头之上，戴一平顶草帽。自此画贴出后，乃有一班顽童，聚集于张贴之处，嬉笑狂吼。凡戴平顶草帽之由此经过者，不论日货国货，均加以乌龟之绰号，结队成群，追随其后，必使其人将草帽取下扔在地上始已。风起浪涌，巡警不能制止。未及二小时，街上之戴平顶草帽者，而已寥若晨星。”

早年的“仇货”广告

早年印在瓷盘上的日本仁丹广告

这是6月16日之事。其时正值夏日炎炎，戴日本平顶草帽者甚多，然几小时之后，全城日制草帽，骤然绝迹，昆明民心，可见一斑。

一年之后，准确地说，不到一年。1920年5月5日，昆明《义声报》又有报道曰：“近数日来，日本式之平顶草帽又复遍街出现。在戴之者，且洋洋得意，毫不为怪。”这些昆明人怎么了？该报评论说：“去年今日非举国一致抵制日货之时乎？当时国人之敌忾同仇，发扬蹈厉，即吾滇排货之猛烈，亦为前此所未有。”作者回忆道：上年“三牌坊之乌龟画出现后日本草帽早已绝迹，不意甫隔一载，故态复萌，是直以爱国为口头禅，排日货为儿戏事，适足使仇我者讥笑于旁焉！”事情本来很简单：“夫草帽非仅日本能造，日本之草帽非优于他种草帽”，为什么非要买“仇敌货”呢？“呜呼！此真凉血动物也。”

顺便提一句，当时的日货，昆明人仇恨之极，因称“仇货”，而在官方，多称“劣货”，其中差别，自可深思。

○抽大烟、种大烟与禁大烟

早年鸦片种植地

收鸦片果的农村妇女

老昆明烟毒之害，最严重的时期不在鸦片战争之后，而在20世纪二三十年代，这是很有讽刺意义的。

昆明邻近印度、缅甸，英国人贩鸦片自然方便，加之云南鸦片品质又好，当时社会风气颓败，烟毒自然流行。钱局街的云南机器局建于清同治九年（1870年），是云南最早的近代企业，却有个专供“厂长”总办和贵宾抽鸦片的“吸烟室”。机器局的优质产品竟是纯银鸦片烟盘——那是动用最好的工人、最好的材料、最好的设备，为机器局上司的上司藩台老爷量身定做的。那时种大烟卖得钱多，强过豆麦，昆明四十八堡、五百多村子，家家都种烟，年产六七百万两烟土，占全省烟土产量的十分之一。

清光绪二十六年（1900年）前后，昆明吸鸦片者已达十之四五，在这个小小的云南府城，竟有30多家烟馆，每年吸鸦片600多驮，价值白银140多万两。鸦片流毒还渗入军队，官兵白天吹烟摆赌，夜晚四出抢劫，军官要睡到中午才起床，早无战斗力可言。

清光绪三十三年（1907年），昆明成立了一个“戒烟天足自治公会”，发起者是一班“图自强”的绅士。其宣称“鸦片之入中国，其始吸入者，不过藉以消遣，积之久则体尪神惫，学者殖荒，商人失业，农夫辍耜，军人悴弱，传染遍于多人了，影响及于全国，流毒之深，莫此为甚”。此话在理，云南布政使司刘某照会得更妙：此举“上副皇太后、皇上立宪之盛心，不让盎格－鲁撒克逊人种之专美”“实为全滇之莫大幸福”，因之“案准”——又成就一公事。据说后来当局采取措施，严行禁绝，还很有效果。

民国年间，云南各路军阀穷兵黩武，无以财用，竟开烟禁，到处设“禁烟局”。“禁烟”的办法是按鸦片种植之地，每亩征收“罚金”三元。后来“罚金”逐年增加，办法也更省事：将“烟地”之数摊给各县，照数罚金，完成或超额完成此数为“忠于职务”，有特别奖励，完不成则记过调职。此项罚金加上“禁运罚金”，年收入可达千万滇币之多，全是民脂民膏。如此禁烟，祸及全省，连省会昆明也难逃厄运，种了好几万亩鸦片。当时烟地过滥，挤占粮地，以致烟价下跌，粮价上涨，农民欲种粮食，政府竟也不准。就是你硬不种大烟，也要强迫你照纳“禁烟罚金”，更可见“禁烟罚金”是怎么回事。

据昆明郊区老人回忆，20世纪二三十年代，几乎家家都种鸦片，三分之一的土地都种上了。收烟后，有的拿到小板桥出售，1两生烟能换2升米，有的就自己抽。每个村子都有几家烟馆，有的村才三十多户人家，就有两家烟馆。更有甚者，据民国《云南行政纪实》所记，昆明县属的莲德镇，“各村综计不过户口七十余户，而开设烟茶馆者，竟达二十余家，且均附烟赌具。一般民众（青年尤甚）日夜嬉游其中，稍有职业者，亦罄其所入，以供吹赌之用。”就是昆明城内，也“秘密烟窟，到处皆是”。宝善街南的公安巷旧时有不少鸦片烟馆，社会治安混乱，居民不堪其扰，无奈之下，为小巷取名“公安”，以期平安无事。

老昆明人之抽大烟，又与其时社会风气有关。一位教授在北京大学演讲时说：“云南的气候和风景确有瑞士的风味，可惜百分之九十九是鸦片烟鬼！”更有人说当时10个云南人有11个抽大烟——因为还没出世的孩子在母腹中就闻到烟味了。实际上，一些无知的烟妇就常常用嘴把烟气喷入孩子口中，据说可以医治腹痛，或止住孩子哭闹。那时的吸毒成瘾者，四成是政界官员和军官，三成是小财东、教育界人士和学徒。至于农村，一些老人回忆说，当时劳动力已有剩余，有本事的男人多进城从事工商，或投靠衙门当书吏差役，所得收入都超过务农。留下的男人多犁田耕地、车水赶马，其他农活家务、卖菜打工之类，全是妇女的事。一些男人则在家领娃娃、蹲茶铺、睡烟馆。女子一天劳动所得，不及男人抽一天大烟。男人抽上了瘾，早上起不来，白天精神不振，搞不了劳动，还想吃好东西。那时的烟馆，烟茶不分，烟赌不分。遍布城乡的茶铺，楼上就是烟馆，白天黑夜都有人去抽大烟，抽来了劲就赌，抽光了钱也赌，有的把田地产业都抽光了，搞得倾家荡产，沦为盗贼。

○“花子”和“丐帮”

昆明人称乞丐为“叫花子”，简称“花子”。在昆明方言中，形容谁特别喜欢什么，就说他“喜欢了抖春袋”——这个“春袋”是旧时乞丐讨饭时用来装剩饭剩菜的讨饭袋。乞讨不容易，施主拿来饭菜，乞丐会取出袋子，高高兴兴地抖开接住饭菜，又连忙装好——所谓“十人见了九人爱，花子见了抖春袋”，就是这个意思。罗养儒也说：“即是叫花子，向各处讨要得些菜饭，亦不愿边走边吃，务要拿到他的住在处，找一个地方坐下，才慢慢地吃。”〔《纪我所知集》(《云南掌故》)〕这也是一种礼数——乞丐沦落，自有缘由，但仍保持着几分尊严。

清末昆明乞讨者

清末昆明乞讨者

清末昆明乞讨者

身在社会最底层，为求得活命，乞丐什么都得干。清末罪人被罚在三牌坊前站笼示众，常常熬不住而丧命。有的犯人家境好，就花钱贿赂狱吏，又雇来乞丐，趁夜钻进站笼，弯下背脊，充当坐凳，让犯人稍得放松，以求活过示众刑期。1935 年 4 月，中央红军长征进入云南，国民党当局唯恐红军进攻昆明，决定成立“临时戒严司令部”，全城设防，在环城公路沿线和交三桥、双龙桥、烧珠桥（顺城街西）、鸡鸣桥（金碧路西）等处赶筑碉堡，限 20 天完成。为解决人力不足的问题，其中一项措施竟是将市区街头乞丐全部“拘罚苦工”(《滇云旧闻录》)！

老昆明的乞丐也有自己的行当，用罗养儒老先生的话来说，就是“分行次”，如“排铺面”“走门户”“赶会场”以及“打莲花闹、耍戏法”等，“俱各成一行”。且各行之间，泾渭分明：“排铺面者，只在街市上沿着铺户而讨钱，

清末昆明乞讨者

清末昆明乞讨者

绝不到居家户前乞残羹剩饭”；“走门户者，始能托钵提篮，向住家人户叫化”；“赶会者，是坐于会场前面而讨钱”；“打莲花闹者，则不论铺户居家，都可以在其门前，敲动歌板而高唱”〔《纪我所知集》（《云南掌故》）〕。有老人回忆说，西院街（今福照街、如安街）旧衣市场上常有小贩来往，头上歪戴几顶旧毡帽，身披手挎几摞旧衣裳，边走边吆喝。只要生意来了，小贩卖出一衣一帽，“花子”就唱着跟上来了：

快快走，慢慢跑，这位老板请声好。
老板专卖旧衣服，你的生意扎实好。
旧裤子，旧旗袍，旧衣烂衫破棉袄。
长大褂，小马褂，汗裤袜子洋毡帽。
英国皮鞋三接头，法国呢胸罩大污皂。
这件东西最值钱，美国佬的呢外套。
洋老咪的东西太稀奇，就是有些怪味道。
你莫吵，你莫笑，这些东西有人要。
老人房首呢叫花子，农村来的乡巴佬。
说了半天给点钱，老板给了我不闹。
没得零钱拿元宝，你有元宝我能找！

据罗养儒的《纪我所知集》（《云南掌故》）记载，老昆明的乞丐还有丐帮，挑头者称为丐头，且有正有副。丐帮以城墙为界，城里、城外画地为牢，各管一方。正丐头的权杖是丐棒，长一尺多，系有皮条，也长一尺多，还系着两个响铃，副丐头只有一个响铃，以示威权。旧时老昆明人家办红白喜事，都怕乞丐来打扰，求解之法，就是托人送丐头几百文铜钱，丐头就把丐棒送来，挂在办事家的门前，但有乞丐过此，一见此棒，便不敢造次。

据说清末民初的每月初二、初三牌坊菜市的肉案摊主都要行一次善事，请乞丐打一次牙祭（吃肉）。每到这一天，丐头会带着一众乞丐来到肉案前，老老小小有三四十个人，先后对摊主说上几句吉利话，诸如发财、进宝之类，就可以讨得一点肉吃。

早年乞丐也有最露脸的日子，就是清明节、农历七月十五的中元节和农历的十月初一。每年的这三天，老昆明都要举行“城隍出府”巡游活动，此时全城乞丐两百多人，全都放弃乞讨，由丐头率领前来参加巡游。他们或挑担子，或打执事，或抬香盆，最出风头的是装扮幽灵和鬼卒。装扮受罪幽灵的乞丐要披上假木枷、戴上假锁链，装出种种受罪受刑之状。装扮鬼卒鬼吏的乞丐则头戴假须发、假面具，身穿假铠甲，手执板子、棍子、刀子、叉子、刺槌、狼牙棒等，或走在前，拖着幽灵跑，或行于后，追着幽灵打。有老昆明人生了病许了愿，这时也要来扮幽灵，当罪鬼，一个个身穿罪衣，肩扛枷锁，并请乞丐装扮的鬼卒拖行追打，据说如此生可消除罪孽，死可抵消阴罪等等。而乞丐们如此做则是行善——其沦落为乞丐，皆因前世作孽，城隍出府时装鬼装魂，遭一番罪，便可消除前世罪孽，以求来世之福云云。

○南城墙内外的商业闹市

从今天的近日公园向东经南屏街、南太桥到东风广场，这一带堪称昆明的“心腹要道”。然而民国初年，这里还只是一堵城墙，即昆明的南城墙，城墙外还有一条护城河。

早年近日楼内的街市

清朝末年和民国初年，南城墙内外一直是昆明的商业闹市。南城墙内的正义路、高山铺，城墙外的三市街、宝善街、广聚路（现在的金碧路中段）等地段，都集中了许许多多坐商、行贩，很有些繁荣景象。1910年，滇越铁路通车，进口的棉纱、布匹、烟草和各种日用消费品，都先运到昆明，再分别运到省内外各地。四川、

南门外商业繁荣的三市街、金碧路

西康一带出产的黄丝、麝香、皮革也多从昆明出口。当时的南城墙一带，就是这些进出口货的集散中心，热闹一时。

○“灯影子戏”“把戏”和“背担吼”

老昆明大人娃娃都爱看“西洋镜”

早年宝善街东端的南教场是小商小贩聚集之处，也是民间艺人杂耍卖艺之地。不少江湖郎中在此卖药，先以武术、魔术、杂耍、把戏吸引观众——或戏猴弄狗，吞刀吞火；或前翻倒踢，舞刀弄棍；或侧掌劈石，砸头碎砖等等，眼见得围观者越来越多，便中止表演，卖药、卖货求钱。这又有点北京天桥的味道，成为老昆明一景。

走街串巷表演的木偶戏也会在南教场亮相。这种街头木偶戏是“吼”出来的。走街时艺人身背木箱，敲锣“吼唱”；表演时藏在箱后，也要敲锣“吼唱”，竟能“吼”出一场戏来，“吼”完则收钱——老昆明人对“吼唱”印象深刻，称之为“背担吼”，形象之极。

清末民初，“西洋镜”也传入了昆明。看西洋镜就是透过圆洞看装在黑箱里的画片，是舶来品，洋人叫“peepshow”，北方人叫“拉洋片”，十分形象。放映人挑来个长方形大木箱，往地下一放，吆喝几声，一群好奇的娃娃就围上来了。此木箱前面开有几个小孔，小孔后是放大镜，放大镜后是西洋风景、女人图片，装在镜框里，可以抽出抽进，不断换片，箱顶装有玻璃，可透光亮。由于运用了光学原理，又是黑箱操作，放的又是外国风情，很有些神秘感，比看小人书过瘾，只要花上一两文钱，眼睛往木孔上一凑，就可以看个十张八张图片。当年的“西洋镜”吸引过不少昆明娃娃和年轻人。然而打开箱子，无非是几张图而已，就变得毫无稀奇之处了。所以老昆明人会对好奇的围观者说：“看哪样看？看西洋镜改？”或者说：“去那边看你的西洋镜去！”

20世纪30年代，流传于中原的皮影戏曾进入昆明，在茶馆中上映。皮影戏是用兽皮或牛皮剪成平面人像物像，通过蜡烛或灯光照射，投射在白色幕布上，以表现各种故事。表演时艺人藏在幕后，一边操纵人物，一边用方言、口技表现神仙道人、英雄好汉、妖魔鬼怪、奇禽怪兽、飞天入地、隐身变形、喷烟吐火、劈山倒海等等，昆明人前所未见，十分稀奇，称之“灯影子戏”。因为皮影是用牛皮剪制的，旧时昆明家长警告不听话的娃娃会说：“你给是灯影子抠背——牛皮作痒！”——意思是“讨打”。

○“花朝节”和最早的“商业唱戏”

早在明代，昆明就有了花会。据明万历年间《滇略》记载：“滇中气候最早，腊月茶花已盛开，初春则柳舒桃放，烂漫山谷。雨水后，牡丹、芍药、杜鹃、梨、杏相次发花。民间自新年至二月，携壶觞赏花者无虚日，谓之花会。”每到会期，“衣冠而下至于舆隶，蜂聚蚁穿，红裙翠带，杂乎其间，迄暮春乃止”。此风最盛之地，就是云南省城昆明。

抗日战争时期昆明近日楼下的花市

抗日战争时期昆明街头的花市

老昆明人认为农历二月二十是“百花生辰”，每年的这一天要过“花朝节”。这天昆明全城男女老少上街入寺，踏青赏花。这一天，昆明小女孩会用红绫、红布或红纸剪成小花，挂在遍布庭院、街巷的花枝上，表示为百花“祝寿”。

花朝节由来已久，早在明代，昆明文士高应雷就写有《花朝歌》，并在此诗的序中写道：“滇中风高土暖，每花朝节则百花齐放。”当时城西沐府的西花园、城东南“园亭圃业”，无不“匝地香葩，莺蝶亦醉”，北门外马村一带，盘龙江和金汁河长堤回绕，两侧桃花、樱桃花、海棠花“锦烂霞铺，苍汉俱红”，昆明城“国中罢市，红翠出游，舞伎歌童，丝管叠韵”，盛况一时（《花朝歌·序》）。

旧时端阳节也是花会之期，据民国《昆明市志》记载：“每年端阳节，于金碧公园（今昆华医院）或云津市场（今云津街）或三牌坊（今正义路中段）或甬道街（今花鸟市场）开花市，时数十百种缤纷罗列，观者买者络绎于途”“足见民性对于花卉之观赏，颇具浓厚兴味”。

1920年，昆明官方在圆通寺举办花朝大会，会期五天，更有了“花朝搭台、商业唱戏”的设计，不仅展出名花，还展出美术工艺、书籍字画、古玩碑帖、学生手工艺品，还设有“物产馆”和“贸易场”，又展又销，独具一格。1923年的花朝节花会在南城外公园举办了半个月，同时举办盆景展、园艺图书展和园艺工具展等，大力普及园艺知识，推动了昆明的园林建设，此后当局又改建、扩建了金碧、翠湖、古幢、圆通、大观楼等五大公园，力图把昆明建成“园林都市”。

○“花姑”“花婆”、花市与近日楼

昆明人爱花，种花就成了一个产业。据清代《滇海虞衡志》记载，清嘉庆年间，昆明“菜海边多花院子，各花俱备，以供衙门及公馆，名繁不胜计”，而城东南的“石虎关民争种菊花，人肩车载而入于市，即可为菊庄收成。亦种鸡冠，供中元祀祖”。直到民国初期，每年的端阳节花会同时也是大规模的花市，三牌坊一带，“观者买者络绎于途”，往往造成交通堵塞，当局又把端阳花市移到南城外公园举办，亦游人如织，十分热闹。

抗战时期的昆明近日楼花市

平时昆明还有“花姑”“花婆”，挑着“花担”，装满鲜花，穿街走巷，四处叫卖。罗养儒在《纪我所知集》(《云南掌故》)中说，“每日早晨，必有若干卖花娘子，高声叫着，行于直街曲巷间，所卖之花，即是茶花、梅花、碧桃花”等等，“而值亦贱也”。她们带来的有山茶花、山杜鹃花、鸡冠花、木瓜花、百合花、夜来香、桃花、梨花、菊花之类，都是插瓶的佳品。还有红阳茶、粉团花、玫瑰花、素馨花、金银花等等，则是城中妇女簪戴的最爱。

老昆明平时也有花市。如民国《昆明市志》所记，“旧藩署前（今威远街），则每皆日有售卖之花卉”，此外还有甬道街、云津市场等。近日楼下更自古为昆明城一大花市，四季不衰。清人黄丹崖有《竹枝词》咏道：“时近年节且上街，近日楼前买红梅。”还有：

霜绫雪椀尽吴商，僰妇青裙罗帕装。

卖遍茶花杜鹃血，香云穿出碧鸡坊。

20世纪20年代，近日楼前的瓮城和两侧城墙被拆，修筑为环形马路，中间为近日公园，园中有十字路穿过，传统的近日楼花市也移到这里，那十字路就成了十字花街。近日楼上每年还要举办花卉展赛，成为老昆明城的一道风景。

抗日战争时期，女作家冰心暂居昆明，国难时艰，逛近日楼花市便成为一大享受。她写道：“近日楼前就是花市，早晨带一两块钱出去，随便你挑，茶花、杜鹃花、菊花……还有许多不知名的热带的鲜艳的花。抱着一大捆回来，可以把几间屋子摆满。”（《摆龙门阵》）另外一位女作家凤子也对近日楼花市赞不绝口，说这里“永远给人一种春天的感觉”——“早市的时候，假如自己不贪懒，出来散一次步，便可在花市上采办到自己喜欢的花。”林徽因则有《除夕看花》诗：

新从嘈杂着异乡口调的花市上买来，

碧桃雪白的长枝，同红血般的山茶花……

1941年，著名作家老舍来昆明讲学，也到过近日公园，“时时立在楼上远望，老觉得昆明静秀可喜。其实呢，街上的车马并不比别处少”——这是为什么？他的答案是：昆明“花木远胜北平。北平讲究种花，但夏天阳光过烈，冬天风雪极寒，不易把花养好。昆明终年如春，即使不精心培植，还是到处有花。北平多树，但日久不雨，则叶色如灰，令人不快。昆明的树多且绿，而且树上时有松鼠跳动，入眼浓绿，使人心静。”老舍在昆明时住在靛花巷友人处，常常到近旁的翠湖游览，特别欣赏那里的凤眼兰。他写道，此花“粉中带蓝，无论在日光下，还是月光下，都明洁秀美”。老舍还到过岗头村涌泉寺，说那里有“很大的梅树和桂树”，桂花正开，“满院都是香的”。寺后有溪，“溪上开着科葵和说不上名儿的香花，随便折几枝，就够插瓶的了”——“一两个小女学生在溪畔端详哪枝最适于插瓶”（《滇行短记》）。

昆明娃娃特别爱花。有的孩子没钱买花，就跑到近日楼花市看花，闲了到喷水池提水帮农家大妈洒花，换来几朵小花做报酬，兴高采烈地拿回去插起来。她们常常坐在近日楼下互击手掌念《猜花》谣：

小娃娃，姊妹家，坐在花树下，拍掌来猜花。
墙根下，绕篱笆，挂起小喇叭，这是什么花?
墙根下，绕篱笆，挂起小喇叭，这是牵牛花。
五月里，满树红，挂起小灯笼，这是什么花?
五月里，满树红，挂起小灯笼，这是石榴花。
又是花，又是叶，两片翅膀像蝴蝶，这是什么花?
又是花，又是叶，两片翅膀像蝴蝶，这是叶子花。
白如雪，躲树叶，轻轻飞起漫天白，这是什么花?
白如雪，躲树叶，轻轻飞起漫天白，这是杨柳花。
小姑娘，红衣裳，家在水中央，站在绿船上，这是什么花?
小姑娘，红衣裳，家在水中央，站在绿船上，这是红莲花。
花儿多，千万朵，要猜花，上山坡，猜不着，去问大哥……

○“三牌坊”下的肉摊

早年三牌坊下的小吃摊及带枷示众的犯人

清代末年和民国初期，三牌坊下都是肉案、菜摊，是当年昆明最大的农贸市场。牌坊两侧支摆肉案，肉案两头，接连菜摊。昆明四乡农民肩挑手提，带来新鲜蔬菜、鸡鸭禽蛋。附近又多有店铺，如“允香斋”酱菜铺，其制作的玫瑰大头菜后来在巴拿马国际博览会上拿了金奖。还有“永香斋”，经营干果，“忠信祥”经营宣威火腿，（老板刘姓，人称“刘火腿”），“仁和园”经营过桥米线等等。牌坊左右，人头攒动，摩肩接踵，热闹非凡。

清道光《昆明县志》记载：“滇俗旧重牲畜”，马、牛、猪“皆以群计”，春夏放养在山谷中，秋冬放养在收割后的水田有草之处，“皆饲诸野”，可称五畜兴旺。市场上的猪肉，每斤六十钱，大尾羊贵一倍，“常羊亦与猪肉值等”，就是“贫儿小有赢余，无不举肉食者”。清末三牌坊下的肉案就有二三十张，当时昆明街头流浪狗不少，都跑到这里寻食。收市的时候，但凡案桌上还有肉屑骨渣，肉案摊主全丢给流浪狗享用。这样，大批流浪狗闻香而来，聚集于此，据说有百条之多。这些流浪狗夜晚就睡在肉案边、屋檐下，但有响动，百犬齐吠，惊动一方，夜里行人，多半要绕道，小偷小盗也难得手，于是一方安宁。

据说每月初二，肉案摊主要请乞丐打一次牙祭（吃肉）。这天丐帮帮主会带着几十个乞丐到肉案前，对摊主说几句吉利话，就可以讨得一点肉吃。

其实，肉案摊主的日子也不好过。昆明小东门外盘龙江西岸立着一块清代税务告示碑，此碑立于清光绪十五年（1889 年）三月二十八日，刻有昆明县正堂告示，要求整顿生猪屠宰行业税厘，完税后须经“验明盖用图记，按名取结注册，并录名发给牌示各肉案备查”，屠宰户还必须“遵公会立定条规办理，不得隐瞒税课功德”，倘有违犯，“定予查究不贷”。在老昆明人的眼里，屠宰杀生不吉，而捐公德可以赎罪。但一个税，一个功德，已让人不堪重负。清光绪二十六年（1900 年），昆明县府衙门在税收之外，又对肉摊大加勒索：每天“上供”肉十五斤、油三斤，还动不动就格外添取肉油，多则五六十斤，少则二三十斤，出价不过是市场价格的四成而已。商贩们为此负债累累，债主终日盈门，商贩避无可避，只好上书求告。

○老鱼市上的“湖鲜”和“田鲜”

老昆明的菜市都有鱼市，上市的多半是滇池草海出产的鱼。早年滇池边多是渔村，村民大半靠打鱼为生，百里草海，渔船穿梭，风里雨里，撒网捕鱼。打上来的有鲤鱼、鲫鱼、鲦鱼、鲢鱼、白鱼、黑鱼、马鱼、甲鱼、娃娃鱼等等。打得差不多了，便把船撑到老篆塘码头，把一干湖鲜连水装进大木盆，挑到菜市售卖。有性急的吃家，堵在篆塘，看见好货，马上一抢而空，久而久之，篆塘也形成了一个鱼市。

草海不但出鱼，还出螺蛳、虾蟹、海菜等。其中以螺蛳为多，渔民打捞上船，划到大观河边，敲掉螺壳，取出螺肉，洗干净泡在清水中，用桶、盆挑到菜市出售。草海虾产量较少，大多晒成干虾上市。螃蟹又小又少，多被小娃娃买去玩耍取乐。海菜则多半加盐制成海菜鲊出售，是老昆明人的一道下饭菜。老昆明有儿歌唱道：

海菜花，白菜花，
爱洗澡呢小娃娃。
清清呢水，不带泥来不带沙，
滇池到处都是海菜呢家。

除了湖鱼外，老昆明鱼市上的田鱼也不少。这里的田鱼指翠湖周边和昆明四乡

大观河边的捕鱼人

篆塘码头的卖鱼处

藕塘莲池、水田沟渠的水产品，有谷花鱼、肉花鱼、田鸡、田螺等等，而以泥鳅、黄鳝为多。最有意思的是“水田特产”谷花鱼，据说此鱼油煎时有谷花香味，因此得名。此鱼不须人工放养，田里一灌水，它就来了。其形似鲫鱼，只有一两寸长，七八月稻谷扬花时，在水田出水口处支一个鱼篓，一天就会收获半篓或小半篓，吃不完就拿到鱼市去卖。

昆明鱼类特产有元宝鱼，仅仅出自王宝海（今官渡宝海公园），产量极少，市场上基本见不到。另外还有黑鱼和金线鱼，为鱼中珍品。黑鱼也叫乌鱼，去皮切片爆炒，做成宫爆鱼片，味道极好。金线鱼要和豆豉一起蒸，别具风味。至于三尾鱼，形状奇异，有金、白、黑、花各色，老昆明人家多买来养在鱼缸里观赏。

○老菜市上的“土菜”“洋菜”大战

早先昆明蔬菜由四乡农民挑进城，沿街摆卖。最集中的地方是三牌坊附近。这里是老昆明城里最热闹之处，成天人声鼎沸，轿马拥挤，加上菜摊云集，拥堵不堪，即便警察用警棍驱逐，也难以维持交通。后来官府把三牌坊一带的菜摊赶到藩台衙门辕门以内，形成了藩台衙门菜市。这是昆明最早也是最大的菜市，城里百姓买菜都离不开它。后来昆明人一提藩台衙门，说的多半是菜市，而不是衙门了。直到20世纪六七十年代，昆明老人还常常相约到“藩台儿衙门”买菜。

20世纪初，昆明城内外已形成了十多个菜市，大多是露天菜市，分布在当时的羊市街、云津市场、报国街、大东门瓮城耳门外、小西门外马路口、芦茶会馆、米厂心等处，还在藩台衙门前（今威远街）、劝业场（今五一电影院处）、护国门（今南屏街东口）、丰乐街（今武成路南小富春街段）几个地方搭起棚屋，建起了室内菜市。

后来更形成了四大菜市：三牌坊的藩台衙门前、盘龙江边的米场心、小西门外的大观街以及羊市口的顺城街、玉溪街和南通街号称昆明四大菜市。其中藩台衙门菜市是龙头老大，其外有三道拱门，内部为棋盘式格局，分为小菜市、猪肉市、牛肉市、羊肉市、鸡鸭禽蛋市、鱼市、豆腐豆菜及咸菜市等。市民买菜手拎提箩，农民捆菜都用稻草，装豆腐用荷叶或大白菜叶。菜市里每天熙熙攘攘，市场外的街道上也摆满了菜摊，还有大大小小的米线馆、包子铺、饵ケ摊等等，人来人往，挤攘不开。

老昆明菜市上的蔬菜，基本上出自昆明四乡农村。清道光《昆明县志》说昆明“蔬种最繁，而熟甚早，其值亦贱。山肴野蔌都可登盘，不必餍鸡豚也。芹、韭、芋、蕨、蒜之属，皆以会城为最”。据民国初期成书的《昆明市志》所记，当时昆明所产蔬菜类有根菜类的莱菔（萝卜）、芜菁（圆菜头）、胡萝卜、牛蒡、马铃薯、芋甘蔚、大头菜、撇（苤）蓝、结球甘蓝、百合根、慈姑、甘露子、蒜、葱头、藠头、姜等，有叶菜类的苦菜、甜菜、卷心白菜、箭杆白菜、花椰菜、莲花白菜、旱芹菜、四季菠菜、茼蒿菜、黄芽韭菜、泥韭菜、茴香、石刁柏（芦笋）、芫荽、薄荷、安宁大葱、本地葱等，瓜果类有南瓜、冬瓜、金瓜、胡瓜、甜瓜、苦瓜、丝瓜、葫芦茄、番茄、灯笼辣、铁壳辣、泡壳辣、菱角及各种豆类。还有茎菜类的竹笋、结球莴笋、香莴笋、茭瓜、地莲花等，共有数十种。

雨中的藩台衙门菜市

穿心古楼米厂心菜市场

而据罗养儒的《纪我所知集》（《云南掌故》）记载，老昆明市场上的蔬菜品种还更多。有一些是从外省引种过来的：有莲花白，清代从四川引种到昆明后，比原来还要白大肥嫩；有扁叶青菜，在四川叫包包菜，引种后既不像包包菜，也不像苦菜，在昆明叫花叶苦菜，直到今天都还见得到。还有从广东引种的芥蓝菜和荷兰豆，荷兰豆长在昆明也和广东不一样，变得和昆明的菜豌豆差不多。老昆明菜市上还有一批“洋”字号的蔬菜，如洋葱、洋姜、洋蒜、洋芋、洋花菜、洋辣子、东洋菜等，都是从外国引进的。

昆明有一段描写“土菜”和“洋菜”大战的花灯调，想象丰富，饶有兴味：

海参天子登龙位，鱿鱼大虾保驾臣。
鲤鱼海带分文武，鱼肚鱼翅两边分。
燕窝国中把反造，天子下令要出征。
弯葱听见要出征，可怜它白胡须须少精神。
芋头听见要出征，拖儿带女难起身。
黄瓜要想来出征，生一身疥疮驻动身。
老墨瓜领兵来出征，黄萝卜挡在半路挖战坑。
灰挑菜出来打一仗，被杀得灰嘴灰脸转回程。
惹得海参天子怒火起，亲自点兵亲出征。
官封苤蓝为元帅，随带盐巴辣子百万兵。
冬瓜做大炮，豇豆做火绳。
牛皮菜拿来蒙战鼓，茼蒿菜拿吹号发大兵。
茴香地里三声炮，水芹菜水边扎大营。
架豆本是短刀手，莲花白摆起铜锤阵。
莴笋使下连枷棍，索粉扯起绊马绳。
菠菜使下了双飘带，杀得木耳战兢兢。
最狠不过叉叉菜，一叉叉断鸡纵根。
四季豆本是尖刀菜，杀得豆菜脚长伸。
慈姑急忙叫断水，搬来菱角水师兵。
青蒜使下双股箭，杀败了洋花菜、洋辣子外国兵。
（徐沛然口述，见《五华童谣》）

○“百果争鲜”大“混战”

昆明的水果多在菜市上出售，也有果农挑着担子走街串巷叫卖。清代昆明以“五果”出名，“梅为上，次李与桃，又次梨，枣为最下，（水）土不宜也”（清道光《昆明县志》）。到民国初期，昆明市场上的本地水果，计有宝珠梨、枇杷、柑橘、樱桃、花红、葡萄、苹果、佛头果、柿子、软枣、石榴、板栗、核桃、桃子、梅子、杏子、李子等十多种（民国《昆明市志》），品种不算多。

罗养儒在《纪我所知集》（《云南掌故》）中说，昆明城四周山环水绕，群山

早年昆明街头的菜果摊子

万壑，大都墓冢累累。至于平地高原，又多种五谷粮食。城市中有空地，一般人又喜种植花草，“以增兴趣”。这样一来，在近城二三十里内的地方，果树确实种得稀少。昆明市场上销售的水果，十分之九来自外县，本地出品的水果，连十分之一都达不到。为改变这种局面，清末有留日学生在黑龙潭开辟果园，种植桃、李、梅、杏、梨、柿、橙、橘、枇杷、苹果、佛头果、樱桃等，也有些成果。直到如今，昆明水果最有名的，仍然是远郊呈贡县的宝珠梨。旧日跑马山的桃园，呈贡的梨园，都是昆明的大品牌。老昆明有《耍山调》唱道：

年年有那个六月二十三，

约着我家七姐八姐去耍耍跑马山。

跑马山上耍耍山前山后山左山右轱辘团转团转轱辘，

花红、李子、桃梨、苹果、拐枣、樱桃树……

云南是全国重要的水果产区，昆明则是全省水果最大的市场，各地水果蜂拥而至，挤到昆明菜市场上、街头巷尾。不但品类繁多，百味齐备，无奇不有，而且一年四季，绝不断档，在昆明上演“水果大战”。老昆明有花灯调《百果争鲜》唱道：

人参明主坐金湾，白果群臣排两旁。

红袍橘子为臣相，黄果官封左侍郎。

圆眼官封青天监，荔枝军师晓阴阳。

香圆心多管六部，苹果官高坐中堂。

宝珠梨本是大元帅，佛手柑举世无双。

李子奉命做知府，西西果知县烂心肠。

人参明主开金口，有事早奏进朝纲。

无花果一方还未静，软枣门官奏君王。

他奏道：米饭国中造了反，有个西瓜大王逞豪强。

他国中柚子挂为先锋印，朝阳饼（向日葵）就是领兵督队官。

打破乌梨宫一座，桃仁、杏仁带重伤。

连夜闯过木瓜岭，葛根札木安营寨，
土瓜檑石谁敢挡，青果奉命去打探。
樱桃出来打一仗，只杀得石榴嘴大张。
葡萄出来打一仗，只杀得雪梨带重伤。
梅子园中大交战，只杀得花生土里钻。
甘蔗就像铁棒棒，只杀得干柿花吊死在屋梁。
桃梅杏李四员将，冲杀在前无阻挡。
面梨胆小吓黄脸，螃蟹梨吓得跳下瓮缸。
水上挑抢一只藕，杀得菱角跳池塘。
山林果不敢上战场，缩在墙角打颤颤。
芭蕉果写表来归降，带着山林果见君王。
人参明主将他贬，把山林果贬在街上蘸红糖。
（徐沛然口述，见《五华童谣》）

○“巷市”：门口的街子

老昆明市场无孔不入，除了繁华或不繁华的街市以外，背街背巷也会被走街串巷的行商占领，成为不是市场的市场，让你“人在家中坐，货从门前来”，方便之至，称之“巷市”可也。

昆明四乡农妇包括少数民族妇女都有经商的传统。时鲜菜蔬上市之时，如正二月间的豌豆尖、三四月间的蚕豆角、六七月间的青苞谷，她们总是提篮、挑担、背篓，带进城来，走街串巷，高声叫卖：“卖——豌豆尖——”“卖——豆角——”“卖——青苞谷——”一些懒得转菜市的老人、忙人坐在家中，听到门口吆喝，悠悠而出，招呼一声“卖菜的等下”，便可买到时鲜蔬菜，生火做饭了。

清末昆明的“巷市”

蔬菜之外，还有香油、猪肉、豆腐、鸡蛋、酱油、酸醋、米线、饺面、糕饼、糖食、水果、松子、瓜子等等，都会有小贩挑到街头巷尾，门前门后，吆喝叫卖，日常吃食，大都齐了。每逢节庆，端阳节的粽叶、中秋节的板栗和毛豆、过年的米花团和米干，都会有人卖到门口来。

就是日杂用品，昆明“巷市”中也随时可见。京货客拎包而来的是脂粉、香皂、珠花、绣货等妇女用品；广货客端盘送来的是肉桂、人参和丸药；湖南客提来的是笔墨包；江西客挑来的是瓷器；川货客售卖的是梳篦、针线、刀剪、纽扣、料珠等土杂货……

抗战时期的昆明小巷街子

在“巷市”里，生意做得最大的是货郎担，生意一般的是卖灯草席、油纸伞、蚊刷扇子的挑担人，而摇着铃铛、提着纸筐卖通草花、绒花、棉绳、棉带、铜簪、料珠的小贩，就是名副其实的小本生意了。

活跃在“巷市”里小贩不仅卖货，还卖服务，如洗脸担，有火炉、有热水，有“脸帕”；还有卖手艺的，如敲着小锣骟鸡、骟狗的，还有修伞修鞋、补碗补缸、补锑锅铜盆的，边走边拉二胡算命的……

○近日楼的“早街”和云津桥、文明街的“夜街”

早年昆明市场有“早市”和“晚市”之分，民间称为“早街”和“晚街”。

老昆明的“早街”有小东门瓮城的零布料市，有宝善街的杂货市，有护国路糖食纸烟市，早上 9 点以前开市交易，10 点以后就撤了。近日公园的花市也是“早街”，卖的是供插瓶的鲜切花，时间也是早上 10 时以前。民国藏书家凌惕安有《滇游草》称：“楼名近日灿云霞，士女凌晨竞买花。”抗日战争时期，寓居昆明的著名女作家冰心和凤子都曾对近日楼清早的花市赞不绝口。

清代昆明的“夜街”在早年的云津铺（今巡津街一带），被称为“云津夜市”，是当时的昆明八景之一。早年昆明周边的运输以水运为主，盘龙江上码头不少，最繁荣的就是得胜桥边的云津铺，早在元代，就有“千艘蚁聚于云津，万舶峰屯于城垠”之景。这里在城外，不受夜晚城门关闭的限制，过往船只在此装卸完货物，船夫们都可以上岸喝酒吃宵夜，顺手做点儿小买卖，于是就形成了最早的夜市。天黑以后，街道两旁店铺陆续关门，不少商贩就来到铺前，在屋檐下摆个摊子，点上油灯、蜡

文明街的香炉烛台店

烛，生意就开张了。夜街卖的多是便宜货，品种应有尽有，如布匹、旧衣、皮革、针线、器具、杂货之类，也有珠宝玉器、古书瓷器等。一时满街灯光灿烂，烛影摇曳，行人熙攘，通宵达旦。直到天快亮时，夜市才散去。这时农民又挑着担子来卖菜了。清人张士廉有《云津夜市》图，并有诗曰：

云津桥上望，灯火万千家，
问夜人沽酒，寻店客系槎。
城遥更漏尽，月圆市声哗，
破晓阑游兴，疏钟传太华。

民国初期，城门打开，云津夜市逐渐衰退，继而兴起的是春节前后三牌坊一带的彩灯夜市，时间是下午六点到晚上十点。天黑之后，彩灯竞相点亮，更显“夜街”魅力。还有一个“夜街”天天都有，即文明街的古董字画夜市——辨别古董是个技术活儿，为何偏偏要在夜间交易，让人看不明白。

文明街一带原来是清代的粮道衙门，1917 年拆除衙门，改建为街道，因街北有座“南国文明”牌坊得名“文明街”，民间又称文明新街。新街落成，地处闹市而街幅较宽，铺房整齐而高敞，但和近旁的南大街（今正义路南段）、辕门口（光华街中段）相比，商业优势并不大。但几十年间，也形成了自己独特的商业风貌：一是摊贩，一是夜市。

新建的文明街较为宽敞，两侧有人行道，不少商贩到此席地设摊，因白天生意不旺，又延伸到夜间。一般商店“二炮”（每晚九点整，鸣炮两响报时）前后即已关门，文明街的店铺、摊贩则从午间经营到夜晚，直到“三炮”（即十二点），一直营业，形成昆明城区较早的夜市。

早先因为供电不足，灯光昏暗，大货摊用汽灯照明，小货摊则点一两盏“煤石灯”。后来供电情况好转，货摊就向店铺租灯，拉线照明，在铺前支架摆摊，行人往来，多由街心通过，夜市逐渐发展成昼夜兼营。

最初，文明街夜市专售古玩字画和旧衣旧货，后来又出现了不少品种繁多的百货、土杂、小五金制品店铺和摊贩，此外还有食品摊，专供逛夜市者吃宵夜。“烟”为其特点：这里有日常生活用的竹烟筒、水烟袋，还有抽鸦片用的烟灯、烟枪、牛角烟盒、烟签子、打烟石等，品类繁杂。

当年汪曾祺是文明街旧货市场的常客，在他的笔下，当年的“文明新街是卖旧货的地方，街两边都是旧货摊，一到晚上，点了电石灯，满街都是电石臭气。什么旧货都有，玛瑙翡翠、铜佛瓷瓶、破铜烂铁”。他说：“沿街浏览，蹲下来挑选问价，也是个乐趣。我们有个同班的四川同学，姓李，家里寄来一件棉袍，他从邮局里取出来，拆开包裹线，到了文明街，把棉袍搭在胳膊上：‘哪个要这件棉袍！’当时就卖掉了，伙同几个同学，吃喝了一顿。”（《觅我游踪五十年》）

近日楼下的街市

○街市店铺的招牌

老昆明人开店设铺，招牌就是脸面，非常重要。这些招牌按行业不同，有不少约定俗成的规则。表现方式可以分为两大类：

一是以物表意，挂个象征性的物品或直接用商品展示于人。

据罗养儒《纪我所知集》（《云南掌故》）记载，旧时昆明银钱兑换铺要在铺前左右檐角吊上两串木钱，共分五节，每节类似二百文的铜币制钱，涂为黄色，再套上一个红布小罩。铺面当中还会悬挂一个锡制元宝，下坠须子——路人但见这木钱元宝，就知道可以到这里来兑换银钱了。

诸如此类的还有：裱画铺门前装有三道画窗，两直一横，上面绘有山水人物、翎毛花卉等；脂粉铺则在柜台两端放置铜制涂金商标，或为马，或为鹿，或为凤，或为刘海戏蟾之型；剃头担上则插一面小红旗，有清初“奉旨剃头”旗帖之遗义；早年卖线街和少白楼之素酒馆在门前插一竹竿，挂一蓝布酒帘，更是“数百年遗风”尚存。纸张铺直接

民国时昆明街头土杂店的招牌，强调“自办”二字

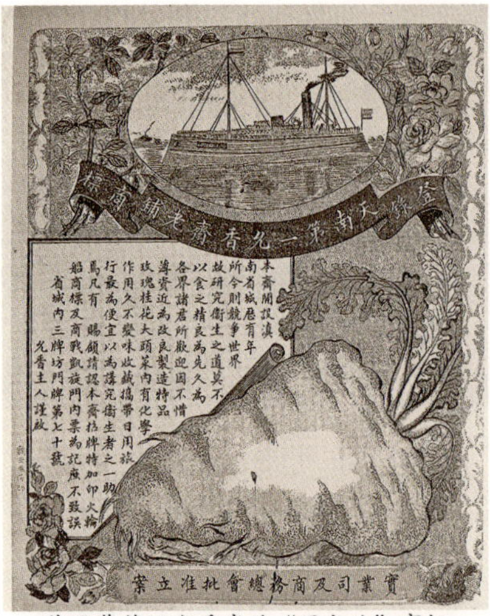

著名酱菜坊允香斋的“黑大头”商标

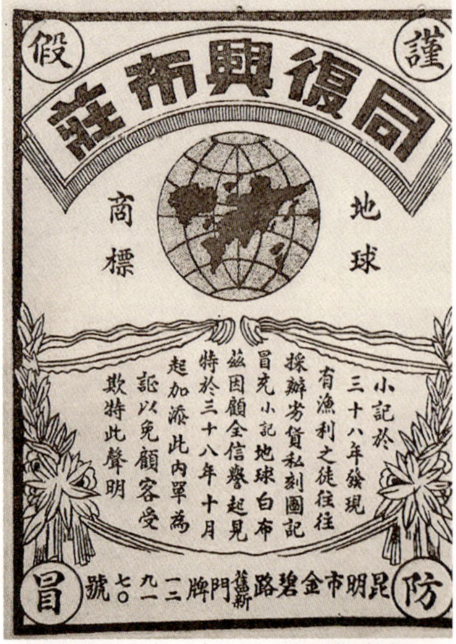

老昆明同复兴布庄的“打假”广告

清末昆明窄街小店招牌

把若干捆绵纸陈列在铺前，布铺则把若干匹布陈于柜台两端，更直截了当。

另一类是文字表白，直书商品。如当铺内要设高柜，门前写个大大的“当”字，这是“明代遗规”，可谓源远流长。药材铺拦柜两头各竖一块长三尺、宽近一尺的金漆标语牌，上刻四字，多为“膏丹丸散”“生熟饮片”之类，檐前又悬挂金漆长吊牌，上刻“本堂选淮、浙、川、广各省地道药材，遵法炮制，发客不误”之语，夜间营业，则在铺内挂大灯，称“满堂红”。京果铺也挂金漆招牌，上书“京果干菜，闽广海味”等。糕点铺的金漆招牌上则写有“龙凤喜饼，满汉茶食”字样。帽铺招牌又书“冬夏满帽，文武朝冠”等——都是八个字，朗朗上口，以便阅读。

当然，商铺最大的招牌还是“字号”，即商号的名称。早年商号取名讲究彩头，讲究吉利。如“同庆丰”“吉庆祥”“长美居”等等。有的店家“以名明志”，表示自己的经营理念和经营特色，如“精益眼镜”“培养正气”“二我轩”相馆、“存真”相馆、“体德”药堂、“允香斋”酱园、“永香斋”酱园、“味美斋”酱园、“万卷书店”“崇文堂”租书铺、“崇正”书局、“东洋人力车公司”“通运汽车行”等。有的店家干脆用店主姓名命名，如“子雄照相馆”“阮氏长春坊”“王运通药室”“黄良臣医馆”等。老昆明的商铺对昆明“四季如春”的“春城”之称自信满满，商号取名还喜欢带一个“春”字，特别是餐馆，如“玉春园”“临春园”“玉春阁”“共和春”“富春楼”“海堂春”“万家春”“映时春”等，西餐馆也有个“得意春”，茶馆则有“物我春”等。

由于“创牌子”不易，往往要苦心经营，历经沧桑，与时俱进而初衷不改，坚持数十年甚至百年，口碑在民，“老字号”或“老招牌”才得造成。不少昆明商号还在“招牌”上下功夫，制作“名牌”，以迅速扩大本商号的知名度。昆明中药名店“福林堂”取自三国名医董奉为穷人治病不收诊费而只要求病愈者在后堂种植杏树的典故，有“福泽杏林”之意，又请昆明名家陈荣昌题写“福林堂”金字大匾，高悬店门，这个“招牌”显然给“福林堂”的名气加分不少。清乾隆年间，一个姓曹的老板先后在今天的文庙街口开了个“四合园”茶铺，又在今天的正义路上开了个“宜春园”，也是茶铺，据说曾请大学士钱沣题写铺名，悬于铺前，以博风雅。后来的糕饼店老板更牛，据说把其看家产品四两坨送到北京，慈禧太后吃了大加赞赏，题赐了一块“合香楼”招牌——无论真假，四两坨都红了。

据清光绪九年（1883年）所立《重建药王庙碑记》所载，当时为重建药王庙捐款的就有福林堂、福寿堂、春生堂、太元堂、春澍堂、颐元堂、济缘堂、济生堂、太和堂、同安堂、万生堂、六和堂、大有堂、颐和堂、吉元堂、春杏堂、芝茂堂、德寿堂、芝生堂、万元堂、杏林堂、福安堂、颐安堂、春元堂、德顺堂、大德堂、体仁堂、至德堂、十金堂、芝宝堂、德和堂、春华堂、鹤龄堂、万泰堂、有以堂、寿延堂、福顺堂、仁聚堂、仁济堂、上全堂、崇积堂、永和堂、采芝堂、恒泰堂、人寿堂等——可见当时堂铺招牌的“主流”倾向。

关于昆明店铺招牌的故事不少。据说抗日战争期间，一个湖南人到昆明文林街开了家牛肉馆，以故乡取名“潇湘馆”。西南联大教授吴宓路过此处，大为不满。吴宓是《红楼梦》专家，认为此“潇湘馆”是对林黛玉与其“潇湘馆”的大不敬，接下来的故事有两个版本：一说吴宓教授上门声讨，主人不听，吴教授竟挥手杖砸店，幸而有人调停，将牛肉馆名改为“潇湘食馆”了事。另一个版本要温馨得多，说吴宓找到老板，付钱让他改了名，叫“潇洒馆”云云。

还有一个故事更温馨，一些联大学生喜欢吃昆明人做的白斩鸡，因昆明话里白斩鸡叫凉鸡，于是有联大同学以“坐失良机”的谐音为食店取名“坐食凉鸡”——妙哉！

○街巷叫卖“市声”高

老昆明谚语称：“生意不好，喊声不到。”旧时小贩和工匠走街串巷，招徕生意，都少不了吆喝叫卖。清人黄丹崖有《竹枝词》写道：

昆明街头的小贩吆喝雕像

时近年节且上街，近日楼前买红梅。

撇见子间兜裙屣，上市传呼饵饮来。

这里写的，就是叫卖饵饮的市声。

这些商贩、工匠的吆喝声音都足够大，就是隔墙隔院坐在家里的人都能听到。吆喝的腔调也自有特点，使用的是昆明方言，还有滇剧、花灯、调子的影响，并保存着古代内地叫卖的某些腔调。早年小贩行走昆明街巷，边走边吆喝，此起彼伏，或拖长尾声，或变化音调，但一听就知道他（她）卖什么了。如卖药多是男声：“肚子疼呢么买药——”“咳嗽、发烧呢买药啦——”“有胃病呢买药啰——”等等，卖的治常见病的药。吆喝卖吃的最多，男女都有，如“官渡粑粑——”，如“麦粑粑——”，如“水豆腐——菜豆花——”，如“卖牡——丹花根”，如“豌豆粉——”，如“甜——白酒——”，如“冰糖沙林果——”，如“臭参——”等等。有的多是女声，尖声细语，如“买小白芨——”如“买花椒叶儿——”，如“买千针万线草——”，如“橄榄水——”等等。晚上街巷静了下来，吆喝声音特别入耳：“五香兰花豆，呱呱叫那个梆梆脆，还有卤猪肉，越吃越有味！”——这是喊给喝夜酒的男人听的。

走街串巷提供服务的也吆喝，如“起刀——磨剪子——”，如“乱头发换针来哎——”，如“打缸箍——编甑板儿”。有的还层层递进，自报品牌，旧时云南大学西侧坡上一条小巷中所产风炉是名优产品，吆喝词如下：“买——风炉——云大风炉——要云南大学背后的风炉么来买喽——”。

有的吆喝还穿室入户，进了茶铺。早年在西南联大读书的汪曾祺在昆明泡茶馆时就常见“女孩子来卖炒葵花籽，绕桌轻唤：‘瓜子瓜，瓜子瓜。’”这“瓜子瓜”让他印象深刻，并留下了“枯肠三碗嗑葵花”的诗句。他还记得“雨季的果子，是杨梅。卖杨梅的都是苗族女孩子，戴一顶小花帽子，穿着扳尖的绣了满帮花的鞋，坐在人家阶石的一角，不时吆唤一声：‘卖杨梅——’声音娇娇的。她们的声音使得昆明雨季的空气更加柔和了”（《昆明的雨》）。在汪曾祺的耳里，“苗族女孩吆喝：‘卖玉麦（苞谷）粑粑——’声音娇娇的，很好听。如果下点雨，尤有韵致。”而“烧饵饮多在晚上卖，远远听见一声吆喝：‘烧饵饮——’声音高亢，有点凄凉”（《昆明的吃食》）。

昆明档次最高的“吆喝”出现在 1942 年。当时西南联大物理系计划建造一座小型回旋式粒子加速器，需要大量钢铁。抗战时期，钢铁是军事物资，既缺又贵，联大买不到也买不起，只好发动大家收集废钢铁。参加此项活动的先后有联大物理系学生杨振宁、朱光亚、黄昆、邓稼先等人，他们提着麻绳，拎着箩筐，在昆明城里走街串巷，用昆明方言吆喝“破钢烂铁找来卖——”但几个月下来，仅收购到100多斤废钢铁，研制回旋加速器的“会战”终于夭折。后来，杨振宁成为诺贝尔物理学奖获得者，朱光亚、邓稼先是中国科学院院士、“两弹”元勋，黄昆也是中国科学院院士、中国半导体技术奠基人，并获得2001年度国家最高科学技术奖——这恐怕是史上最高级别的破铜烂铁吆喝者了。

○敲打叫卖“器声”来

小贩工匠行走街巷招徕生意时，有的也不用很累地吆喝，找个什么东西敲打发声就行了。但也要约定俗成，如手掌大的小铜锣一敲，“咚——咚——”节奏很慢，昆明人就知道阉鸡骗狗的人来了。如果把竹筒敲得“当当”响，那就是卖饺掺面的来了。时间一长，那饺掺面也被叫作“饺当当”了。还有甩“铁板”的，把七八块火柴盒大小的铁片串起来，一甩就是一串“叮叮当当”的脆响，那就是补碗补锅的来了。家中有需要，大人会让孩子先出门叫住工匠，然后送出破锅破碗，工匠摆好架势，钻眼、打钉，扣紧，竟然滴水不漏，堪称绝技。而有马蹄铁板敲响，“叮叮——当”“叮叮——当”，那就是卖麦芽糖的来了。汪曾祺在《跑警报》中说，昆明的叮叮糖“就是北京人祭灶用的关东糖，不过做成一个直径一尺多，厚可一寸许的大糖饼，放在四方的木盘上，有人掏钱要买，糖贩即用一个刨刃形的铁片揳入糖边，然后用一个小小铁锤，一击铁片，叮的一声，一块糖就震裂下来了——所以叫作‘叮叮糖’”。

敲铁板卖叮叮糖的老人

听见“叮叮”声响，一群娃娃会跑出家门，跟在卖糖人后面，合着铁板声喊道：

叮叮糖，糖叮糖，

吃了不想娘！

有的卖糖人不高兴，回头吼一声，娃娃们一哄而散，跑得远远地。继而再跟了上来，儿歌又唱起来了。卖糖人一转念，这也算是不要钱的广告，于是乐得不吱声，高兴时还会抓点碎糖给娃娃吃。

如果巷里有了“嘣咚嘣咚”声，那就是卖嘣咚的来了。那是一种貌似封口无座高脚杯状的玻璃器皿，大小不一，极薄，易碎，一吹就“嘣咚嘣咚”响。卖货人边走边吹嘣咚，娃娃们跟在后面，大声喊道：

嘣咚嘣咚，

即时买来即时送！

这回有点砸牌子，卖嘣咚人回头一瞪眼，娃娃们大笑而散，一边跑一边还唱“嘣咚嘣咚，即时买来即时送……”

抗战时期，还有诸如此类的“叫卖”儿歌：

蚊烟蚊烟，国难期间。

打倒日本，捉拿汉奸。

○“旧衣烂裳”的没落

早年西院街（今如安街）的旧衣市场

在昆明走街串巷的商贩吆喝声中，让人印象最深的是：“咦有——旧衣烂裳，找来——卖——”此一吆喝，起承转合，如唱如吼，粗犷豪放，不少老昆明人至今记忆犹新。

旧时听到吆喝声，一些居家妇女就会搜出几件早就不穿的旧衣服，走出大门高喊一声：“收旧衣裳的！”那小贩闻声停步，就开始验货讲价钱做买卖了。

早年昆明一般人家都比较节俭，讲究“新三年，旧三年，缝缝补补又三年”，加上兄弟姊妹多，哥姐衣裤穿小了弟妹穿，拿得出手的大多是“烂裳”，不过也弄得整整齐齐，干干净净，拿到山区农村去，也还可以再利用一下。

早年老昆明的西院街（福照街）、二纛街（今民生街）等路面之上，旧衣铺林立，生意红火。除了收购昆明城内外的旧衣外，还从北京、江浙、四川、湖广等省进货，把各种旧衣服运到昆明，再分销到省内各县。

直到20世纪五六十年代，福照街上的昆明第八中学还被戏称为“旧衣烂裳昆八中”，而昆八中学生则以“红旗飘飘昆八中”相对，那是后话。

滇越铁路通车后，大量廉价洋纱涌入，昆明人多用洋纱织布缝衣。“旧衣烂裳”经营大减，不久就衰败了。近代《新纂云南通志》记载：“在滇越铁路未通前，京兆（北京）、江、浙、川、鄂等省的各种古旧服，每年整车批来云南，分销各县，为数很多，省城西院、二纛等街，故衣铺林立，营业异常发达，足见当时民风的俭朴。自滇越铁路通车后，这种营业便无形中消灭了。”同时又担心：“云南自滇越铁路通车后，奢侈的风气一天天地普遍，消费水准一天天提高，但生产力却不能与消费力同时增强。”云云。

不过，后来“旧衣烂裳”业还在“新号铺”中延续下来。这些店铺把“旧衣烂裳”改制为丧葬用品，如绸裳蚊帐之类，质料极差，遇水就碎，被斥为“发死人财”，但也可为穷人家撑一下门面，仍然有市场。也有黑心商贩反过来，用好棉花包在装殓死人的腐棉外面，以低价欺蒙顾客。甚至请人做“托”，围观抢购，引人上当。由此昆明又有歇后语：“西院街的生意——豁豁哄哄。”

直到抗日战争后，“新号铺”才在昆明销声匿迹。

○得胜桥的桥头堡和税卡

民国初年，负责收税的是云南六城厘金总局，设在盐行街（今拓东路中段）。这个“云南六城”指的是云南省城的6座城门，它的5个分卡就设在小西门外、大西门外、大东门外、小东门外和北门以内，按当时的惯例，是货物进出城门，见者缴税，否则不得通行。此外还有两个外分局：一个设在大板桥，一个设在碧鸡关。全年征收税金定额是29000元（民国《昆明市志》）。在当时（1922年），这笔税金相当于2万平民一年的生活费，而当时昆明城的人口约12万。

早年设在小西门月城的税卡

早年得胜桥的桥头堡和税卡

这个税收总局要管6个城门，唯独商业最繁盛的南门没有分卡，这有点儿说不过去。一说城南收税由盐行街上的厘金总局亲自负责，税卡就设在南门外的得胜桥头，这里一直是出入昆明的重要通道，自古为兵家必争之地。早年得胜桥东端道路两侧建有两个桥头堡，高三层，砖木结构，方十余米，土黄外墙，平时驻此收税，战时据此守桥。

桥头堡今已不存，但关于税卡的故事还在民间流传：当年税吏卡得很严，商贩过卡，有钱交钱，无钱交货，决不通融。有小贩从滇南经滇越铁路运来新鲜荔枝，过桥进城时，被税吏卡下一筐充税。荔枝鲜香诱人，税吏嘴一松，拿来当饭吃，后来喉咙生疮，气阻咽道，几乎送命，一时传为笑柄。

○最早的“土”“洋”商战

洋货初入昆明之时，城中绸缎、土布、清酒、油行等土货商铺齐行立约，不进洋货，以求自保，维持现状。开始，这联手抵制大约也是有效的，清末昆明的许多绸缎行、土布行都依然故我。滇越铁路通车之前，昆明的土货商店依然很多，洋货商店很少。

滇越铁路建成通车之后，昆明以从山僻远之地，一变而为国际交通要冲，海关操于外人之手，舶来品享受的关税甚至比国货还低，又能适应新式工业的要求，价格较廉，加上买办的协助，于是乎纷至沓来，炫耀夺目，陈列于市。反观土货之弊，时人论之：一是“价本不丰，无敌人之力”；二是“人情不一，无大公之心”；三是“所见不大，所料不远，只贪眼前小利，而忘日后大害”；四是“生财之道，不知讲求”。以此和外商竞争，当然只有失败。例如雨伞，日本产品用竹竿做柄，制作精致，结实耐久，价钱又廉，进入昆明市场后，仅光绪二十九年（1903年）就售出600多把，次年达12000把，再过一年，就翻到了2万多把。在这种情况下，本地土伞，只有倒霉（《昆明市志长编》等）。

小东门行人的土伞和洋伞

“土”“洋”之争，在工商业中形成了尖锐的对立：如西药与中药，洋瓷碗和土碗，土工具和洋工具，土农具和洋农具，土刀和洋刀，火草发烛与洋火，蜡烛与洋蜡，土碱与洋碱，胰子与洋皂，石膏与牙水，斗笠与洋伞，布袜与洋袜，土玩具和洋玩具，土产食品和洋食品，手工金属器物和机制金属器物……两相比较，土制手工业产品不免相形见绌，有的就逐渐被淘汰了。

但就是到了这种地步，“国货”商们还在内讧。1909 年间，“土糖”畅销，熬糖的人一下子多起来。熬糖的、卖糖的你争我夺，生出许多是非。昆明的行会向经营土糖者派款，守城门的则把住城门，拦下运糖的驮子要“卖门钱”，不给就扣糖……于是，洋货更加得势，“国货”更加衰落，大量金钱，滚滚流出，国弱民穷，就不可避免。

○“土烟”“洋烟”大战

老昆明人过去吸的是烟丝，分旱烟、水烟两种。收获了烟叶，晒干或烘干后切成丝，用烟管吸叫旱烟，用竹水筒吸叫水烟。那竹水筒又叫水烟筒，取一节有手臂粗、有手杆长的竹筒，在半腰上斜着装一根小竹管作烟斗。吸烟的时候，烟筒里灌上水，将烟丝放在烟斗上点燃，在烟筒口一吸气，竹筒里的水就咕咚咕咚响，烟便经过水过滤吸得进口中。据说这样吸烟又过瘾，又干净。至今昆明还见得到这种水烟筒。直到清光绪二十七年（1901 年），昆明仍无纸烟入口。后来英美公司绕道缅甸，将纸烟贩到昆明，叫作“派律纸卷”和“巴西烟”。到光绪三十二年（1906 年），纸烟输入价值就达 11000 两银子。滇越铁路通车后，洋商又陆续由香港取道越南运进纸烟，也很受市场欢迎。许多昆明人渐渐不再吸土产烟丝，改吸纸烟了。到宣统三年（1911 年）纸烟进口价值达 43000 多两银子。

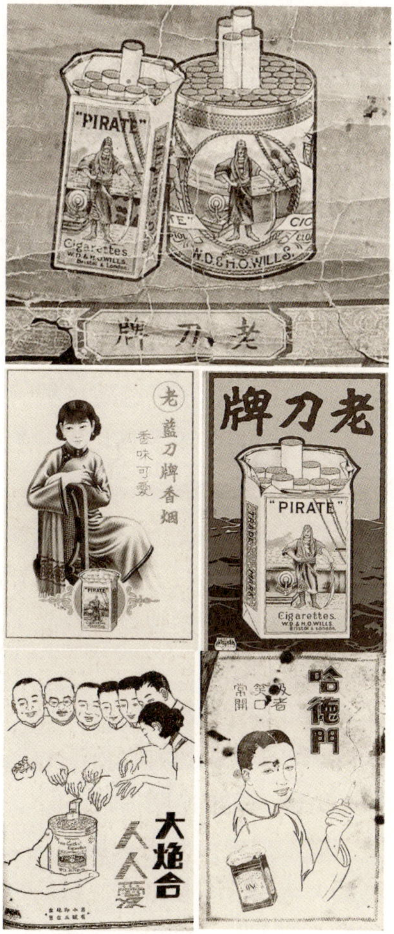

老昆明市场上的香烟广告

纸烟最初进入昆明，洋商雇人挑担上街，逢人就送上一支请试抽，半卖半送，每包才铜钱两文。待一般市民吸上了瘾，又在报纸上刊登广告，购一包烟得一张赠券，赠券可兑赠品，以此吸引顾客。有趣的是，英美烟公司的赠品是："如积有二十五张（赠券）者，可换孔子真像一个，或积至一百张，可换美人画一张。"如是算来，在当时洋人和吸烟人心目中，一个美女可抵四个孔圣人！

洋纸烟的牌名，最初只有老刀牌和黄雀牌，后来有了比较高级的握手牌、三炮台、大炮台、司令牌等，还有称人、红公、玫瑰、鹤王、火车、葵花、蓝桥、踢波、强盗、跑马、美人、活边、白燕、表牌、灯牌、哈德门、红锡包、白兰地等等，什么稀奇古怪的牌子都有，最多的是英国货。市场打开以后，昆明街头还出现了不少专售洋烟的店铺。由于纸烟进口越来越多，昆明和附近地区出产的烟叶逐渐被挤出市场，所剩无几。

这时，又有昆明人以整理实业、振兴商务、自保利权为号召，在东院街当铺巷李家宅院内合股生产纸烟，办起了六合兴旺公司、荣兴烟草公司等，这又是昆明最早的纸烟厂。由于生产规模小、技术落后，自然也难抵御洋烟的侵入。

就在洋烟或以"气如兰桂，辟秽除邪"，或以"烟枝伟大，世无其俦"招揽烟客之时，更有昆明人看到纸烟流行的另外一面，认为"纸烟足以妨害卫生，其毒之于人也，较鸦片烟为尤烈"——清末之人，能看到这一点，真是难能可贵。

○"土火""洋火"大战

旧时昆明人点火用的是火草发烛，和远古时的钻木取火极为相似：取一把黄花叶梗晒干，掺进火硝、硫黄搓绒，制成火草，放在一块银圆大小的火石上，握在左手心，右手用铁制的火镰擦击火石，将夹在当中的火草引燃。有时要擦击好几次才会着火，一不小心，还会烧手。

如果家里佛龛前经常点着香，就可以香取火，所用的就不是火草发烛，而是松木发烛和麦秸发烛了：削出松木薄片，顶端蘸上硫黄，就是松木发烛；而劈开麦秸，顶蘸硫黄，麦秸发烛也就做成了。取火时很简单，用发烛在香头上一蹭，火就燃起来了。

当年点火不易，引着火也不容易。须先点燃干松毛，再烧燃木柴。于是街市上不但有卖柴的，还有卖松毛的。附近农民采集干松毛，绞成辫子一样的扭结，挑进城来出售，又成昆明一景，即"云南十八怪"中的"树上松毛扭着卖"。

清末外国火柴进入昆明，大概在公元1880年前后，被称为"洋火"。最早的英国火柴用的不是木棍，而是蜡包棉线，线头上有火药，一擦就燃，还会发声，被称为"响火"。有的"洋火"包装不是小方纸盒，而是圆形花纸盒，十分漂亮。这

在家做饭，出门小吃，都离不开“火”

些“洋火”用起来又方便又可靠，价钱也便宜，特别是越来越多的老昆明人抽纸烟，“洋火”必不可少，昆明市场就被打开了。滇越铁路一通，“洋火”更是源源不断，充斥市场，如日本的骑月、月琴火柴等。在“洋火”的冲击下，最早退出市场的是火草发烛，后来松木发烛和麦秸发烛也全军覆没了。

为了抵制“洋火”，当时国内其他省份也有不少火柴输入昆明。清光绪二十六年（1900年）前后，昆明也有了火柴厂，是一位四川人办的。厂址先在富民县，后迁到昆明南关外的炉神宫，再迁到猪神庙，每天能造出两三千盒黄磷火柴。制造这种火柴工艺简单，质量粗糙，随便往哪里一擦就起火，火焰发蓝，而且有一股臭气，俗称“阴火”。但因为随擦随燃，不小心就会“走火”，安全性差，在昆明城里销售得不太好，但在乡下颇有市场。原因是这种火柴遇风不熄，价格便宜——就凭着这一条，猪神庙生产的“阴火”火柴生存了十多年。

清光绪三十四年（1908年），昆明裕通火柴公司成立，为抵制洋货，向当局申请专利，被当时的劝业道（相当于经济发展局）驳回：“唯火柴系属仿制，并非别出心裁，照章不能专利。查四川一省，开设火柴厂者多至八九家，均能大沾利益，该公司果能成立，勿患获利不丰，不必斤斤于专利也。”

当时一些昆明火柴商人在黄磷中添加少量磷钾制作火头，造出了“响火”：在沙粒上一擦就燃，还会爆出响声。但这种“响火”仍不安全，在城里行销困难。出人意料的是，“响火”火头可以作为铜炮枪的发火剂，在省内各县大有市场，畅销一时。

20世纪20年代以后，有远见的国人在昆明大造安全火柴，先后开办了7家工厂，质量有所提高，价格更为低廉，终于把“洋火”挤出了昆明市场。但国货厂家也因竞争残酷而陷入困境，后被当局收为公有，业内人士唯有叹息而已。

抗日战争中，昆明官营的火柴厂生产出了“狮子”和“胜利”两种安全火柴，由政府专卖。“狮子”有“东亚醒狮”之意，“胜利”有“抗日求胜”之心，而且质量也不错，不久就占领了全省大部分市场，还走出云南，进入了其他省份，更进入了缅甸和越南——不管怎么说，还是争了一口气。

○“糕点铺卖香皂”：“胰子”“洋碱”大战

老昆明人早先把肥皂、香皂叫作“胰子”，这是有由头的。在昆明方言里，胰子又叫“鹅油胰子”，却与鹅油无关。它的主要原料是猪胰子。杀猪时取出胰子，用石臼舂成脂膏，再放进土碱、麦面和豆粉，加上一点樟脑、甘松、山柰之类的香料，揉上一阵，趁滋润时分成几块，每块状如米糕，干后颜色灰黄，略有香味，这就是老昆明人的自制“土香皂”，用处是洗头洗脸。据说最早卖鹅油胰子的是糕点铺，是在昆明名声很大的合香楼，大概和做糕点要用大量猪油有关。后来其他糕点铺也争相制造“胰子”销售，昆明城就出现了“糕点铺卖香皂”的奇特景象。

清末民初，老昆明最简单的洗涤剂是淘米水，效果虽然差一点，但有强似无。也可以用白泥水、木炭水或草灰水来洗衣服——把捏碎的白泥、木炭和草灰装在筲箕里滤水，或泡在水中澄清后将水倒出，就成了“洗衣液”。此水含碱，去污能力比淘米水强多了。除此之外，老昆明人还会用含碱的植物来洗衣洗被子。首选的是皂角皮，其碱性适中，去污而又不伤衣服，但是产量有限。还有皮哨子，煮过之后倒出水来洗衣，还会起泡沫。昆明四乡皮哨子产得多，农民用不完，还会挑进城来卖。农民还进城卖白泥，有粗白泥和细白泥，数量不少。白泥含碱，如果不滤白泥水，就切下一块来，如同一块肥皂，在衣服上抹几下就可以搓洗了，早年很受欢迎。还有一些老昆明人到翠湖挖湖泥来洗衣。湖泥也含碱，但颜色太深，漂洗困难。如果附近有做豆腐、豆豉的作坊，街坊邻居都可以去要几盆煮水来洗衣服。只是那豆豉煮水又腻又紫，像酱油一样，漂洗很费事。

有的老昆明人讲求整洁，还会把洗干净的衣服放到熬过的米汤或淘米水中浸泡，然后漂洗晾干，这叫“浆洗”。经过浆洗的衣服颜色更粉更白，穿起来平整挺括，十分精神。

20世纪初，大批洋香皂、洋肥皂沿着滇越铁路进入昆明市场，有日本的透明皂、英国的长条肥皂、法国的极东肥皂等等。这些“洋碱”“洋皂”“洋草标”洗衣洗得干净，又方便，逐渐占领了昆明市场，土胰子渐渐淡出江湖。

早年蹲茶馆的茶客会要上几块糕点当零嘴

后来有一些昆明人“以夷制夷”，制造国产香皂、肥皂与“洋碱”竞争，但因原料和技术都依靠外国，不断遭到失败。到20世纪30年代，聪明的昆明人抛开食用猪油和牛油，抛开从越南进口的椰子油和蓖麻油，改用云南自产的漆油等制造肥皂和香皂。这样一来，国产香皂、肥皂成本大降，不但拿下了昆明市场，还销到了外县和省外的贵州一带，杀了个漂亮的回马枪，把“洋碱”挤出了昆明市场。

○抵制“自来火”

老昆明人夜间照明多用菜油点灯，后来从滇越铁路运来了外国煤油，老昆明人管它叫“洋油”，而把煤油灯叫作“洋油灯”和“自来火”。因为煤烟清如水而易燃火，昆明人还管它叫“水火油”，煤油灯还叫“水火油灯”。

洋油多半是从美国进口的，叫“花旗煤油”，菜油则成了“土油”。由于当时土油供不应求，价钱大涨，洋油乘机而入。洋油点灯亮度高，一盏洋油灯比三四盏菜油灯还亮，加上价格又便宜，不久就占领了昆明市场。当时云南洋油进口数量之大，在进口商品中位居第二。洋油进口被洋行垄断，到昆明人非用洋油不可的时候，洋油的价格也就大涨起来了。10年之间竟涨了3倍。

早年昆明人用的“洋油灯”

清光绪三十一年（1905年），为反对美国排斥和虐待华工，要求废止中美华工条约，东南各省联手抵制美货，云南和昆明也起而响应，对“花旗煤油”抵制尤为强烈，不仅商家不进美油、不售美油，就是红河的船家也拒绝装运美油。光绪三十二年（1906年）七月间，有一家外商洋行雇用越南水手，运来一些美油，却无人购买。这次抵制美国煤油维持了一年左右，美油进口商都转购他国煤油或改营其他行业，对美油打击很大。

○“土纱”“土布”的沉没

清代后期，老昆明人古风犹在，男耕女织，穿的是用自己纺的土纱织的土布，纺纱织布是城乡妇女的主要副业。每天晚上，昆明城外郊区，织布机灯相照，杼声相闻，每年可生产土布万匹。到清末，大量外棉、外纱输入，昆明板桥、前卫、官渡、

早年的土法织布

普吉一带的农家都改以洋纱织布，民间纺纱业无形中消失。民国《昆明县乡土教材》称，滇池北岸“乡镇妇女，除了耕耘外，织布的最多，每年出品的数量也不少”。“从前织布所用的棉纱，是由本地人用手工纺的，品质粗劣，不甚适用。自洋纱输入，纺纱工业就无形消灭，概用洋纱织成土布”。

由于棉纱进口猛增，昆明城内织布业大为发展，织机增加到几百架，织厂多设在庙中，织匠大多是四川人。据当时外国人所见，织布机摆满庙宇院子四周的房子，忙个不停，正厅里有几座描金的佛，织工用印度棉纱排经纱。此外，还有不少家庭织机，产品除少数条纹毛巾和一些白地蓝格衬里布以外，完全都是平织布，原料则全是廉价印度棉纱。当时昆明布店不少，清末有 177 家之多。许多农户用织布向布店换棉纱，再织再换，从中获利，织布业畸形发展。

早年昆明6座城门外，一家叫“体仁堂”的慈善机构还设有织布坊，传授织布技术，并贴出海报，劝导妇女学习用洋纱织布。据说不到一个月就可学成，除做家务外，一个妇女每天可织布一匹，获银 1 钱，如此一月就可获银 3 两。如夫妇二人织布，每月可得银 6 两，生活就过得可以了。如一家有三四人织布，即可“为一富裕之家庭矣”。

但好景不长，洋布进口数大增，先是印度货，后又有日本货、越南货等，一时充斥市场，以致“古老的纺车和织布机越来越多地停止了转动”（《昆明市志长编》），民间纺织也渐至衰落。

○柴草市场：“明子”“老扭松”“撞着！”

老昆明人每天“开门七件事”：油、盐、柴、米、酱、醋、茶。民以食为天，这“七大件”不可或缺。“七大件”之中，唯有柴为非入口之物，也是早年唯一的生活燃料，昆明人叫“柴火”。柴火是老昆明人的生活必需品，离开了它，人们就得茹毛饮血嚼生米了。

昆明城四周是山，早年满山是树，不愁柴火。城郊农民上山砍树，材质好的拿去盖房子，材质差拿来做柴火。此外，麦草、稻草也是好东西，差的可以引火、烧火，好的可以盖草房，编制草鞋、草墩、草锅盖。农村夏收、秋收之后，四乡农民砍柴收草，或背或挑，或牛拉马驮，或船载车载，送到城里的柴草市场，换钱买盐买布买煤油，谋吃谋穿谋点灯。久而久之，不仅昆明菜市有柴草卖，还形成了几个规模较大的柴草市场，如小西门外的篆塘、南门外的石桥铺、小东门外的米厂心等，另有农民挑着柴草，走街串巷，沿途叫卖。

老昆明的柴火以松柴为好。松柴树脂多，易于燃烧。树脂最多的松柴呈紫红半透明状，最易点燃，昆明人叫“明子”，又叫“油柴”，是引火做饭的上乘之物。松毛也可以引火，农民常把松毛绞成松毛纽结，运到城里出卖。但松毛体积太大，更适合火灶使用，一般市民的风炉“胃口”太小，不太适用。农民总是把“明子”剖细，捆成小把出售。如果树干太粗，特别是树结“老扭松”，也要锯短剖开。这样既方便城里操持家务的妇女，也可以多卖些钱。

柴草市场上的另一大宗货物是栗炭，四乡农村有烧炭人，把树木砍成小段，放到炭窑中加热干馏而成，再搬运到柴草市场售卖。栗炭火力大、无烟无尘，但价钱也贵得多，为城里中上层人家所钟爱。一般人家逢年过节，特别是到大年三十守夜，也要烧上两炉炭火，一炉火烤饵饨，一炉火煮皂角米，在饵饨和皂角米的清香中辞

早年西南联大的草顶学生宿舍

早年昆明城墙下挑草的妇女

篆塘柴草市场

昆明城里的柴火市场

柴草市场上交易兴旺

昆明城南石桥铺的柴市

昆明城里的竹木市场

昆明城东北的木材市场

早年昆明城郊农民背松毛结进城赶街

旧迎新。这样一来，年节前栗炭的销路就更可观了。

柴草市场总是趸买趸卖，论“挑”、论“背”、论“架”、论“驮”，家庭妇女们看好柴、讲好价，卖柴人还送货上门。走到行人拥挤处，挑柴人会喊一声：“撞着！撞着！”有时调皮的娃娃会跟在他们背后，不管有人无人都大喊：“撞着！撞着！”

老昆明柴草供需两旺，市场上柴草堆积如山，周边卖木炭的、卖风炉的、卖火扇的、卖草墩的、卖草席的、卖草锅盖的、卖小吃的，生意都不错。除此之外，还拉动了车马、挑夫、河船等运输业，形成了一个颇具规模的产业链。

昆明的柴草市场一直延续到20世纪60年代，虽然昆明生活燃料已经改为柴煤，但引火还离不开木柴，只是需求量大为减少，专门的柴草市场渐渐退出昆明城周边，柴火担子多出现在菜市一角，只有“明子”仍然供应不衰。

○灯市、灯笼街和明角灯的兴衰

早年没有电灯，昆明人照明用油灯、蜡烛和灯笼。当时的灯笼不仅是高档照明用具，还是装饰用品、玩赏用品。官衙、贵府、寺庙、道观、祠堂挂上灯笼，显得庄重；过节挂大红灯笼，办喜事也挂大红灯笼，显得喜庆；官员商绅在家照明用灯笼，出门前呼后拥也用灯笼，显得富贵；酒馆挂个“酒”字灯笼，药铺挂个“药”字灯笼，茶铺挂个“茶”字灯笼，客栈挂个“客”字灯笼，显得身份；医生夜里出诊提个灯笼，大书一个“医”字，显得急迫；平时娃娃玩耍有风筝灯，正月十五全城赏灯，娃娃们更要提灯游街，显得欢快……

老昆明的“十二月街市”以“正月灯市”开局。“正月灯市”是为正月十五赏灯服务的，时间在正月初十以后，这时昆明城内外官府、商民还在过节，到处关门闭户，最先活跃起来的就是灯市。早年灯市有两处，一处在三牌坊下（今正义路中段）和藩台衙门（今威远街西端）前，一处在大南城外从忠爱坊到通济桥（今金碧路和书林街交会处）的街面上。每年的这几天，昆明人家会提前买好灯笼，或者自己做好彩色灯笼，让娃娃正月十五晚上提着外出游玩，叫作“走灯”或“赛灯”。灯市上有挑着灯笼来回叫卖的小贩，更有摆摊或搭灯棚的灯笼商号，到处摆满了用纸纱糊成的大小灯笼，有鱼灯、龙灯、狮灯、兔灯、龙灯、兰花灯、喜神灯、关公灯、寿星灯、小红灯、小脚灯、走马灯和各种各样的飞禽走兽灯，其中有专业打造的精品货，有副业制作的大路货，还有翻新的二手货。天黑以后，灯市达到高潮，彩灯竞相点亮，满街万紫千红，红男绿女如潮。娃娃们提着买来的或自制的鱼灯和兔灯，红红火火，穿行灯市，串街走巷，嬉闹欢笑，成为老昆明春节的一大景致。

光华街中段早年是“灯笼街”

老昆明人过年要灯笼要逛灯市，平时

用灯笼就上“灯笼街”。旧时总督衙门（今胜利堂）前的辕门口（今光华街中段）有十多家灯笼商号，铺面前都挂着一个大灯笼，上面写着店主的姓，于是就有了“陈灯笼”“李灯笼”“郑灯笼”“赵灯笼”“王灯笼”“张灯笼”等，又顺嘴又好记。叫得多了、顺了，这段街面就成了“灯笼街”。老昆明人让娃娃去卖灯笼，只要交代一声去找“某灯笼”就万事大吉。时间一长，这些商号的大名反而被“埋没”了。早年辕门口最多的是缨帽铺、靴鞋铺和皮草铺，但只要天一黑，灯笼铺的灯笼一点，马上大放光明，盖过了所有的帽鞋铺，这里就只能叫“灯笼街”而不叫“帽鞋街”。据说辛亥革命后取名“光华街”，除了“光复中华”外，也有“华灯光明”这层意思。

这些灯笼铺的经营方式多是“前店后坊”，即在街面上设铺面，铺面后设作坊，雇佣工人扎制灯笼。“前店后坊”产销一体，便于集中管理，销售信息反馈便捷迅速，更能适应市场需求。灯笼街上的聚升号“陈灯笼”，更以“个性生产”和“个性销售”胜人一筹，成为清代昆明名气最大、经营规模最大的灯笼商号。一般来说，只要用心，把灯笼品种做多、质量做好都不难，难在做到只此一家，别无分店。“陈灯笼”的老板陈华彰是昆明有名的书法家，有他亲自为自产的灯笼题字，那灯笼自然身价不凡，非他店能比。灯笼的一大客户是官府，老昆明是官府城，座座官府侯门九重，重重讲究排场，灯笼市场极大。陈华彰捐了个七品官，把官帽高挂在店里，以示身份，更便于和官府打交道。官府附庸风雅，陈华彰的字就是个招牌。清廷规定官府灯笼上的字必须用规整的老宋体，陈华彰就专练老宋体，把字写得端庄大方，威风八面，深得官府青睐。官府照明要求高，陈华彰就改用白纱制作灯笼。如此适销对路，聚升号的灯笼生意就不能不兴旺。生意好了，发了财，陈华彰又热心公益，乐善好施，修桥补路，还把自家的灯笼“义务”高挂在交通要道、背街小巷，既为夜行人照明，也是一个别样的广告。如此用心打造品牌，别人就更难和他一较高下了。聚升号的“前铺”是三间大铺面，“后坊”三开间、四耳房，有天井，有花园，有十多个工人在忙活。他们制作的灯笼不但畅销昆明，还销到全省各地，甚至远销外省，成为昆明一大名品。

清末民初，昆明官民逐渐用上了电灯，街灯也随之“升级换代”，灯笼业逐渐衰退，“灯笼街”上的灯笼铺一家家关闭，兴盛一时的聚升号也没能幸免。这正应了那句俗话：“人算不如天算。”

早年昆明的灯笼名品是“明角灯”，它的灯罩是用半透明的羊角薄片做成的，又称羊角灯。近代昆明人罗养儒在《纪我所知集》（《云南掌故》）中记载过明角灯的工艺：先把羊角锯成薄片，熨烫变软后碾成纸一样薄，然后贴在模型上反复熨烫，使之变成半球形或半瓜形，然后合二为一，再加熨烫之后缝合起来，再熨烫到两个半球天衣无缝，一个瓜形或圆球形的灯罩就做成了。最后用红胶描上花纹，写一个喜字，绘两只蝙蝠，放在锡座上，里面点上一支蜡烛，既能防风，又能透光，还显得温馨柔和，又称为“风灯”。据说早年官吏夜间坐堂办案，读书批文，用的就是这种明角灯。如果把精工制作的明角灯挂在木架上，下面装上垂须，就是“羊角灯笼”了。

明角灯外省也有。清人吴敬梓在《儒林外史》中提到，南京城晚间“两边酒楼上明角灯，每条街上足有数千盏，照耀如同白日”。罗养儒说明角灯是“昆明特有物品”，大概是说昆明明角灯的制作方法独具一格。外地制作明角灯的方法和昆明不一样，据说是先把上好的羊角锯成圆柱形状，然后和萝卜丝一起放在水里煮，煮软后塞进一个纺锤形的楦子，把羊角撑大后再放到锅里煮，又换上大号楦子再撑，直至把这截羊角的直径撑到六七寸甚至一尺左右，做出一个又大又鼓、又薄又亮的灯罩——果真如此，倒比昆明的制作方法要简单得多。现代作家巴金的小说《春》中也写到四川的明角灯，还有人说，如今在成都等地的老街上还有明角灯出售，果真如此，能前往考察一番，还原明角灯制作方法，也是一件雅事。

○昆明“书市三街”

民国初期，昆明武成路一带出现了几家大书店，如 1913 年在城隍庙街开张的商务印书馆，1914 年在劝业场前街开张的中华书局，1921 年在四牌坊开张的图书公司等。但因为当年这一带“地势较僻，于商业不甚适宜”，20 世纪三四十年代，昆明的文化市场转移到光华街一带，和相连的文明街、甬通街并称昆明“书市三街”。此时新思想、新文化大量涌入，报纸杂志大批涌现，直到抗日战争前夕，昆明出现过 60 多种报刊，其中有 10 多种集中在这一带，如光华街上有《昆明市政日刊》，文明街有《社会新报》《信谊商报》，附近的景星街还有《共和滇报》《国是日报》，文庙横街有《云南日报》，文庙东巷则有《义声报》等。

到抗日战争期，这里更聚集了 30 多家书店，一时书店林立，成为昆明的“书店街”。全国著名的书店都来此开设分店，最集中的是光华街。这些书店主营国学古籍、国外学术译述和学校教科书，多为平装或精装的铅印 32 开本新书，当时称“洋版书”。

光华街北廊有商务印书馆，是一幢两层楼的西式建筑，西方学术著作很多，成为当年西南联大师生购书的首选书店。商务印书馆对面是中华书局，在云瑞公园东侧一幢半圆形的二层楼里。这是两家老牌图书发行商，编辑发行政治、经济、哲学、

早年的光华街

历史、地理、天文、物产、医药、教育、文学、艺术、体育等方面的书籍。商务印书馆编印的“万有文库”“小学生文库”成了云南一些图书馆和学校图书室收藏的图书。商务印书馆出版的“四角号码”的《王云五大辞典》《王云五小辞典》和《中国人名大辞典》《中国地名大辞典》等，中华书局编辑出版的《二十四史》《清史稿》和《辞海》，都是当时出版界的精品。除“商务”“中华”两巨头外，聚集在此的书店还有开明书店、世界书局、光华书店、万卷书店、云瑞书店、昆华书局，此外，从事古旧书籍买卖的书摊、书铺也不少。

中小学教材是各家书店竞相经营的一大项目。商务印书馆成套出版的中小学教科书，中华书局除教科书外，还发行科普挂图和地图，制作出售各种文具和教具，供学校教学使用。开明书店也编印有不少好教科书，如林语堂编的《英语》等，数量很多，在昆明市府东街和光华街相交处开设分店销售。光华街西段南侧有正中书局，出售自己出版的“国定本”（教育部指定）教材，有《公民》《国文》两种，其中有不少宣扬蒋介石的教化内容，当时民主思潮高涨，教师和学生都不欢迎。早年云南交通不便，教材购买困难，有时还得两个学生共享一套教材。这些书店先后进入昆明，把教科书送到省城，建成文化知识扩散点和图书“转运站”，大大缩短了教材发行距离，对云南的教育也是一个推动。

○文明街的新书摊

大概是受光华街书店的影响，文明街也出现了不少书摊，混杂在各种货摊中。街中摊位有限，书摊就往北发展，一直摆到“南国文明坊”下，扩展到文庙直街口，与光华街接为一气，成为又一条书市之街。兴旺之时，各种书籍在地上放不下，还摆到了牌坊基座上，让这座文明坊平添不少文明之气。

与光华街上的大书店不同，文明街书摊主营各类通俗小说，这又是一种错位经营。早年文明街货摊形形色色，书摊不过占七八分之一，但却是云南全省仅有的通俗小说的源头市场和集散地，古典章回小说现代白话言情、侦探、武侠、翻译小说应有尽有，全是新书和“洋版书”。大书店中少见的古典小说、如正续《小五义》等，这里都有。这些重印的古典小说正文多不分段，没有新式标点，封面多为彩色情节图画，如《三国演义》的“三顾茅庐”或“三英战吕布”；《水浒传》的“狮子楼打斗”；《西游记》的“三调芭蕉扇”等，雅俗共赏，书价也低，很受欢迎，甚至吸引了不少外地读者。

文明街上的东方书店

20 世纪 30 年代以后，文明街书摊上还出现了翻译小说，如《福尔摩斯探案》的节本、世界文学名著如《双城记》《悲惨世界》等，文明街上还开起了一家外文书店——中文旧小说和外文新书，对比鲜明，也是一趣。

文明街上的新知书店

抗日战争时期，文明街上还出现了几家旧书店，收售中外古今旧书。西南联大的学生常来光顾，买书，也卖书。汪曾祺回忆说：“最吃香的是工具书。有一个同学，发现一家旧书店收购《辞源》的收价，比定价要高不少。出街口往西不远，就是商务印书馆。这位老兄于是到商务印书馆以原价买来一套崭新的《辞源》，拿到旧书店卖掉。”（汪曾祺《觅我游踪五十年》）

○甬道街的旧书市

甬道街与文明街左右相邻，与光华街北南相接，为昆明“书市三街”之一。

和光华街的高雅和文明街的通俗不一样，甬道街的书摊做的是旧书，是当时昆明最大的旧书市场。这些书摊多聚集在甬道街北口今云瑞公园四周，书贩子们一手收购，一手售出，铺内设架，铺外摆摊，经营书籍内容广泛，种类庞杂，无论高雅、通俗，从石印的线装通俗小说到现代翻译出版的“洋版书”，无论平装、精装、铅印、石印、木版刻印；无论新旧小说、外国名著译本、学校教材、古代书籍等等，形形色色，无书不有。读者想要某种某类书，光华街的大书店和文明街书摊上找不到，

如今的甬道街

就会到甬道街旧书摊来寻找，由此形成商品链和经营链，互为补充，相得益彰，甬道街旧书交易活跃，成为昆明读书人必到之地。

旧书铺做的是读书人的生意。穷书生家中有事，急需钱用，求货无门，只好抱着藏书来到这里，不计成本，忍痛变卖，以解燃眉之急。又有穷书生买不起新书，需要时便到这里来淘书阅读。穷学生更可以在这里以低价买到宝贵的教科书，以应急需。抗日战争胜利后，有不少外地文人为筹措回家路费，将藏书拿到甬道街便宜卖给书店。当时不少家境殷实的读书人到此寻宝，专找古代孤本秘籍，不惜重金，收购收藏。读书人“互通有无”，书贩则得利其中。论斤购入旧教科书，而照原价打折出售，至于一般小说，也有对本对利的收入。

甬道街的旧书铺大多没有招牌，20 世纪 40 年代甬道街北端新开了个书店，取名“万卷”书店，不但收、卖旧书，还对外租书，按期还书，退还押金。据说这家旧书店藏书不少，古今中外的书都有，从地上一直堆到楼板，顾客找到想看的书，可以出钱买，也可以出钱租，就是小娃娃，只要花几分钱，也可以看一两本连环画。

也许，就是因为经营灵活，后来光华街、文明街书市逐渐衰落，甬道街旧书市却一直延续到 20 世纪 50 年代。

○娃娃过年“赶文明街”

旧时文明街以“三市”著称，有书市和夜市，还有过年时昆明娃娃必赶的玩具街市。这个儿童玩具街形成于20世纪20年代，从农历腊月二十三晚“送灶神”后开始，一直办到正月十五元宵节前。在这二十多天里，文明街的儿童玩具摊扎堆，有女孩喜欢的手工缝制布娃娃、布动物，男娃娃喜欢的彩色关刀长矛、带壳宝剑，还有笑口常开的“大头宝宝”和色彩艳丽的“大花脸”：《西游记》里的孙悟空、《三国演义》里的关公、张飞、黄盖，《水浒传》里的李逵，全都摆在货摊上，挂在杆架间，花花绿绿，琳琅满目。不少娃娃们得了压岁钱，就迫不及待地跑到这里购买盼望已久的玩具。更小的娃娃则拖着大人赶来，跟前尾后，观看选购，流连忘返，全街挤得水泄不通。

当年昆明娃娃最喜欢逛的文明街

元宵节文明街又有各式灯笼，有手提的跑马灯、八角灯、菱花灯，有举着玩的猴灯，有拖着玩的兔灯，还有各式各样的风筝，常见的是“歪桃”，还有弥勒佛、寿星、观音、哪吒等等，长达20多节的蜈蚣更是娃娃的至爱。据老人回忆，文明街上有位扎风筝的高手，人称“苏风筝”。他制售的风筝扎制精致，彩绘细腻，还要加盖私章，以示负责。

抗日战争爆发后，枪炮、飞机、坦克等武器玩具也在文明街登场。当时气枪玩具不少，其“步枪”能发射木塞“子弹”，其“手枪”会“砰”然发响，都很新鲜，但售价不高，成为一代男孩手中的时髦玩具。娃娃们从文明街出来，走到三牌坊，挥舞鞭炮烟花，肩扛木刀木枪，脸罩猴王面具，吹响玻璃嘣咚，无不兴高采烈。清末昆明人黄丹崖有《竹枝词》云：

玩具摊摆满琳琅，面具铜锣与刀枪。

压岁钱花样样买，崩硐吹过三牌坊。

嘣咚是早年昆明娃娃最喜欢的玩具，用玻璃吹制而成，顶部是中空的半球状，伸出一根细玻璃管，大的长几尺，小的长几寸，把嘴逗上玻璃管，轻轻地一吹一吸，就会“嘣咚嘣咚”作响——“嘣咚”也由此得名。嘣咚十分脆弱，吹多了吹重了或者磕碰了，它就“哗”的一声碎了，老昆明有童谣道：“嘣咚嘣咚，即时买来即时送。”老昆明人还有这样的说法：“你咋个又伤风了？也太‘嘣咚’了嘛。”

○最早的外国驻昆领事署：蒙混入昆

清光绪二十五年（1899年），法国人借口交涉修筑滇越铁路事项，不经清政府批准，就租下云南富商王炽的新宅，在昆明升平坡强行设立领事署，后又移到翠湖边的草公馆。由于昆明并非对外开放的通商口岸，按照条约规定不能设立外国领事

早年的法国驻昆领事馆

馆。法国人就以修筑铁路为借口，拐了个弯，以外交部的名义在昆明派驻一个特派交涉员，一个副交涉员，实际上为正副领事，造成既成事件，倒逼清政府同意。

与“特派交涉员”同时来到昆明的，还有两个法国巡捕（武装警察）、十个越南巡捕，并开办法国医院、中法学校等。当局竟也听之任之，直到民国初期，仍认为“该署在省（昆明）设立，初系法国外交部特派来省（昆明）专办铁路事件之员，与普通领事不同，按约并无抵触，故至今仍用交涉员名义在省（昆明）办事”（民国《昆明市志》）云云。

法国人开了个头，英国人也紧紧跟上。他们没有“专办铁路”的借口，就另外设法，绕开相关规定，以早就设立的驻思茅领事馆的名义，于清光绪二十八年（1902 年）在昆明大东门内设领事署，“暂住省城办事”，却称“驻滇总领事馆”而“由大英帝国任命总领事”。主事当局也只得默认：“按云南省城非通商口岸，照约不得设领，查英领本系思茅领事暂驻省城办事。”（民国《昆明市志》）

有了英国人的先例，日本也照此行事，于 1916 年在万钟街设立领事署，“以日本帝国任命领事”——中国的官方解释是“系蒙自领事暂驻省城办事”。美国人也于 1922 年到昆明崇仁街设领事署，而由美国外交部任命领事，当局仍称“本系蒙自领事暂住省城办事”云云（民国《昆明市志》）。

○官渡古街：五山、六寺、七阁、八庙

官渡古街位于昆明东南，地在宝象河下游，距市区约 8 公里。今昆明市官渡区就以官渡街得名，1958 年以前，这里还是区政府驻地。唐代南诏之时，此地濒临滇池，设有渡口，有官船与高峣渡口对开，过往官员在此上岸，又坐轿或骑马入城，因称“官渡”。宋代大理国时期，贵族大户下湖泛舟，停舟官渡，饮酒赋诗，时称“停舟烟会”，而文人墨客，也群起效之，“朝泛昆池艇，夜归官渡村”，以为风雅时尚。元明两代，官渡犹临滇池，“古渡渔灯”为昆明八景之一。直到清代，泛舟滇海，归游官渡，

官渡古镇

妙湛寺双塔

金刚塔广场

戏台

还是文人乐事。官渡又自有八景，“古渡渔灯”之外，还有“螺峰叠翠”“云台（宫）月照”“杏圃牧羊”“凌云（阁）烟缭”“滇南草坪（街子）”“金刚（菩萨）夜语”“（双塔）笔写苍穹”。

早在四千多年前，官渡之地就有人类居住，是著名的滇池贝丘新石器文化遗址之一。这里螺蛳壳堆积如山，古称“涡洞”，又有螺峰山，现存许多古建筑甚至整个官渡古镇都建在贝丘之上。在古街古巷中，至今还见得到用螺蛳壳和着黏土筑成的院墙。元代至元年间曾在此设官渡县。到明清时，官渡已成为滇池北岸的商业、手工业重镇，商业兴旺，街市繁华，有“小云南”之称。如今湖水后缩，官渡早已远离滇池，昔日“鸟与飞花落，舟随野渡浮”之景，早已不复存在。但古代名胜至今留存不少，和镇中一百多院“一颗印”四合民居相互辉映，显示出深厚的历史文化底蕴，成为官渡古镇历史街区的一大特点。

官渡古街寺观林立，名胜颇多，在不到两平方公里的土地上，汇集了“五山”“六寺”“七阁”“八庙”等多处景观。“五山”为螺峰山、云台山、观音山、许家山、庄家山；“六寺”为妙湛寺、法定寺、观音寺、五谷寺、燃灯寺、飞梁寺；“七阁”为文明阁、凌云阁、魁星阁、斗姆阁、玉皇阁、锁水阁、毗卢阁；“八庙”为土主庙、岳王庙、文庙、娘娘庙、太乙庙、土地庙、神庙、武庙。这些寺庙阁楼始建于唐、宋、元、明、清各个时期，传统的儒、佛、道三教建筑都齐了。佛教之中，又兼有密宗、禅宗两大教派建筑，此外还有不少地方民间神祇的神庙，可见古代滇中地区各族文化互相交流、互相影响的状况。由于相应的文化遗址在昆明城中已消失大半，官渡古镇的宗教建筑就显得格外珍贵。

官渡的镇街之宝是全国重点文物保护单位——金刚塔。此塔建于明天顺三年（1459 年），已有五百多年历史，高立于镇中心，塔底有十字券门，供行人四面穿行。始建于元代的妙湛寺原为滇中大寺，后毁于大火，虽经历代修葺，规模大不如前。今妙湛寺得全面修复，寺前东、西二塔也得修复。两塔相峙，如巨笔朝天，于是有古代官渡的“笔写苍穹”之景。传说中还有 60 年一遇的“双塔交辉”，使这两座高 17.5 米的 13 层密檐实心方形塔显得格外神秘。金刚塔西侧有土主庙，始建于南诏，现已按原样修葺，一片金碧辉煌。镇中又有赐书堂，为清初昆明进士王思训、翰林院侍读所建，堂中原藏康熙帝所赐典籍及王思训自购书籍，以供后生学习。古镇还有孔子楼，因其高峻，别称凌云阁，始建于明代，清代又用作童试、洞经演奏、新

土主庙

法定寺

古镇商业街

魁星阁下的农贸市场

学之所，一旁有魁星阁，两阁相对，自成景观。阁旁则是桂花书院，旧为学馆，今为休闲之地。

官渡小街

古街附近保留有原滇越铁路的西庄车站旧址，一座中西合璧的站房和站台，在废弃 50 年后，幸运地被保存下来，成为云南十八怪之一“汽车比火车快”的见证。

官渡古街的饮食别具一格，以官渡饵饮、官渡米线和官渡豌豆粉著名，号称“官渡三宝”。云南十八怪之一有“粑粑叫饵饮”，最有名的就是官渡饵饮。制作官渡饵饮要用宝象河水蒸官渡大米，再用大石臼舂制，做出来的饵饮洁白细腻，清香软糯，滑润爽口，为昆明城乡居民过年吃饵饮的首选之品。

○晋城州街：两千多年前的古滇国都

公元 1956 年，当“滇王之印”在晋城边的石寨山出土时，考古学家马上把古滇国国都旧址定在晋城了。如今高矗在晋城镇边的庄蹻塑像，仿佛正向我们讲述着那段两千三百多年前的历史。晋城古称滇池县，汉代为益州郡的治所，晋代又是宁

老县府街

老宅子、老生意

勒出故事来的水井

街旁水井和洗衣的居民

关帝庙前的小集市

沉寂的老街

州郡治所在。上下一千多年，这里一直是云南的政治、军事和经济的中心，留下了许多古碑，如“汉益州郡滇池县故址碑”“晋代城碑”“关将军庙碑”等，其碑其文其书，都有研究价值。

据史籍记载，隋代曾在这里拓城七里，建“九门十二街”，可见规模不小。明代又筑砖城，建起龙翔、南熏、凤翥、拱城 4 座城门和瓮城，直到 1954 年，还残留下 4 米高的城墙 4100 米，1958 年被完全拆除，但明代形成的上西街、下西街、官井街等 8 条街道和数十条小巷却保存至今，呈“田”字形分布，自有特点。早年城中建有州衙、学塾、文庙、武庙、象山书院，还有天仙宫、财神宫、如意宫、文昌宫、梵王宫、关圣宫、老君庙、李秀庙、大千庙、龙井庙、东方庙、天王庙、帝释庙、城隍庙、三官庙、观音寺、清真寺、紫霞殿、观音殿、白虎殿、忠烈祠、乡贤祠、名宦祠、唐姓宗祠、徐姓宗祠、罗姓宗祠、万姓宗祠等二十多座庙祠。镇中心的关帝庙旧貌犹存，如今是镇中老人的活动场所。明代诗僧担当、现代学者方树梅的故居仍在。许多民居院落还保留着“干栏式”和“一颗印”结构，保留着“三间四耳”“两间两耳”的四合院布局，多为抬梁式、穿斗式屋架，重檐歇山式组合，门窗浮雕精致，地方特点鲜明。

晋城古街上“家家有水井，户户有清泉”。家里的井称为“私井”，就打在厨房里的灶边，取水极为方便。散布街头巷尾的水井称“官井”，用紫砂石或大青石凿成的井栏口被提水绳勒出了一道道深痕，可见年代久远。官井的井口直径只有20厘米左右，据说是为防人投井；井栏石上开有小孔，据说为了加盖上锁，防人投毒。而因官井所在，镇里还有“官井街”，并留下了许多传说，谓之“晋城井文化”可也。

晋城自古就是滇中交通要冲，有多条驿道在此交会，又得滇池水运便利，很早就形成了繁华的集市，俗称州街，为云南八大集镇之一。这里物产丰富，特色小吃不少，如火烧饼、油酥米花糖、冰糖沙糕、炬肉饵丝、酥炖卷粉、菜豆花等。

晋城镇郊名胜除石寨山外，还有南诏大理时的石将军庙，更有“一去二三里，烟村四五家，楼台六七座，八九十枝花”的盘龙古寺，如今风景犹存，香火甚旺。

晋城城中心的关帝庙

街头古碑：“汉益州郡滇池县治故址”，云南“状元”袁嘉穀题，昆明进士陈荣昌书

老交通

云南地处东亚、东南亚、南亚的连接部，昆明则是这个连接部的中心，在亚洲交通史上地位重要。大约在公元前4世纪，“蜀身毒道”就开始翻山越岭，跨江过河，经滇池地区通往东南亚、南亚各国，进而到达西亚和中东，又被称为“南方丝绸之路”。

在后来四通八达的驿道网络中，昆明也是中原通往越南、缅甸、印度的古驿道的重要枢纽，“山间铃响马帮来”成了昆明千年不变的道路运输风景线。直到清末滇越铁路通车后，这种状况才开始改变。但这条铁路的“不通国内通国外”，似乎仍然在提醒世人关注昆明的特殊地理区位。而到抗日战争时期，让中国抗战乃至亚洲反法西斯战争命悬一线的滇缅公路、驼峰航线，更让昆明的区位优势举世瞩目。

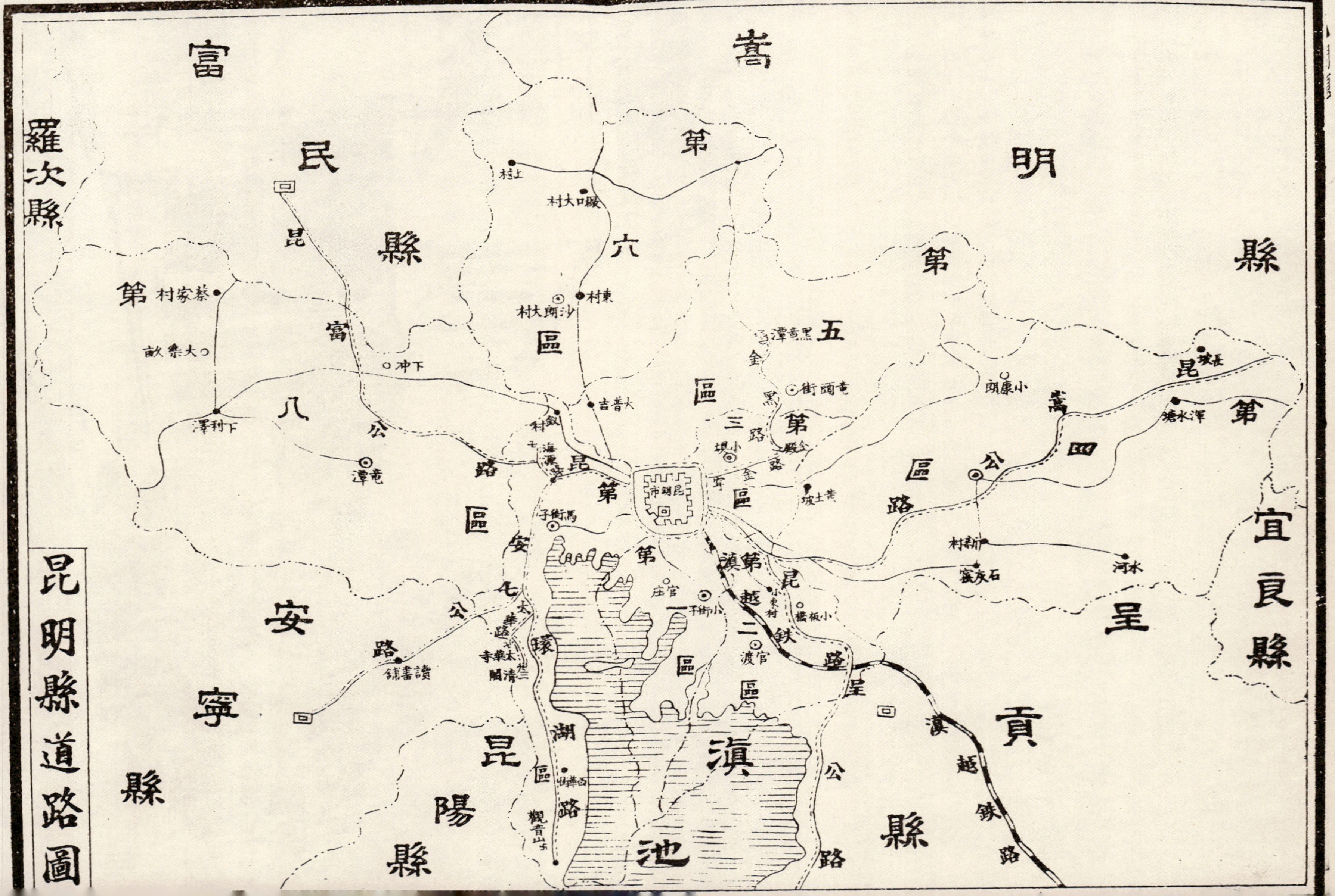

富民縣
嵩明縣
宜良縣
呈貢縣
昆陽縣
安寧縣
羅次縣
滇池
昆明市
滇越鐵路
第一區
第二區
第三區
第四區
第五區
第六區
第七區
第八區

昆明縣道路圖

陆上交通

昆明近现代陆上交通与众不同处颇多。早年以“山间铃响马帮来”的驿道马帮运输为主。1910年滇越铁路通车，成为昆明最重要的对外交通运输线，火车就是昆明最早的现代机动运输工具。此后新式交通工具陆续在昆明出现，人力车、自行车、汽车逐步取代了马车、轿子。

据民国《昆明市志》记载，1924年，昆明已有转运公司用马车、牛车承运上下火车的货物，还有公司、人力车厂制成人力车数十辆，在市内从事运输业务。当时昆明街头已经有人骑自转车（自行车），而市民大多仍然乘肩舆轿子出行，运输货物则用马车、牛车，更多的仍然靠骡马驮载，但用人力挑负者亦不少，“若夫电车、汽车等，现尚无使用者”。

1926年，全长16公里的昆碧公路通车后，昆明才出现了汽车，比火车晚了整整16年。而第一批汽车司机竟然是从此前4年成立的滇军空军调来的飞行员——老昆明先有铁路，比照修铁路的方式修成了公路；老昆明又先有飞机，后有汽车，先有飞行员，又让飞行员来开车，才有了汽车司机——要说“怪”，这也可算是昆明之“怪”了吧。

到1936年，昆明“全市共有各种车辆3009辆，有汽车180辆、人力车1262辆、单车1380辆、马车62辆、牛车125辆，参与营业的各种车辆共有2051辆。此外，还有大中木船495条，浅水轮船一艘”（《昆明市志长编》）。这时的昆明还有了航空公司，有客机飞往各大城市，12个小时就可以飞到北平（北京），可谓快矣。

○“蜀身毒道”/南方丝路必经重地

走出昆明的马帮

早在公元前4世纪或更早，西南各族人民就辟出“蜀身毒道”，穿过崇山峻岭，沟通与印度、缅甸及东南亚地区的联系，进而到达中亚、西亚和中东，后人又称之为“南方丝绸之路”。昆明就是这条古道的必经之地、主要中转点和商品集散地。

蜀身毒道首先出现在西汉的《史记·西南夷列传》中，与那位赫赫有名的张骞有关。张骞出使大夏（今阿富汗一带古国）归来报告汉武帝，说在大夏见到“蜀布”和“邛竹杖”，大夏人说是从其东南数千里的身毒（印度）国的“蜀贾人”——蜀地商人买来的。张骞认为大夏国倾慕汉朝，“通蜀身毒道便近”，且“有利无害”。据考证，通过蜀身毒道经商的多是楚国和蜀国的商人，商品多为蚕丝，而经西南夷外出，因称“南方丝绸之路”。蜀身毒道之开通，早在张骞通西域之前，自然也就早于张骞西行之后开通的西域丝绸之路了。至于蜀身毒道开发的具体时间，以中、印贸易起始之日计，近代学者各说不一，或说为公元前4世纪，或说为公元前5世纪，或说为公元前6世纪，或说为公元前11世纪。但据考古结果，蜀身毒道开通于公元前4世纪之前，是没有问题的。这条西南丝路的开通，比西域丝路要早五六百年。

南方丝路在中国境内长约3000公里，有秦代五尺道（又称青衣道）从今成都经宜宾、昭通、昆明、楚雄至大理，有灵光道从四川南部经邛崃、西昌、会理、大姚至大理，有永昌道从大理西行永平、保山、腾冲入缅甸，此后一出缅北入印度，一下缅南出海，通往罗马等地。此外还有马援古道，从昆明南下蒙自、屏边、河口至越南河内，直通南海。

早期南方丝路上的商人主要是以“甲—乙、乙—丙、丙—丁”的方式“接力”经商，原因是地理上的阻隔和人为的封闭。可惜汉武帝和张骞都没有搞通这一点，一次派出四支队伍，企图直达印度，结果全都遭到了失败。其中一路到了滇池边，被滇王尝羌留下。尝羌问汉使：“汉朝有我国大吗？”后来夜郎侯也这样问了一句，司马迁嘲笑他们竟然不知道大汉朝有多么广大——这就是所谓“夜郎自大”的典故。不知后人何以只道“夜郎自大”，而不说滇王自大？

此后滇王又帮助汉使开通到滇池以西的道路，一年多尝试了四十多次，都因洱海地区的“昆明”部落受阻。汉武帝咽不下这口气，在西安凿“昆明池”，操练水军，准备征讨昆明部落。这就是大观楼长联中的一个历史典故：“汉习楼船”。

东汉之时，东南亚古国的首领多次派遣使节到中国都城洛阳访问，成为东南亚地区与中国通过西南丝路友好交往的先例。唐宋时期的南诏、大理政权又通过西南丝路与东南亚、南亚的许多国家和地区建立了政治、商业往来。元代之后直至明、清，中国与近邻东南亚国家（今越南、老挝、柬埔寨、缅甸、泰国等）关系密切，或友好交往，或发生战争，无不沿西南丝路而行。西南丝路的政治、经济、军事意义，越来越重要。直至今日，昆明对外交通大势，仍然与五尺道、永昌道和马援古道走向不谋而合，令人惊叹。

○四通八达的老驿道

云南山川险阻，古代运输全靠人背、马驮，至今在一些偏远山区依然如故。驮运之路，或砌石为之，或填土为之，称为驿道。昆明驿道历史悠久，早年有西南丝路，后来秦代开五尺道，汉代通西南夷道，昆明都是一个重要节点。

昆明驿道有北、南、西、东四路，早先专为传递官方文书、转运官方物资而建，至元代而完备，正式开通官驿，路、站俱全，自成一统。初其作用，为便于上令下达，下情上传，还因云南僻远，任官以为畏途，土官土司朝贡来去不易，于是设置驿道驿站，使其来去有所依托。民间人员、商旅往来也多经驿道而行，这样，驿道就成了昆明通向中原、省内各地以至外邦的交通干道。

元代昆明对外驿路大多沿唐宋旧道而建，或取便径，或取直路，或开别道，更为畅通，明代又得发展，清代达于极盛，形成了以昆明为中心的 11 条主干驿道，东通我国黔桂、南抵越南、北联我国川藏、西接缅甸、印度，总长约 9400 公里。据 2002 年版《昆明市志》分列如下：

驮运盐袋的马帮走进昆明

迤东驿道：从昆明到贵阳，又称迤东大道、通京大道，为昆明通往内地的主要路线，全长

470 公里，行程 20 天，共设 23 驿，其中昆明到大板桥为石板路，路宽 1.7 米。

罗平驿道：从昆明到兴义，为铜盐外运重要通道，全长 381 公里，行程 10 天。

滇桂驿道：从昆明到广西禄冲，为南宋时大理马贸易、清代云南盐铜茶叶外运通道，全长 974.9 公里，行程 25 天，设 25 驿。

昆昭驿道：从昆明到四川叙府（宜宾），秦汉时开通，先分四路通达东川，再北行抵叙府。清代为运铜要道，路极狭险，全长 974.6 公里，行程 24 天。

昆皎驿道：从昆明大西门到禄劝皎平渡，俗称川滇驿道，全长 277.6 公里，行程 10 天。

昆西驿道：从昆明到西昌，以左中右三道通达，全长 563.8 公里，为昆明到成都的重要通道。

昆泸驿道：从昆明到四川泸县，俗称迤东驿道，为明清重要军事道路，全长 929.7 公里，行程 25 天。

滇西驿道：从昆明西门到缅甸八莫，称南方丝路、西南夷道，全长 1173.5 公里，行程 33 天。清同治年间，昆明小西门到安宁段铺为 3 米宽的石板路，为滇西各州县入昆要道。

昆巴驿道：从昆明到西康巴安，俗称滇西驿道，是昆明进藏必经之道，也是忽必烈征滇的路段之一，全长 1742.9 公里，行程 43 天。

昆车驿道：从昆明到车里（今景洪），俗称佛海道，再往南可达老挝、泰国，西南可达缅甸，全长 891.8 公里，行程 25 天。

昆百驿道：从昆明到广西百色，可多路通达，其中一路甚至绕道越南，可从海防出海，也可东到剥隘，再到百色。为云南通往两广和出海主要通道。全长 1090 公里，行程 28 天。

此外，还有不少驿道支线连接各州府县和村寨，形成了一个以昆明为中心，遍布全省的驿道网络。民国初期，通过各条驿道往来昆明的马帮骡马约有 19000 匹，驮运十分兴旺。

滇驿道之难，可比蜀道之难于上青天。其一些路段狭不过二三尺，高悬峭壁，其下深渊莫测，其上驮马行走，不能掉头，一概有进无退。若事先没有联系好，马帮迎面相遇，只有一拼，倒马夺路而前。弱者若识时务，自翻驮马，可求一命，若旗鼓相当，互不相让，就只有血战一场了。

滇驿道之难，还在其慢。从昆明到邻省，最少也要 10 天，多的要 43 天。辛亥革命时，昆明“重九起义”成功，派兵援川，于当年的 11 月 14 日从昆明出发，虽星夜兼程，也到 12 月 6 日才进抵宜宾，历时 22 天。就在这 22 天中，川局大变，清四川政权垮台，革命党人已执政，两省义军大起龃龉，几乎酿成大祸——驿道之慢，误事误民，可想而知。

在昆明交通史上，驿道功不可没。云南全省江河均为各大川之源，水险滩急，无舟楫之利。全省万山盘路，鸟道纡曲，除各小盆地间短途运输间有牛马车外，一般商货全靠驮运。两千年间，驿道交通就是昆明的命脉。

近代鸦片战争之后，昆明进出口通商货物大增，也靠驿道出海。先是取道广西和广东，在蒙自设海关征税，过广西百色，沿右江至南宁，再循郁江下梧州，船运香港；又一路从百色南转龙州、东兴，再至北海下船——共有两个出海口。清光绪后期，昆明出入口货运，又多取道越南，水陆转运枢纽也从百色转移到蒙自的蛮耗，沿红河直达越南海防，走此路通海既近，驿程又短，年省运费，殊不在少。直到1910年滇越铁路通车后，驿道在昆明对外交通中的位置才渐渐减弱，85%以上的进出口物资都转而依靠铁路运输了。

○埃德加·斯诺笔下的迤西大道

在昆明城郊集结的马帮队

1930年，美国著名作家、记者埃德加·斯诺经滇越铁路到昆明，然后踏上了迤西大道，他在写给美国《太阳报》的《马帮旅行》一文中说：“据说这一条从云南府（辖今昆明一带）到大理的皇家古道，全长计250英里（约402千米），是根据一千年以前一位缅甸高僧经云南前往广州时走过的小路而修筑的。”他说：“云南的马帮道路已经使用了许许多多个世纪，经历过多次重修和重建，但基本道路却很少改变。当前，也没有什么改进的措施。无非是偶尔更换几块破损的石块，如此而已。年复一年，道路一个劲儿地往下陷，好像噬咬着山脉的肉一样”。他提到了“中国有一句古老的谚语说，一条道路好十年，坏一千年”——

十天以来，我就是沿着这条曲曲弯弯的羊肠小道，踏着无数马蹄印，无数草鞋印，不停地走着，爬着，滑着，时而也骑着。我们已经爬到整整六千、七千、八千英尺（约1828米、2133米、2438米）的高度了，甚至还要高；翻过垭口，又沿着陡坡而下，直下半英里（约804米）、一英里（约1609米），来到一个范围有限的峡谷。有时

美国记者埃德加·斯诺

马锅头在装驮子

在昆明郊区驿道边歇脚的赶马哥和砍柴人

候整天都往上拔高，每走一英尺（约0.3米）都是爬一步峻峭难登的陡坡。但是，仅仅在一个钟头的时间内，急促的下坡又使我们失去了已经取得的高度。我们就是这样在上坡与下坡中前进，有时越过一行又一行像刀刃一样的山脊。但是，极目远望，矗立在前面的，仍然是一模一样的屏障，一大片茫茫的峰峦把我们和遥远的内陆文明隔绝开来了。我们已经深入到中亚地区令人忧心忡忡的巍峨的山峦中来了。

显然，云南人最喜欢抄短路，只要有可能就挑最短的路走。从来不走迂回曲折的缓坡，从来不让上坡的人能够稍稍松一口气。全部都是正面攻击，直接从岩面爬上去，攀登高耸入云的顶峰，坡度有时达到四十五度。这里面令人疑惑不解的是：雨季一来道路就成为山洪的河床。等到秋天伊始，马帮又踏上征途之际，它们又有多少踪迹可以留下来呢？

今天，大部分铺过石板的道路，石头已经破损，往往是石片口子锋利的一面朝上，所以每走一步路都有可能扭伤或擦破脚踝。在根本没铺过路面的地方，路上有许多坑坑洼洼，这是因为骡子往往总是践踏同一个地方而造成的，有的窟窿有一英尺（约0.3米）深，这种路云南人叫作“梯子路”，意思是说，走这样的路，就仿佛“爬楼梯”一样。

这样的旅行究竟是什么滋味，你不妨做下面的这个实验，就可以了解一二。找一栋纽约市的摩天大楼，再弄来整整一列火车的石灰和碎石头，从楼梯的顶部倒下来，让每一级楼梯都盖满了这些东西，然后拉一条消防皮管来喷水喷两整天，让石灰和碎石头的混合物阴干。于是在顶部吹凛冽的寒风，在底部把蒸汽管开得大大的。你用羊皮把你自己裹起来，开始爬上爬下（你想骑马也可以），每天爬八个小时。

这样一来，你就不难领略到在云南的皇家古道上登山的乐趣了。但是还不能完全领略到。你看不到地平线上云雾覆盖着远山的美景，你也看不到沿途野玫瑰恣情怒放的镜头，你更听不到马帮悠扬的铃声和赶马人边走边唱的歌声。当然啰，在曼哈顿的高楼大厦里也绝没有心肠狠毒、令人谈虎色变的云南土匪。

○驿道上的关、驿、铺、哨

昆明地处滇池坝子，四围环山，昆明驿道四出，穿行山间，崎岖不平，又多危崖险峡，时有盗匪出没，危及官旅行商，历代统治者对驿路安全十分重视，各有安排。以昆明为中心，元代沿各条驿路设置站赤，明代设置驿、堡、哨，清代则设置关、汛、塘，都在险要处筑关设卡，立哨驻兵，以保驿道畅通。

早年在顺城街上等待装货出发的镖队和马帮

据 2002 年版《昆明市志》所载，清代昆明城郊关卡不少：

城东方向，近城有重关（今东站），建于清康熙三十四年（1695 年），俗称迎恩寺重关楼，为滇桂道、蒙自道、佛海道入昆重要关隘。再东六公里外有金马关，始建于元代，为通京大道要冲关城、昆明东部重要门户，号称滇东北驿道“第一关”，后关城毁于战火，清康熙二十九年（1690 年）重修，现已废。

东南方向有石虎关，位于关上，以道旁有一石虎得名。为通往滇东南、滇南的驿道关隘，常设兵卒守卫。

西南方向则有七星关，位于宜良汤池，为滇桂驿道重要关隘，建于明洪武十六年（1383 年），初称鹅塘驿，建瓦房五间，设兵丁防卫，后改称汤池驿，明景泰元年（1450 年）再改巡检司，成为关卡，清初裁撤。

出昆明南行则有太平关，位于呈贡大渔乡，建于明洪武十五年（1382 年），清代改设中路塘汛，分兵防卫。再往南有关岭关，位于晋城以南 31 公里，地势险要，自古为兵家必争之地。两晋、隋、唐都在此驻兵，元代设有巡检司。清同治十三年

早年在昆明城外歇息的马帮

（1874年）增派马步兵丁守关。清光绪十一年（1885年）改设驿站，曾设置汛、哨、标、营，分兵防守。昆阳城南15公里则有铁炉关，地处峻岭深谷，为昆明车里驿道必经之处，常有盗匪出没，明清设巡检司，驻弓箭兵三十余名防卫。

从昆明西行有碧鸡关，为迤西大道第一关，西到安宁禄脿又有老鸦关，为迤西驿道上的主要关隘之一，每天有马帮四千余匹过往、食宿，后演变为村。再往西至禄脿与禄丰腰站交界处有炼象关，号称“九郡咽喉，西迤锁钥”，设于明洪武十六年（1383年），清代沿用，关前石壁上刻有“炼象雄关”，今亦为村。

昆明往北有清水关，为川滇驿道的重要关隘，昆明西北大门，设于清代，驻有铺司兵，并立关牌。东北方向则有兔耳关，位于小哨，为昆明东北方向驿道的重要关隘，今为村庄。此外还有双龙乡的旧关、小河乡的白邑关、龙泉镇的石关等，今均废，有的成为村名。

明清两代还在驿道要地设置哨卫，派驻铺司、马匹，以兵防守，以警道路，称为铺哨。昆明城西有黑林铺，后演变为村名。安宁有草铺，为迤西道上的大铺之一，明清民国驮盐马帮、商旅过往的重要食宿地。称“哨”的有城东的十里坡哨；城东北的响水哨、大哨；城北的两旦石哨、白石崖哨；城西北的普吉哨、桃园哨；城西的东安哨、高枧槽哨、平定哨、长坡哨、烟子哨、太平哨、半个箐哨、小哨、下华哨，平地哨、上哨、下哨、石马哨等。

云南总驿站设在昆明城东南的滇阳驿，始建于明洪武十六年（1383年），清代沿用，有驿马60匹，马夫30名，堡夫100名。昆明城东还有板桥驿，在东郊大板桥，为通京大道重要驿站，设于明弘治八年（1495年），筑有堡城，配驿马40匹，马夫20名，堡夫100名。再往东则有杨林驿，位于嵩明杨林镇，为滇黔驿道重要驿站，北上可接川滇驿道，明洪武十九年（1386年）为千户所管辖，设兵丁一千余名，后改驿站，有堡夫100名。此外还有呈贡东北的七甸驿、富民县城东的利浪驿、安宁县东的州前驿、晋城东北的晋宁驿等。

○斯诺的马帮和施蛰存的马店

昆明地处“山国”之中，铁路火车和公路汽车出现前，昆明内外交通主要靠人背马驮或畜力车运输，组织灵活，适应性强。驮马载重每驮为60~80公斤，有的可达100公斤，每天行程30~35公里，正好是两个驿站之间的距离。在禄劝一带，农民还用牛驮运土纸、粮食等货物赶街，每驮可重100公斤，但行走较慢，日行仅15公里，所谓“老牛拉车”是也。

老昆明街头的马店

因山间驿道环境恶劣，险象环生，长途贩运多要组为马帮，以十几匹、数十匹甚至上百匹驮马加上七八个或十几个赶马人结队而行，大马帮可单独成行，小马帮还得组合上路，以求安全。于是，“山间铃响马帮来”就成了驿道上最常见的景象。

小西门外的马店和客栈

据2002年版《昆明市志》所记，民国时期，云南迤东、迤西、迤南三大干线上的马帮承担了滇、川、黔和进出越南、缅甸、印度的货物驮运，出入昆明的大马帮有昆明同庆丰的王炽、昭通的李耀庭、迤东的龙光荣、迤南的肖立廷和迤西的包文彩、马彩庭等。清末民初，从昆明东出到昭通、四川叙府（宜宾）、贵州盘县的驿道上，常年有驮马7000余匹，每年货运量50万驮；从昆明经楚雄、下关、保山、畹町至缅甸，常年有驮马6000余匹，每年货运量40万驮；从昆明经开远、蒙自、蛮耗、河口到越南海防，常年有驮马9000余匹，每年货运量65万驮。

以滇越铁路、滇缅公路为代表的现代交通出现后，驿道马帮运输仍然兴盛不衰。据1940年10月统计，昆明到河口虽有火车，但驿道上仍有驮马2500匹；昆明到下关已有滇缅公路相通，也还有驮马1500匹；昆明至贵阳也开通了公路，仍有驮马1500匹。加上昆明到思茅（今普洱）有驮马2500匹、昆明到会理500匹、昆明到

作家施蛰存

四川叙府最多时达8000匹——以上共计16500匹，再加上省内各县之间短途运输，驮马总数达27600匹，驮运仍然是昆明对外陆路运输的一支生力军。直到1955年，昆明郊县仍有驮马7500匹。

斯诺把昆明称为“全省马帮交通的枢纽”，他说，“从2月起到6月雨季开始时止，马帮运输十分繁忙”，那是“马帮天天出发的季节”，“在收割鸦片和豆子的季节，在进口大米大批到达的时候，马锅头担待不起纵容行止无常的脾气所造成的经济损失”。而“从6月到8月，几乎没有什么马帮。9月起又开始繁忙，一直延续到12月中旬，这时中国春节将届，马帮又逐渐松弛下来”（《马帮旅行》）。

大批驮马行走在昆明通向四面八方的驿道上，形成了巨人的服务需求，驿道沿线集镇都集中了不少马店（客货栈）。从1921年到1944年间，昆明小西门外的龙翔街和凤翥街，还有城东的桂林桥（状元楼、拓东路）一带，都是马店集中之地。据2002年版《昆明市志》记载，1960年，昆明城内外还有凤翥、大观、富民、散旦、款庄、厂口、普吉、黑林铺、马街、安宁、八街、禄脿、草铺、关上、双桥、大板桥、呈贡、马金铺、昆阳、晋城、宝丰等客马店。直到1962年，昆明郊县区还有64家马店。

1939年，著名作家施蛰存在《驮马》一文中写到了这些马店：马帮“在交通方便的大路上，它们每天走六十里，总可以获得一个歇站。那作为马队的歇站的地方，总有人经营着马店。每到日落时分，马店里的伙计便到城外或寨门外的大路口去迎候赶站的马队，这是西南一带山城里的每天的最后一阵喧哗”。这些“马店常常是一所两层的大屋子，三开间的或五开间的。底下是马厩，楼上是马哥头的宿处。但是那所谓楼是非常低矮的。没有窗户，没有家具，实在只是一个阁楼罢了。马店里的伙计们帮同那些马哥头抬下了马背上的驮鞍，洗刷了马，喂过马料，他们的职务就完了。马哥头也正如一切的西南夷人一样，虽然赶了一天路，很少有人需要洗脸洗脚甚至沐浴的。他们的晚饭也不由马店里供给，他们都随身带着一个布袋，袋里装着苞谷粉，歇了店，侍候好了马匹，他们便自己去拿一副碗筷，斟上一点开水，把那些苞谷粉吃了。这就是他们的晚餐。至于那些高兴到小饭店里去吃一杯升酒，叫一个炒菜下饭的，便是非常殷实的阔佬了。在抗战以前，这情形是没有的，但在这一两年来，这样豪阔的马哥头已经不是稀有的了”。

○“背脚”“三吹火”和“散扁担”

说起原始运输，总离不开“人背马驮”四字，以“人背”在前，可见其历史悠久。

走进状元楼侧门赶街的人背、人挑、马驮队伍

昆明近郊农民下地做活，进城卖货，搬运粮食、草秆、柴火、蔬菜、水果、食品等生活、生产物资，都离不开背箩。而远郊彝族、白族、苗族农民，更擅长背运，使用的是高背箩，还有背架、背索等，更利于负重爬山，进行长、短途运输。清人张咏在《云南风土记》中说，早年滇人运输物资，除了马、骡驮运，便是人背，用粗大的绳索捆紧物件，绳索末端用棕皮编织数层，如同一块厚厚的粗布，宽 3 寸左右，顶在前额上，又以手拄杖，伛偻而行。途中休息时则“依物而坐”。这样甚至可以搬运“大木巨石”，可见其“额力”之大，堪称超群。

城墙下的挑箩人

清末民初，从事此业者被称为“背脚”，他们还有自己的“专业设备”：用半月形木板卡在高篾箩上，箩内装货物八九十公斤，自己穿一条长大的短裤，以方便透气，肩上系一块擦汗的帕子，脚上是自打的草鞋，三五人手持丁字形“打杵”结伴而行，那“打杵”为一种特殊的拐杖，杵脚上钉有铁钉，行走时杵地以防滑倒。

早年昆明城里的“散扁担”

由于身背重物，坐下歇息后站立困难，力不能支之时，便将打杵撑在背架下，便可随时站立休息，随时继续登山。他们胸前挂有布袋，内装炒面，饿了可以边走边吃——如此辛苦，而所获“脚力钱”甚微，糊口而已。

从昆明南行的迤南大道上，还有不少彝族“三道红”妇女出来当“背脚”，以挣钱养家或筹办嫁妆——“当雨季还未到来时，她便开始背着货物走进迤南去边境的大路了”。“她们能够用自己的额头负重，背荷一百斤左右的货物，所要求的运费非常低廉，并不及雇一匹牲口贵昂，又反而是方便得多”。“她们三五成群地弓着腰，把背篮上的棕带子吊在额际，好像一点儿不吃力地走着”。“手里一根木棍，是上山、过沟、休息时用以扶持的”。而行商“老板骑着马在一群三道红姑娘的前后前进着”，被称为“赶高脚骡子”（马子华《三道红》）。

民国初年，昆明西山脚下的龙门村，还有人背人上山游览三清阁，登上1333磴石阶，直达龙门，每背一人可得30~50文铜钱。做这种累人活计的多是附近少数民族，被叫作“背人罗罗”——这是侮辱人的话。

早期昆明城里的搬运工、装卸工靠的是手抬肩扛：或两人相对而抬，或一前一后而扛，如果货物太长太重，须得三人以上合作，就另有名称了：两人在前，一人于后，俗称“三吹火”；两人在前，两人于后，称“四平肩”；八到十人以上合力扛抬则称“多脚虫”。就是后来有了汽车、

早年昆明小街的背夫

昆明车站外的背夫

早年东寺街头挑油桶的挑夫、背土纸的背夫

远山道上的背夫

火车，一装一卸，还得靠这“三吹火”“四平肩”和“多脚虫”。

城里距离稍远的搬运还要靠扁担挑，以此为生者备一条扁担、两根绳索，或者备一对拴有绳索的畚箕，就可以上街谋生了。那拴畚箕的绳索一般有八根，俗称“八股弦”，以此谋生的都是乡下的农民，被称为“散扁担”。他们收入很低，还常常揽不到活计，平时只好到饭摊上买烧饼或以馆子的剩菜剩饭充饥，晚上大多无家可归，只能花一两角钱住到鸡毛店里。旧时昆明城内外的塘子巷、金碧路、拓东路、长春路、顺城街、小西门等处，都有不少“散扁担”在街旁道口招徕生意。用得着他们的时候，在街头喊一声“扁担”，他们就会聚拢过来，为雇主挑运行李物品等。由于报酬微薄，“散扁担”们不得不早出晚归，辛苦劳作。直到1956年，昆明的“散扁担”还有1200人之多（2002年版《昆明市志》）。

篆塘码头边的“棒头”

早年金马坊下找生意的“散扁担”

清末民初，昆明还有“夫行”专门经营城内搬运业务。旧时马帮运货到昆明，到城外西南就得下货，由滇池水路来的船只也要在篆塘下货。商货入城由这些夫行转运。他们招来搬运工人，互保入行，造册编号发牌。转运商货，他们声称若有遗失，包查包赔，实则通过官府垄断城内搬运——这些搬运工的主力，就是“背脚”“三吹火”“四平肩”“多脚虫”和“散扁担”。

外国人把“散扁担”叫作“苦力”。1930年，美国记者斯诺从滇越铁路乘火车到昆明途中，“离开了嘎嘎作响的火车，身子都已经僵硬了，有几个身穿号衣的中国苦力走了过来，把行李系在他们的扁担上，做手势叫你跟着他们上旅馆去。他们离开了车站，街道上泛起微弱的灯光，他们的号子声向黑沉沉的稻田飘去。嗨荷，嗨荷，嗨荷，嗨荷，嗨荷，荷唉。……在今后的多少个清晨里，你将反反复复地听到这同样的耐心的劳动号子”（《马帮旅行》）。

○"叫马""四脚白"和骑马赶火车

清末官员骑马出巡

民国初期银汁河畔大户人家出门，男骑马而女坐轿

抗日战争时骑马到西南联大上课的周培源教授，被称为"马上大将军"。

早年昆明人出行，马是一个重要的代步工具。骑乘之马要用雄马，要身强力壮，体能耐久，可供长途骑行，昆明人称之为"叫马"，如"枣骝海骝栗色马，银针插鼻四脚白，银鬃银尾水乌鸦"（2002年版《昆明市志》）等等，都是上乘好马。

当时供骑乘的马一般都有点儿"行头"：马头上要扎大红彩球，马脖子上要挂一串铜铃，还要备好骑鞍，再垫上毯子或棉被，以供探亲访友、办婚嫁喜事时骑用。官家之马，更有马夫兵弁随行，八面威风。1930年，斯诺在昆明时，几次"看见张凤春（省城卫戍司令）骑马飞奔而过，前面有十几名马弁气喘吁吁地边跑边喊：'马来！走顺！大官来了！'"（《马帮旅行》）后来斯诺踏上迤西大道前往大理，和美国学者洛克的马帮同行，洛克坐轿，斯诺骑马，也可见当时各方人物出门情形。

抗日战争时期，日寇飞机滥炸昆明城，西南联大教授、著名作家沈从文避居呈贡桃园村多年，须乘火车到校授课。沈从文从居所到火车站还有一大段路，也得骑马。多年以后，他在《记忆中的云南跑马节》一文中回忆说："由呈贡赶火车进城，向例得骑一匹老马，慢吞吞地走十里路。有时赶车不及，还得原骑退回。"沈从文的学生汪曾祺也骑马走过这里，他写道："呈贡火车站附近，有一大片栗树林，方圆数里。树皆合抱，枝叶浓密，树上无虫蚁，树下无杂草，干净之极。我曾几次骑马过栗树林，如入画境。”（《昆明的果品》）

与此同时，西南联合大学物理系教授周培源避居西山脚下龙门村（原山邑村）的“阏翠楼”，这里距西南联大约10公里，又不通公路。他买来一匹永胜马，取名“华龙”，作为自己的交通工具。每天清晨5时，这位教授就得起床喂马、刷马，先骑马送两个女儿到车家壁小学读书，无课便打马回府，继续研究他的“湍流”理论，有课则继续前行，到西南联大上课。到了学校，周培源下了马要先牵马“溜汗”，再把马拴好，这才进教室上课。当时周培源每周三天有课，总是飞骑赴教，从不迟到，成为联大的一道风景。如今龙门村的老人仍然记得这位“马上大将军”。据说有一次“华龙”受惊，周培源被摔下马背，倒挂在马镫上，“华龙”继续乱跑，幸得村民拦马解救，才捡得一命。两年多以后，简易公路通到龙门村，周培源这才改换坐骑，买来一辆自行车，骑车到校上课。

西南联大教授、语言学家王力也谈到了昆明人骑马，特别是昆明妇女骑马，他曾写下《骑马》一文，说：“昆明骡马之多，可以比得上北平。乡下女子也会横坐在载货的鞍子上，让马蹄嘚嘚的声音伴她们的歌声，这却是北平女子所不能及的。”

○牛车、马车和板车：从木轱辘、铁轱辘到胶轮

20世纪20年代，自行车（当时叫自转车）已在昆明街头出现，但货运主要还是靠人挑马驮，靠马车和牛车。当时这些车辆多用木轮或铁轮（昆明人叫木头轱辘铁轱辘），走起来颠簸得厉害，又伤路面。1933年，有人向上海、天津订购车轮样品，在昆明进行仿制，利用汽车废旧轮胎翻制大车胶轮，昆明的胶轮车才逐渐多起来。

早年穿过白塔的木轮牛车

据统计，到1936年，昆明城从事运输的马车有62辆、牛车125辆。1937年，当时的《云南日报》称本市有兽力货车184辆，和上年的总数差不多。抗日战争时期，大批内地机关、企业、学校内迁昆明，运输需求暴增。到1940年，昆明马车行达43家，有马车356辆，比3年前的马车、

木轮牛车驶进拓东街子

郊外水牛拉着木轮车运货

金马坊下的牛车和板车

抗日战争时期金马坊下的驴车已经用上了胶轮

抗日战争时期状元楼前的胶轮马车

抗日战争时期不少昆明人骑上了自行车

牛车总数翻了近一番，主要用于衔接火车、汽车、货船的粮食、棉布、燃料、建筑材料的短途运输。到 20 世纪 40 年代末，昆明营业性马车更达 1738 辆之多。

从农村的木轮小推车发展而来的板车也进了昆明城。这些板车两轮两杆，上置木板，并加装个一两尺高的木框，进城后装上了使用辐条的胶轮，可载重 500 到 1000 公斤。板车运行全靠人力，可以一人拉，也可由一人在前面拉一人在后面推，还可以一人拉而数人推，甚至成群结队助推助拉，使用起来灵活方便，主要用于短途货运，拉的多是建筑材料和农产品等。昆明城里坡多，拉车、推车不易，旧时娃娃哭闹，大人就会骂："再哭，给你拉小板车去！"

○"官轿""民轿"、轿铺、夫行和"公共轿"

据说早在汉代，昆明地区就有轿子了，后来成为昆明城里最早的公共交通工具。明清时期有"官轿"和"民轿"之分，两人抬的叫"对班"，三人抬的叫"丁拐"，一、二品官员乘坐的官轿为"八人抬"。三人抬轿配合不易，昆明人就把心不齐称为"丁拐"："你说话咋个总是丁拐得起？"

老昆明街头的轿行

清末在街边歇轿掐虱子的轿夫

旧时轿子可分三种，"八人大轿"是官员和有钱人坐的，次一等的坐四人抬的轿子，一般人坐两人抬的轿子。清代县以上衙门都有轿班，专为官员抬轿，只有总督府的轿夫由昆明东郊蒋家营的农民承袭。"民轿"主要用于婚嫁喜事，又有"红轿"和"青轿"之分。红轿供新娘乘坐，而青轿供新郎乘坐。此类"公共轿子"何时出现在昆明，已难考证。直到清末民初，昆明还有轿行和轿铺，轿子仍然是老昆明城里唯一的公共交通工具。据 2002 年版《昆明市志》记载，早在清咸丰二年（1852），四川人陈洪义（外号陈跑通）就在昆明长春路口设了个"大帮信轿行"，因为陈洪义脸上有麻子，又当过乡约（乡间坊间纠纷调解人），人称"麻乡约"，

四人抬轿进城

走进黑龙潭的轿子

街子上生意繁忙的轿子、驮马

他的轿行也被称为“麻乡约轿行”“麻乡约民信局”，主要经营川、黔、滇、康等省的客运、货运，寄送信件、小包裹，出租轿子、滑竿，甚至抬柩还乡等，直到1939年才结束。

老昆明城并不大，进城出城也方便。官员讲排场和待遇，都有自己的官轿。至于民间，也有三种人多半要坐轿子：一是有钱的小脚女人；二是有钱的体弱老人；三是要面子的有钱男人。有需求就有供应，旧时昆明街头就开了不少轿铺，据说有二三十间之多，星罗棋布，遍及全城。

民国期间，昆明城的轿行老板、轿夫多为四川人，也有湘、黔籍人。这些轿铺分布在较大的街巷，随时听人雇用。这些轿行经营的是2~4人抬的轿子。抬轿人又各有名称：当头一人称“掉头子”，第二人称“亮叫子”，第三、第四人称“舵把子”——“舵把子”在四川话中指行船掌舵之人，多用来称呼帮会的龙头老大，在轿后抬行者也叫舵把子，大概他们和行船掌舵人相似，也能控制前行方向吧，后来昆明人也称民间帮派头目为“舵把”了。

早年经营轿子的还有夫行，除抬轿子外，还抬滑竿、挑担子，甚至押运钱款、寄送班信、官商远行都做，这叫作“红差”。夫行还护送棺材，无论远近，这又叫“黑差”。无论坐轿还是坐滑竿、出“红差”还是出“黑差”，都以人夫的数目和沿途生活费计价，从出发到抵达，分几次付清。

后来城里的轿子慢慢少了，城郊的轿子却一直不减。一些老昆明人逢年过节，游山玩水，总爱坐轿子。远到西山、安宁温泉，近到昙华寺，还有金殿、黑龙潭、筇竹寺、大观楼，都以轿子代步。轿子也分等级，有钱人坐八人大轿，中等人家坐四人轿子，一般市民多坐滑竿。

据早年坐过昆明“公共轿”的人说：“此间交通工具，目前有轿子一种，抬以三人，轿杆极硬，形若弓弧，中央高而两端低。轿夫多吸鸦片，气力极弱，行不数步，前后必互换挡一次，颠簸震动，痛彻腰背。”（谢彬《云南游记》）这样走上一趟，无论抬轿还是坐轿，都一样受罪。

滇越铁路通车后，到昆明的西洋人多了，也入乡随俗，乘坐轿子。为显示绅士风度，男士总是让女士坐进轿子，自己跟在后面，以示护卫。当时昆明人惊诧不已，竟将其绘入年画并题打油诗曰：

妇人坐轿男人走，后面跟只好猎狗。

外洋风俗更稀奇，打躬怎消牵牵手？

据2002年版《昆明市志》记载，到20世纪50年代初，轿子、人力车均逐渐淘汰——由此看来，直到那时，还有轿子在昆明街头行走。

○滑竿和“滑竿号子”

古滇国青铜器上的滑竿铸像

“滑竿”算是简易的轿子，砍来两根三米长的竹竿，中间绑上几根横担，做成躺椅形状，再铺上毯子棉被，前面装块踏脚板，就可以乘坐了。如果遇到太阳暴晒、老天下雨，还可以盖上一块篷布。旧时远郊乡绅进城、老弱病者求医，都常常乘坐滑竿。就是官吏、乡绅雅性所至，要登山游览，坐轿子上不去，也会坐滑竿，只是那滑竿又高档得多。

坊间传说，在民国初年的护国战争中，护国军进入四川痛击袁世凯军队，因为伤员太多，担架不够用。川南竹子多，护国军就地取材，砍来竹子扎成简易担架，后来经过民间改造，成为滑竿，盛行于西南地区。但据考证，滑竿的使用要更早，使用范围也更广。在昆明抬滑竿的四川人不少，传说可能与此有关。

四川人到昆明抬滑竿，带来了四川的行规，还带来了“四川号子”。抬滑竿不易，除了体力，还要有技巧，如脚动身不动，腰杆似箭直，换肩不停步等。最重要的是

抬滑竿

行走在野外的滑竿

前后两人要通力配合，协调一致，“踩到点子上”。否则不但费力，还可能“翻竿”出事。于是“四川号子”在这里派上了用场，不但可以整合行走步调、保持滑竿闪动节律，也为辛苦的劳作带来几分快乐。而在拥挤的城市街巷中行走，“号子”还有吆喝开道的作用。

滑竿都是两人抬，前面的叫“前竿”，后面的叫“后竿”。抬“前竿”的要熟悉路况，耐力好，抬“后竿”的要身壮力大。“前竿”视野宽阔，“后竿”视线被乘客遮挡，看不全路。于是“前竿”要“报路”（又叫“唱路”“踩路”）——向“后竿”通报路况，“后竿”要及时“应答”，以策安全。如“起竿”之时，“前竿”总要唱一声：“平阳大路——”“后竿”唱答：“甩开大步！”这一前一后，一“报”一“答”，一唱一和，或有固定之语，或者出口成章，无不应答如流，言简意赅，且押韵合仄，形象生动，显示出草根劳动者特有的幽默和风趣，成为别具一格的“滑竿号子”。

昆明坡多，上坡时“前竿”会报一声：“抬头望——”“后竿”则应道：“把坡上！”如果坡度不大，前面就喊：“懒洋坡——”后面应：“慢慢梭。”下坡时前面唱一声：“有陡坡——”后面和一句：“慢慢梭！”下完了坡，前面又唱：“下到坡底——”后面应声：“快慢由你！”昆明桥也多，上桥时前面也要报一声：“人走桥上过——”后面答道：“水往东海流！”

昆明路况复杂，走到弯拐处，“前竿”要唱：“弯弯拐拐龙灯路——”“后竿”会答：“细摇细摆走几步！”走到高低不平处，前面报一声：“高矮——”后面应一声：“慢踩！”地下有砖块，前面报：“元宝挡路——”后面应：“大跨一步！”地下有大小乱石，前面这样报：“大钉带小钉——”后面答：“脚上长眼睛！”头上有树枝横栏，前面就报：“照高——”后面接道：“弓腰！”踏上烂泥路，前面报告：“水湿泥巴稀——”后面应声：“脚板踩稳些！”路上泥泞，前面会这样喊：“滑得很——”

后面回应:“踩得稳!”路上有水,前面就喊:“面前一大滩——”后面答道:“一脚来踩干!”夜晚路上有积水,前面的喊法又不一样:“前头明晃晃——”后面则这样回答:“踩黑莫踩亮!”

怡然自得的坐滑竿者

最霉气的是撞上那些随地大小便者的遗物。路上遇到粪便,“前竿”必须提醒,但有忌讳,只能绕着弯子说:“天上乌鸦飞——”“后竿”表示知道了,但也不明说:“地下一大堆!”路上有泡尿,前面就会喊:“脚下有黄花——”后面接道:“小心踩着它!”

抬滑竿者头戴草帽,坐滑竿者自撑洋伞

路遇妇女又不一样,“前竿”会报上一声:“路边两朵花——”·“后竿”一笑,答道:“过路莫挨她!”意思是离她远点儿。有时声音叫得大,也有几分挑逗的意思。如果乘客不地道,也会被他们嘲笑。有老人回忆,此类“号子”,“前竿”直叫:“哎哟,哎哟,哎哟哟——”“后竿”则憋着声音应道:“抬着死狗要昆明哟!”——当然,那怪腔怪调要让人听不出来,两个人暗自一乐罢了。

○公共黄包车和城区黄包车站

在昆明城区,代替轿子而崛起的公共交通工具是人力车,据说是从日本传来的,又叫东洋车。1909年,正当滇越铁路通车前夕,就有昆明人买来50辆黄包车,开了一家“东洋人力车公司”,得到当局准许,在南门外商埠到聚奎楼(状元楼)一段马路上行驶,以此向“公共轿”挑战。这些人力“公共车”的篷布多半为黄色,民间又称之为“黄包车”。

黄包车兜长约0.8米,高约1.2米,车轮28寸,两个轮子夹一把椅子,再加上两根杠子,车夫立于两杠中间,一手握一杠,拉起来就跑。车椅可坐二人,上面有

昆明街头人力车站的黄包车

黄色布篷，可以折叠，平时收起，日晒雨淋时撑开。此外，有钱人有还置有私家人力车，以铁皮制成，漆得锃亮，流线型，皮雨篷，上大下小，坊间称之为“葫芦兜”。此车前面有一对蜡烛灯座，车夫穿着讲究，车过闹市，车夫则吆喝，主人则脚踏响铃，催人让路，风头一时。1925年，曾漂泊昆明的作家艾芜就见过这种“葫芦兜”：“从洋货店里出来的肉圆子，踏着人力车上的铃子，噹啷噹啷地驰在花岗石砌成的街上，朝每夜觉得欢乐的地方去……”（《人生的第一课》）

民国初期，有人制造过几架木轮人力车，因拉车困难，乘车颠簸而告失败。后又有人从上海英商邓禄甫公司购胶轮车20辆，在昆明仿制，成立永安人力车公司。此时黄包车越来越多，但都不能进城，只能在城外部分街路上通行，十分不便。1914年11月6日的《滇声报》有消息说：“东洋车已准入城，吾滇自马路成立迄今数月，虽有人组织东洋公司，亦只能在城外一小部分乘坐，而不能通过城内，颇觉不便。昨警厅特出示谕，准其入城，以期推广云。”

提到黄包车进城的情景，《滇声报》在“东洋车入城”后的两天就有报道了：“人力车自开驶以来，虽雇价甚廉，而地点狭隘，马路虽多，每日所乘，大部游戏试驶及小儿坐玩居多，以致车夫按日除缴赁（租）价数角外，不惟无余，甚至尚有不敷交费者。昨经警厅出示，东洋车准其城内外一律通行无阻，似此则交通便利，车业可望发达。然城内街道不平，滞碍甚多，亟宜须设法改良轮机心，使其巡转上下无颠簸震摇之虑，即车夫亦必募筋力强壮之辈，方可遄行。昨夜见一车入城，轮落街心石隙中，多时推驶不移，及至行动甚慢，难及步履，车夫着急，见者粲（笑）然”——可见当时的黄包车还是一个时髦的东西，市民坐着好玩。而市区的马路砌石缝竟大得可以卡住车轮，车和路不配套，车夫拉不动，旁人则好笑。早期黄包车装的是木制车篷，头重脚轻，加上路面坎坷，经常翻车，被人讥为“渡魂车”。

不过，因为实用和方便，黄包车在昆明的生命力很强。1926年，昆明已有超群、达成、干记、大公、维新、德馨、安达、广益、熙记、鹏程、拙记、顺记、仲记、曾记、群力等15家人力车行。1936年，昆明登记注册黄包车达1250辆，其中私车50辆，营运车1200辆。到1937年，昆明的黄包车已有1300辆之多。早先要靠黄包车谋生，就要到这些人力车行去租车。据作家艾芜1925年秋天在昆明的经历，租黄包车，身体不是问题，从十四五岁的孩子到五十多岁的老头儿都有拉车的，关键要识路，要会对付钱的乘客说：“先生，添一点！”租车费是一天一元，这在当时可以买50个烧饼。最后，还要有铺保，否则一切免谈（《人生的第一课》）。

旧时昆明街头巷口，总有几个黄包车夫拉着空车来回走动揽客，或把车把放到地上，坐在脚架上候客。他们身穿镶着白边的青色号衣，背面印着车行名称和车辆号码。行人要乘车，只要朝他们叫一声——“黄包车”，就会有几个车夫拉车跑来。行人对来者比较一番，车子要干净牢实、车夫要健壮能跑，价格也合适，这才上车扬长而去。昆明坊间传说，旧时省里某大公子曾扮作黄包车夫，专在美女出入处等候，一般男女都喊不动，美女一喊，拉上就往自家深馆后院跑。

1938年9月，昆明黄包车拉过一个特殊的“客人”：驾机轰炸昆明被击中后跳伞又被活捉的日军飞行员池岛。此人在宜良被捉，经滇越铁路火车押到昆明后，赖在月台上不走，被抬上黄包车拉到关押处，城中市民围观，热闹一时。此期昆明黄包车还拉过不少帮助中国抗日的美国大兵。这些大兵空战真行，“车战”也不赖——喝醉了会把黄包车夫按在车座上，大叫几声“顶好顶好”，然后前呼后拥，拉着车夫沿街飞跑。而在“一二·一”运动烈士出殡之日，一位被炸断腿的学生坐着黄包车为战友送行，让人肃然起敬（见林德《昆明的黄包车》）。

20世纪20年代初，自行车（当时又叫自转车、脚踏车）也进了昆明城。到1934年，昆明仅有自行车182辆，到1935年就翻了五倍多，增至1111辆，办理出租车业务的单车行达68家，共有460辆单车可供出租。此外，私人自行车为606辆，公家自行车45辆。到1937年，昆明自行车拥有量更达1350辆。

1942年7月，昆明已成抗战大后方的重要城市，人口大增，经济发展，黄包车需求更旺。为更好地发挥黄包车的作用，搞好公共交通，当时的市政府在昆明环城马路以内规划、布置了一百多个人力车（黄包车）站，编绘了《昆明市人力车站图》，向社会公布，并“约法三章”：

1. 人力车费市内（环城马路以内）每站暂定国币一元，起止不足一站者以一站计。市外（环城马路以外）每公里暂定国币三元，远近照算。以后如有增减之必要，另行公布。

2. 图中之红点表示车站，并在实地钉有车站木牌，乘客只需按站付费，不必议价。

3. 车夫号衣上均有车行名称及号码，乘客须认明，如有遗失物件，方可清查。

这三条规定已十分周全，和如今出租汽车管理也差不了多少。只是执行起来，如果车夫“油条”，乘客霸道，问题仍会产生。

据2002年版《昆明市志》记载，到1950年初，昆明有人力车行91家，“黄包车”1903辆。此后黄包车逐渐被淘汰，代之而起的是脚踏三轮车。

○“世界三大工程奇迹”之一的滇越铁路

滇越铁路深入云南

清代甲午战争后，法、英以干涉日本归还辽东半岛有功，强索滇越、滇缅铁路筑路权。1902年，法国人进入云南勘测线路，准备取道蒙自、建水、通海一线直抵昆明。此线占田太多，妨碍水利太甚，滇南人民奋起反对，蒙自杨自元、个旧周云祥发动武装起义，均以“拒洋修路”为号召。加上红河谷山高水险、坝区石材供应困难，法国人不得不改线走开远、弥勒、宜良，沿南盘江河谷到昆明。

法人筑路，弊端丛生。尤以苦虐工人为甚。其向各省招筑路工不下二三十万人，到达工地后，死于烟瘴者的就数不清了，加上克扣工资、无钱购买食物，逃亡的、饿死的，“实不能以数计”。洋包工头运来大米，以几倍高的价格买给工人。对工人稍不如意，马上鞭打棒捶。甚至用铁索把十多个工人的发辫穿起来，赶着他们去干苦工，有人干不动了，动作稍有迟缓，洋监工就用马棒乱打，不少工人甚至被残酷殴打致死（沈祖燕《案事编》）。在这种情况下，工人们忍无可忍，群起反抗，怠工、逃跑、破路、毁坏工具器材以至打伤监工，等等。

当时昆明的革命党人和爱国士绅深感滇越铁路主权丧失的切肤之痛，又从当时国内已建成的铁路了解到其运输能力，加之受到席卷全国的保路运动影响，提出了“赎路自办”的口号。1907年，昆明革命党人杨振鸿调查滇越铁路，回昆痛陈丧权之惨状，呼吁废约赎路，此举又获全国乃至海外滇人响应。但终以清政府一纸照会，敷衍了事，革命党人反遭迫害。

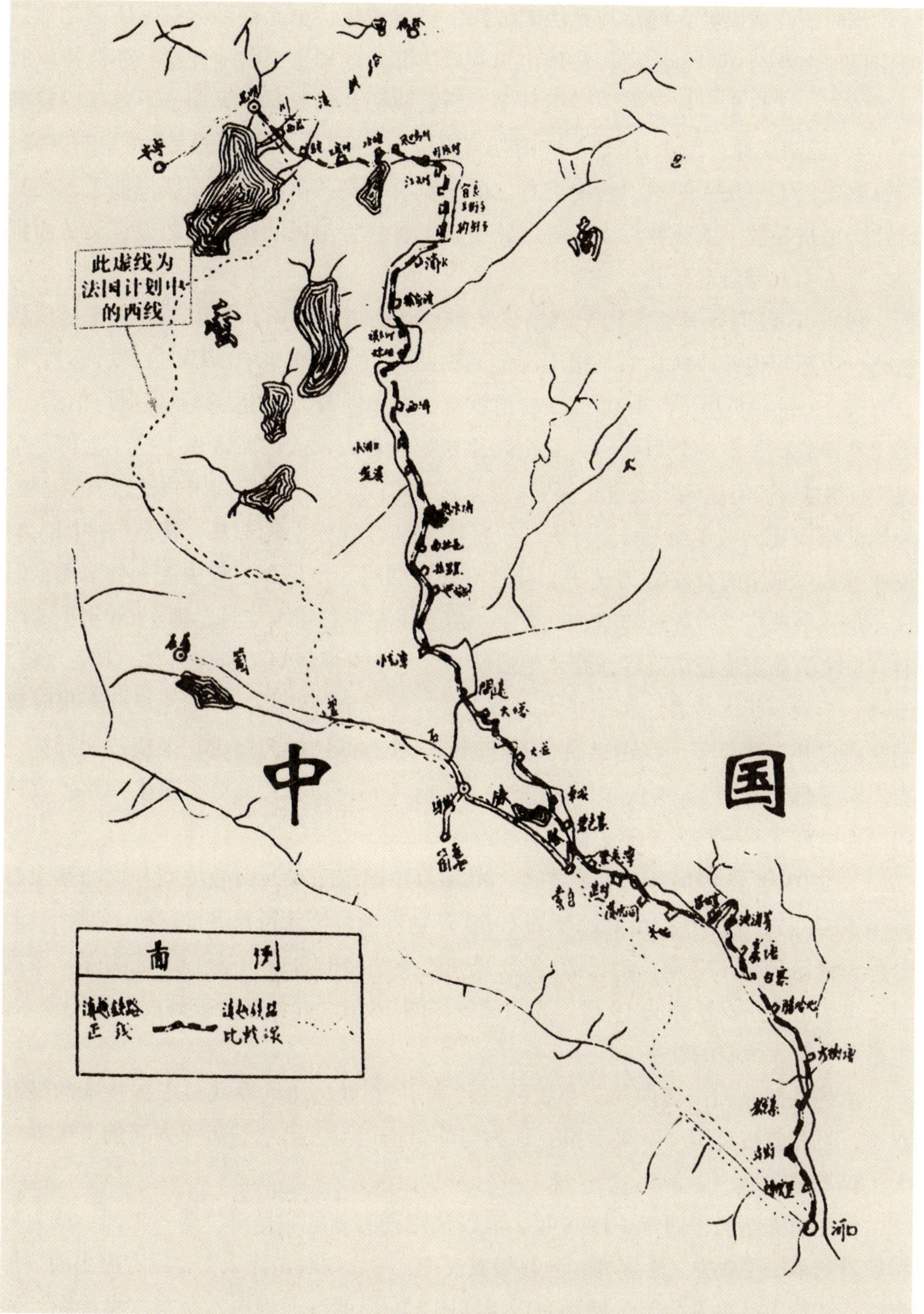

滇越铁路云南段示意图

当时清政府腐败无能，其允法人筑路，已属丧权，更无偿供给筑路所需之地，原定民地由法公司出资购买，法认出200万法郎，以利息为购地补偿，亦被清政府悉数放弃，“自是主权已失，后患日多，所云收回及购股遥遥无期，不过聊以自嘲耳”（《云南交通长编》）。连一些清朝官吏也为之叹息，“不平孰甚”。更有甚者，当筑路工人不堪法人肆虐，纷纷逃亡之际，竟有官员“出派民役，按户抽丁，代其筑路。每州县数十人或数百人不等，路费，工食，皆由民间摊派，地方官又从而剥蚀之”（《云南杂志》）。

1930年12月5日，美国记者斯诺从越南老街进入云南，乘火车全程走过滇越铁路，他感叹说：“这是一条很不寻常的铁路……传说修筑中国境内一段，历尽千辛万苦，每铺一英里（约1609米）轨道就有一名中国苦力丧生，这是完全可信的。”（《马帮旅行》）一公里死一人，全路修筑死几百人，或许斯诺先生已经觉得是个天大的数字了。但他仍然太过于保守。就是按1910年法文版《云南米轨铁路》的说法，为修此路而死的劳工也有1.2万人，仅南溪河地段就死人约1万。就是按法国人的说法，参与筑路的有6.05万劳工，死亡率逼近20%，在世界工程史上十分罕见，但这还是一个被广泛质疑的“缩水”数字。清光绪三十二年十二月，即1906年，清政府官员沈祖燕实地查访滇越铁路工地后奏报，“此次滇越路工所毙人数，其死于瘴、于病、于饿、于虐待者，实不止六七万人计”（《滇越铁路》）。沈祖燕奏报时滇越铁路仅开工两年多，距建成通车还有四年，伤亡既已如此惨重。即使按此计算，火车轮子每“哐啷”一响，即遇冤魂一个，时人有诗曰：“而今万里滇南路，汽笛呜呜伴鬼哀”——教人怎不心惊。

从1903年至1910年，7年之间，30多万中国劳工在崇山峻岭间开挖路基土石方1660万立方米，开挖清除路堑岩石50万立方米；修筑桥梁3422座，全长50多公里；修筑隧道172座，全长20多公里。这条铁路的总造价达1.65亿法郎，平均每公里造价为京汉铁路的19倍，为清浦铁路的16倍。即使在科技高度发达的今天，也是一个令人惊叹的壮举。

滇越铁路是云南境内第一条铁路，代表了20世纪初世界铁路工程技术的最高水平，当时就被英国《泰晤士报》称为与苏伊士运河、巴拿马运河齐名的“世界三大工程奇迹”。

早在清光绪二十四年（1898年）底，法国勘测到昆明呈贡，遇一果园，认为果树妨碍测量，便砍去二十多棵，激起果农反弹，“几欲殴击洋人”，后官府出面“排解”，“始无乱事发生”。勘测完后，法国人在昆明圆通寺中八角亭支桌绘图，旁有娃娃戏耍，撞倒桌子，法国人竟“执棍棒乱打”，一个娃娃被打得血流满面而逃，寺外昆明人看不下去，冲进寺中找法国人算账。法国人见状不妙，爬圆通山狼狈而去。众人在寺内寻找法人，被官府抓了几个，“禁闭数日而释放”〔《据我所知集》(《云南掌故》)〕。

1910年，滇越铁路建成，在昆举行通车典礼，不少昆明人群起抗议，全市人声鼎沸，刚刚在翠湖畔成立的云南讲武堂放假一日，以示国耻。仅仅一年之后，辛亥革命爆发，昆明重九起义成功，清王朝“寿终正寝”。

○滇越铁路拉开近代昆明序幕

滇越铁路从昆明直通越南的海防，全长854公里，其中云南段长466公里，是云南也是中国西南唯一的国际铁路。滇越铁路的轨距仅有1米，被称为“米轨铁路”。由于山高坡陡，火车行驶速度极慢，等到云南后来出现汽车，便成为“云南十八怪”之一：“火车没有汽车快。”还有一怪也和滇越铁路有关：“火车不通国内通国外。”滇越铁路运行至今，成为中国仅存并仍在使用的米轨铁路。

滇越铁路通车前，云南交通运输靠的都是“山间铃响马帮来”。要到国内沿海地区及国外，要先走陆路到蛮耗，然后改走水路，沿红河南下越南海防，再从海路经香港转到各地，行程要两个多月。滇越铁路通车后，可从昆明乘火车直达越南海防，只要两三天就到了，还有两三天可以到香港，再有两三天就可以到上海。和火车相比，马帮简直就是蜗牛。而火车运量之大、运输之安全、运费之便宜，马帮都不是对手。据蒙自海关统计，从1890年到1909年，平均每年驮运进出口货物的马匹达11万匹次，1910年滇越铁路通车后，进出蒙自的马帮运输顿时萎缩，到1914年已趋于消失。到1912年，云南几乎全部军火物资和85%的外贸商品，都通过滇越铁路运输了。

滇越铁路云南府总站（原载民国《昆明市志》）

法国人要的就是这个结果。他们认为，滇越铁路建成后，不仅可以掌控云南全省商务，甚至还可以掌握云南省政府。那个写下《云南游历记》的法国人古德尔孟更说，铁路的修通“犹如人身上的血管，生死存亡系之。有

在昆明举行的滇越铁路通车典礼，中外嘉宾云集，清廷官员表情复杂

铁路权即有一切权。凡其地官吏，皆吾驱使之奴；其地人民，皆我俎上之肉”。亡人之国而令人“不知其亡”，分人之地而让人“不知其分”，修铁路就是一个“绝妙方法”（《云南杂志》）。在他们心中，滇越铁路就是掠夺云南资源的“吸血管”，控制云南交通命脉就是控制云南政治经济的上上之策。他们可以借着滇越铁路牟取暴利、攫取云南资源、倾销工业商品、控制云南外汇、操纵货币比价等等，导致本土手工业纷纷破产，农村土地兼并加剧，加速云南自然经济的解体，从而使云南半殖民地半封建程度进一步加深。云南人曾多次试图进行抵制。1920 年，滇越铁路运输加价，“重加车费”，云南总商会提出抗议，并宣布停止由滇越铁路运输货物，并准备筹建从蒙自到剥隘的公路，以抵制法国人，但仍有商户经滇越铁路运货，而当局又趁机开征路捐，商户无力承担，抵制行动不了了之。

滇越铁路把河口、蒙自、昆明三个通商口岸连在一起，把铁路沿线的个旧大锡、弥勒竹园红糖、宜良大米、宣威火腿运送销到省外和国外，把西方的香水、肥皂、煤油、玻璃运进云南，加速了商品经济的发展。它带来了工业文明的新鲜气息，对小农经济意识产生了强烈冲击，不少商业资本受到刺激，开始转向产业资本。云南各地城门大开，先进设备、技术、人才不断涌入，促使云南跨过了近代工业高高的门槛。

在这种情况下，云南人对铁路的认识也日臻成熟。筑路之初，滇人以为“滇之祸莫大于滇越铁路”，当时有《云南男儿》歌这样唱道：

勉哉勉哉男儿，云南男儿，

汽笛一声金碧变色，大好河山谁是主？

倒挽狂澜，中流砥柱，

好男儿，磨砺以须，兴亡责，共相负。

后来的《续云南通志长编》这样写道：“滇越铁路对云南及经济之发展，其功不可没。以其权操于法人，故对本省经济生活所发生之反效用，为害亦烈。况本路军事意义，人所共知，或拟之如深入本省心腹之一毒蛇，良有以也。”

火车驶进滇越铁路云南府（昆明）火车站

1910年10月，云南“状元”袁嘉穀从浙江回乡，转乘滇越铁路火车而来，为此赋诗道：

山川依旧物已非，云岭横贯大动脉。

二月行程一旬度，万里雄关亟相随。

另外一诗在当时也很“另类”：

新生事物多折难，说三道四两极反。

云滇谁说无前路，列车尽头现曙光。

滇越铁路改变了昆明的历史进程。尽管法国人千方百计以滇越铁路扼住云南政治、经济命脉，但滇铁路也促进了昆明的对外开放，对昆明的政治、经济和社会文化都产生了深刻的影响，标志着近代昆明的开端。昆明最早的工业建筑，如石龙坝电厂等建设所需设备、物资都是通过滇越铁路运进来的。与此同时，内地的报纸、刊物、书籍、电影、西医、西药、科学仪器、文教用品，来自国外的洋纱、洋布、洋服、洋餐、洋烟、洋酒、洋蜡、洋碱（肥皂），都挤进了昆明人的日常生活。当时的《滇声报》记载，不少昆明人“服则洋服、食则洋食、吸则纸烟、喝则洋酒，上行下效，一日千里，进步之速”，形成了新的时尚。法式建筑也走进了昆明，所用水泥、地砖、瓷砖、红木地板和墙板，也从滇越铁路运来了。

1930年，美国记者斯诺经滇越铁路进入昆明，他对这个“独特的云南府”另有一番评价：“这座城市是许多道路的会合点：既是一条铁路的终点，又是若干马帮旅途的起点；既是东西方最后的接触点，又是东西方最早的接触点；既是通向古老的亚洲的大门，又是通向中国荒芜的边疆之大门。十九世纪中国的帝国主义、标新立异的民族主义、弄得稀里糊涂的本地人、不能正常工作的电话系统、不会亮的电灯、串串铜钱、纸币、野狗、皮革和古老的刺绣等等这些所有的东西，都在这个城市荒诞而绝望地混杂在一起。这个城市伸出一只脚在警惕地探索着现代，而另一只脚却牢牢地植根于自从忽必烈把它并入帝国版图以来就没有多少变化的环境中。”（《马帮旅行》）

○昆碧公路：昆明最早的公路

昆明最早的公路是从小西门到碧鸡关的昆碧公路，就是今天从西站、黄土坡、黑林铺、马街、普坪村、车家壁到高峣碧鸡关的这段老公路，全长 16.4 公里。此路于 1919 年动工，到通车的时候，已经是 1926 年了。按《云南行政纪实》的说法："民国十年（1921 年）提倡兵工筑路，利用军队，自省会西郊修至黄土坡，此为滇省筑路嚆矢。"滇西和缅甸接壤，当时的商业往来很多，货运不少，昆明第一次修公路就向滇西发展，也是很自然的事。

开始测量这条公路的时候，选线是从小西门过菱角塘，再经车家壁到碧鸡关。因为这条线占用的水田太多，遭到反对，加上为方便游览西山，又把路线改为从小西门绕到大西门、黑林铺，一直到西山脚下的高峣，再折头到碧鸡关，成了一个大马鞍形，这就绕了不少路，而且增大了开支。这就是后来这一段老公路的格局。

早年昆碧公路东端的昆明汽车西站

史迪威公路通车仪式在昆明西站举行

修筑昆明第一条公路的时候，战乱频繁，生灵涂炭，国弱民贫，政治黑暗。筑路工程几上几下，速度很慢。从 1919 年起，军队施工两年，才从小西门修到黄土坡。1926 年又征用昆明近郊和富民、安宁的民工继续修路，要民工自带口粮，每天给滇币两毛，但能否到手还很难说。有的民工被强征来修路，十分不满，质问说："要我们把庄稼放下来修马路，家里没有人照顾，粮食从哪里来？坐汽车的还不是那些大官！"

1926 年 9 月，土路基本完工，比滇越铁路晚了整整 16 年，比巫家坝机场也晚了 4 年。那时的公路是什么样子？据老人回忆，

如今的滇缅公路纪念碑

路面很窄，一般只有8尺（约2.67米），间有让车道。对头来车，要在让车道上相让。斜面亦不合规格，如黄土坡的斜面在10%以上。碾压不十分坚实，一到雨季，到处凹陷，泥浆淋漓，行车极不安稳。由于没有铺石子，与比较宽的牛车路无异。更有意思的是，据《续云南通志长编》记载，“当时一切修法，颇似铁路规式”，“滇人士见（修铁路）用款多而告成无几，有渐趋入修汽车路之一途。其时公路一名词，尚在酝酿试用中”。因为“用费较省，工作较易，衡之以本省人力财力，公路实比铁路为得”。此后又在土路上铺沙、铺石进行修补，再筑新路到安宁，已经是1928年底了。

1930年，斯诺走过这条公路，他在《马帮旅行》一文中写道：

从云南府到大理府的古老的马帮之路，开头35英里（约56千米）一段已经为省里所修的公路所取代。政府征收公路建设税收了20年，大大出乎人们的预料，还真的完成了这一段公路建设计划。实际上，现在在云南修筑公路还没有必要，因为全省只有5部汽车，其中3部是战前老型号的破车，全部为政府所有。尽管如此，这几辆公共汽车还维持了从云南府到安宁州之间20英里（约32千米）的交通运输。我们大概是第一批乘客，说服了司机再往前在没有铺路面的公路上开15英里（约24千米），把我们送到靠近老鸦关的地方。我们从这里真正开始爬山。

有一位官员把他的汽车借给我们那天下午用，后一段公路并未正式开通，我们能否通过他表示怀疑。最后他还是同意了，这样就省却了我们整整一天的马帮旅行。我们花3个钟头走完全程，马队提前两天出发，我们到达预定的会合地点时，他们也刚到不久。赶马人从未见过汽车，也没有坐过汽车。他们在已经弄脏了的厚绒弹簧坐垫上乱蹦乱跳，发现喇叭后就按个不停，使司机大伤脑筋，直到我们走上了去老鸦关的弯弯曲曲的道路才算停止。

○酷似马车的货车·飞行员驾驶的轿车

在小西门至碧鸡关公路修筑时，当局向美国福特公司买到载重一吨半的货车底盘4架，运到昆明后自己装配车厢，因为缺乏五金材料，只好用木料装配，结果整车外形不像汽车，倒像比较精致的马车。法国人乘机要求当局向法商购进“恒诺”

民国初年云南督军唐继尧拜访法国领事时坐的轿子

20世纪初的福特车

轿车两部、蒸汽压路机2台，还随车调来3名越籍驾驶员和修理工，供唐继尧专用。后来，当局辞退了越南人，从当时的云南航空队抽调6名飞行员和机械师充当福特汽车的驾驶、维修人员，其中一名机械师还是留法学生——先有铁路、后有公路，照着铁路修公路，又先有飞机，后有汽车，先有飞行员，飞行员来开车，才有了汽车司机，要说“怪”，这也可算是昆明之“怪”了吧。

有了汽车，当局又在大观街租用铺房作停车间和修理间，在西安马路设立了汽车站，那就是最早的西站。小西门至碧鸡关公路完工时，还在西站举行了一个热闹的通车典礼，又扎牌坊，又摆酒席，还在高峣搭篷备茶。300多名昆明政要、社会名流出席典礼，乘车往返于十多公里的土路上——云南现代汽车运输的序幕就此开启。

○最早的公交线路和“万国牌”公共汽车

昆明——碧鸡关公路修通后，仅官府有几辆轿车，大官可乘汽车上路，平民还得乘马车之类。1929年，昆碧公路延伸到安宁，云南省公路管理总局从越南购入福特牌1.5吨汽车8辆，成立汽车营业管理处，经营市郊运输和昆明到安宁段客货运输业务，云南汽车客货运输从此迈出了第一步。同一年，昆明商人也购买福特牌1.5吨载货车12辆，开办“通运汽车行”，加入通车路段运输，一时营业兴旺。后来不少工商业者纷纷仿效，集资购置汽车，建立车行，投入运营。

1932年，当时的云南省建设厅汽车营业总管理处开办从西站到安宁间的客运，昆明近代公共交通从此起步。

1934年1月，第一辆黄包车进城25年之后，昆明市区开通了专门载人的公共汽车，但因金碧路、三市街街道太窄，不久就停止营运了。

1937年，昆明市区又出现了公共汽车。据老人回忆，这一年成立的云南运输公司，购进废旧卡车百余辆，经改装修配，行驶长途，承运客货，其中一部分改装为公共汽车，行驶市区。这些“老爷车”多半是美国车，也有德国车，有人称之为“万国牌”。这些改装公交车最多能坐20人，只有一道车门供乘客上下，投入市内运营后，“弊端重重，中饱实多。尤以公共汽车表面营业兴盛，实则乘客强半为军人、地痞、小官吏，均不购买车票，人称为坐霸王车者，几至不能维持，欲停难停”（《昆明市志长编》），如此而已。

抗日战争时期昆明街头拥挤的万国牌公共汽车

万国牌公共汽车

抗日战争时期昆明的长途客车

1940年，正是抗日战争之时，日寇飞机对昆明狂轰滥炸，为疏散市民、方便市内交通，当局成立了公共汽车营业处，征雇8辆旧车开行5条公共汽车线路，全部起于近日公园，分别开到郊区的杨家村、大观楼、海源寺、金殿、梨源村等地。同时备大货车数辆，出租给市民疏散搬家用。因为日寇封锁，汽油奇缺，1942年，昆明公共汽车股份公司从仰光购来20辆K6万国汽车改装成木炭车，开行东站至西站、穿心鼓楼到篆塘两条市区线路，但不到两年就因亏损停业。

这段时间昆明公共汽车运营状况，西南联大教授、语言学家王力深有体会。当时因躲避日机轰炸，迁居乡下，王力每个星期都要坐几次公共汽车，在市中心的近日楼和北郊的龙头村之间奔波，当时车少，候车耗时，让人等得“月断天涯”“望穿秋水”，除“等”之外，当时公共车的另一个特点是“乱”。王力对此也有描述：“抢和乱是中国全社会的情形，公共汽车的卖票只是全社会的一个缩影”，“有些特种人往往不先买票，就从车窗爬了进去”，“没有能力爬窗子的人们就从汽车门口蜂拥而上，弄得乘客没法子下车”（余斌《西南联大·昆明记忆》）——还是早先开通公共汽车时的一派乱象。

至于昆明市内公共车的票价，另一位西南联大教授吴宓在日记中也有记录。1942年12月11日晚七时，吴宓先生到南屏街看电影后，由近日楼乘公共汽车到西站，两个人花了10块钱。在当时这10块钱可以买5个破酥包子（见余斌《西南联大·昆明记忆》），并不便宜。

1945年，抗战胜利之后，驻昆美军撤走时把10辆美制K6万国汽车赠送给当局，当局将其改装为公共汽车，开通环城马路公共汽车线路。后来又增开从市区到黑林铺的公共汽车。到1948年，昆明市内开通了三路公共车，市郊开通八路，另有七条长途线路。但市区公交线路成本高，“无票乘客”多，造成很大的亏损，到1948年2月就停运了。当时物价飞涨，民生困难，1949年7月，云南运输股份有限公司员工生活维持委员会又试办市区公共交通，恢复市区公交线路。但这样一来，又抢了黄包车的生意，人力车公会强烈要求限制公共汽车行驶时间，迫于种种压力，市内公交车恢复仅一个月，又再次停止营运。

20世纪50年代后，仍有21辆“万国牌”公共车行走在昆明市内，因为汽油缺乏，又改造成木炭车运行，直到1957年前后，才退出昆明街头。

桥梁交通

水是城市的灵魂，给城市以灵气。昆明有幸，不但有“母亲河”盘龙江，还有“母亲湖”滇池，不但满足了昆明人的生存需要，还为昆明人提供了交通之便。

古地质年代的滇池很大，面积是如今滇池的三四倍，差不多整个昆明坝子都泡在湖底。由于地壳不断上升、河水冲积泥沙和近800年的“围海造田”，滇池湖水迅速后退，今昆明城区和附近农村土地大量露出水面，四周河溪水道不断延长，在低洼处形成不少湖沼、池塘、河沟，形成了昆明河网的大格局。

有河必有桥。清代昆明远郊还靠溜索过河。据清嘉庆年间师范所纂《滇系》记载，当时滇池出水河下游的普渡河因为“岩险水汹，不可舟楫”，当地居民“以藤絙缚于两岸树上，絙上架一木筒，渡者以绳缚身，系于筒上，两手揎筒，缘藤溜而过。所谓‘渡索寻橦’是也，俗名溜筒”。不过，在昆明城外和近郊的河网上，早就建起了一座座石桥。清雍正年间，云南水利

粮储道官员黄士杰编纂了一本《云南府城六河图说》。从书中地图上可以看出，整个昆明坝子就是一个河网之地，在六十多条河沟上，可以找到五十多座有名可查的桥梁，另有十多座无名桥。这些“有名桥”是溥润桥、云津桥、双龙桥、龙川桥、香条河桥、七星桥、地藏寺桥、杨家桥、土桥、永丰桥、大石桥、放马桥、五马桥、老崔桥、广济桥、广桂桥、宝象桥、香条村桥、银锭桥、双桥、打鱼桥、海门桥、霖雨桥、普惠桥、迎仙桥、翰林桥、望仙桥、双凤桥、三空桥、厂桥、吴井桥、迎龙桥、三节桥、凤凰桥、鸡鸣桥、吴西桥、大桥、小桥、小石桥、海源桥、永安桥、童子桥、西济桥、许家桥、迎龙桥、新桥、金川桥、桂香桥、柿花桥、裕丰桥、接迎桥等。

这些桥梁不但是昆明城内外交通要道，还承载着千年昆明建城史，如同一部凝固的史册，让我们去解读。

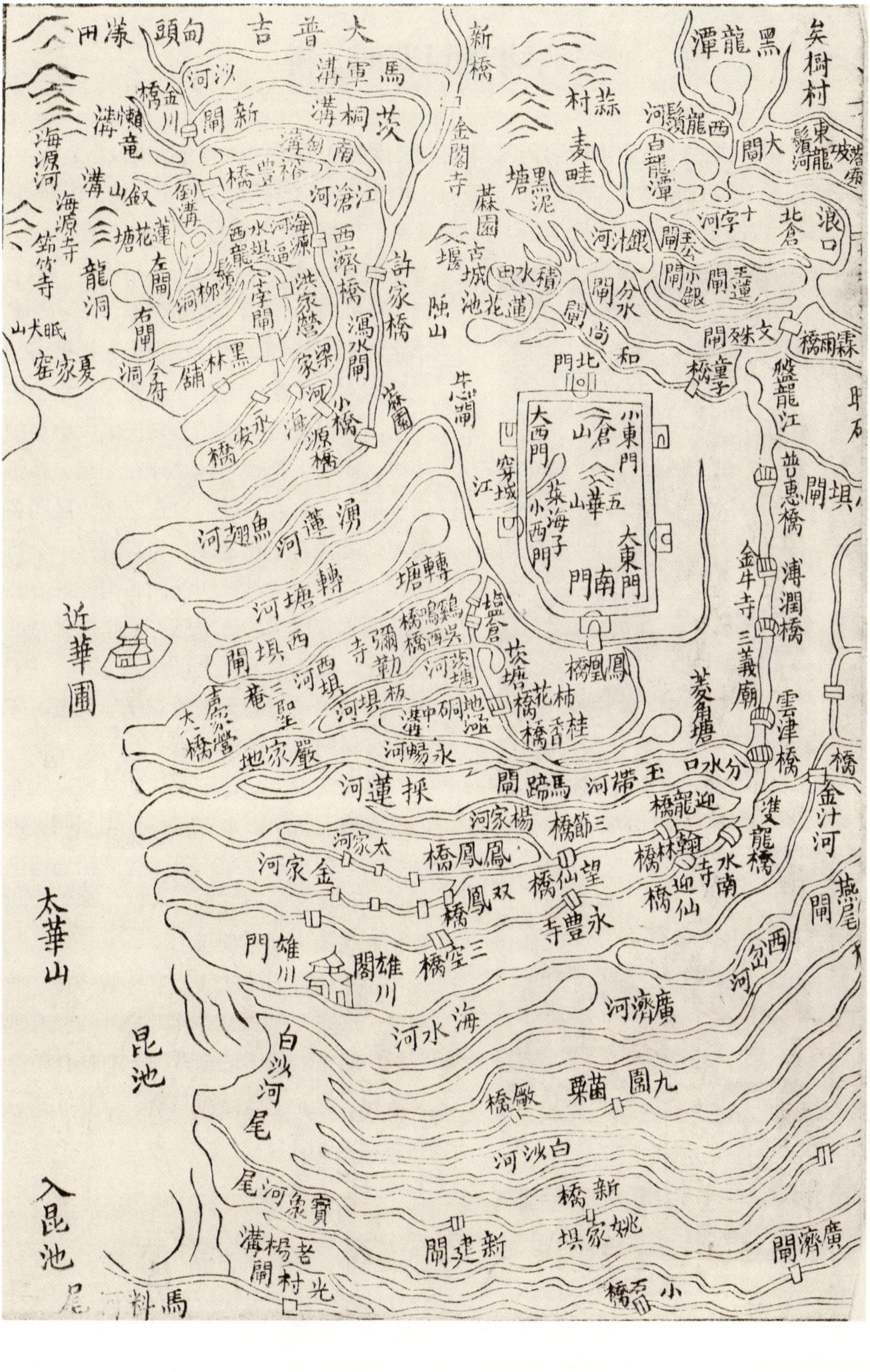
大普吉
黑龍潭
新橋
金閣寺
馬軍溝
苂桐溝
新閘
海源河
海源寺
龍洞
許家橋
瀉水閘
西壩
大東門
小東門
南門
大西門
小西門
北門
五華山
翠海子
穿城江
金牛寺
普惠橋
溥潤橋
三義廟
雲津橋
金汁河
盤龍江
近華圃
太華山
昆池
入昆池
白沙河尾
白沙河
廣濟河
海水河
雄川閣
永豐寺
望仙橋
三節橋
楊家河
采蓮河
馬蹄閘
玉帶河
分水口
永暢河
鳳凰橋
九圃栗
新建閘
姚家壩
光村閘
廣濟閘
寶象河尾
馬料河尾

○早年的昆明河、桥

据民国初期的《昆明市志》所记，当时仅昆明城内外的河流就有盘龙江、金汁河、银汁河、采莲河、宝象河、护城河、玉带河、永畅河、凑（臭）水河、丰家沟、板坝河、永昌河、西坝河、老篆塘河、涌莲河、大观河、鱼翅河、中沟、龙须河、摆渡沟、绿水河、梁家河、杨清河、小坝河、明通河、杨家河、清水河、大清河、广南卫沟、小金汁河、杨妈妈河、小坝河、枧槽河、一瓦水沟、牛吃水沟等。这些大大小小的河流、沟渠把昆明坝子分割成大大小小的地块，而为了把这些地块连在一起，桥梁就少不了。有人估计，自古至今，昆明各类河沟之桥有千座之多，简直就是一个桥之城。这些桥跨越昆明河网，沟通四方往来，凝聚着厚重的历史感，汇集成独特的桥文化，成为昆明一大景观。

昆明南郊的柿花桥

早年大观河上的"高架桥"，以利木船通过

据民国《新纂云南通志·地理考》等记载，昆明城东的桥不少：

大东门内有始建于明代的县桥；大东门外有溥润桥，旧名至正桥，民间叫火链桥、大东门桥；大东门外半里的明通河上有焦三桥，就是今天的交三桥；还有广惠桥，后来改名叫福德桥。

小东门外有永清桥，又称敷泽桥、敷润桥；城东二里地藏寺后的金汁河上有地藏桥；城东二里多的金汁河上有桂林桥，又名相公堤，上面建有魁楼，即状元楼；城东三里许有打鱼桥；城东三十里的驿道上还有座丰乐桥。

再看城东南：盘龙江上有大名鼎鼎的云津桥，原名大德桥、得胜桥；云津桥旁有云津小桥；云津桥西有通济桥，又称

早年银汁河上的木板桥

昆明近郊的石拱桥

奏功桥；还有太平桥，古名剩砖桥，传说为蜀汉诸葛亮所建；太平桥西200步有小桥；护城河上有白鹤桥，是双孔石拱桥，今称护国桥；城东南30里有明成化年间修建的老崔桥。

昆明城南的桥最多：南门外教场附近有珠市桥，桥上有珠宝玉器市场；有凤凰桥，传为诸葛亮所建，位于从护城河到盘龙江的支流上；这边还有一座吴西桥；东寺街玉带河上有土桥，后改名为东石桥，因落成于八月桂花香时，又称桂香桥，为明代总兵邓子龙所建，清初通行不便，俗称堵桥，后以谐音称为土桥；这里的玉带河上还有明月桥，建于明代，为三孔石礅平桥，每孔都用三块石板做路面，俗称三板桥；西寺巷有版坝河桥，又称望安桥，建于明万历年间；书林街有瞻化桥；书林街南有玉带桥，始建于清代，俗称老母猪桥；玉带河上有柿花桥，建于明代，原称赐官桥，后称柿关桥，清末再改柿花桥；螺蛳湾有引凤桥，原名新桥，也建于明万历年间；螺蛳湾旁盘龙江上有双龙桥，早年桥东有白龙庙，桥西有黄龙庙，还有座双龙寺，此桥两侧又各雕一条石龙，就非叫“双龙桥”不可了；马家营杨家河上有银安桥，俗名圆匡桥；城南3里还有吴井桥，以井得名，桥上建有木坊；明通河上有前卫营桥，还有解家桥；城南5里的盘龙江上有迎仙桥；城南10里有秧鸡桥；城南10里永畅河上有永胜桥；南坝有翰林桥；城南10里盘龙江上有马房桥；春登里有新济桥；宝象河上有万宝桥；城南还有严家桥；玉带河支流永昌河上有马蹄桥，建于明万历年间。

城西南顺城街有鸣远桥，建于明代，桥上有烧珠饰品市场，又叫烧珠桥、顺城街桥；玉带河上有小泽口桥，又叫鸡鸣桥；鸡鸣桥西有三节桥，后改名靖国桥；西南一里有望仙桥，在南坝；附近还有座马洒营桥；小西门外半里有假溪桥；有石桥，又叫月明桥；海源河上有梁家桥；栗家洼有新石桥；赵家堆后有枋桥；还有土堆石桥；黑林铺附近有西板桥，又叫牛心桥；鱼翅河上有明家桥，在城西10里；鱼翅河陈家竹园前有青云桥。

城西菜海子（今翠湖）边有一座永清桥；出城有潘家湾桥；高峣有金锁桥，相传为诸葛亮所建；这个方向还有座济川桥；左龙须河上有 4 座桥，距城 6 里有 3 座，距城 7 里有一座，不知其名；城西 7 里有红桥；城西 9 里有永安桥，有兴隆桥。

最后看城东北，城北 10 里的罗丈村有霖雨桥，位于盘龙江上，是昆明官民到黑龙潭求雨必经之桥；城北陈家营有永安桥；城北 20 里有大波村桥；城北 20 里的沙靠村有白沙河桥；城北 40 里的邵甸盘龙江上有小河石桥；城东北 20 里的鸣凤山下有迎仙桥，明万历年间云南巡抚陈用宾建；城东北 20 里的松花山有永济桥，锁盘龙江上游。

○龙川桥：盘龙江第一桥

早年松华闸下的龙川桥

如今松华坝下的龙川桥

元代初期，云南平章政事赛典赤大兴水利，在中庆城（今昆明）东北的盘龙江中筑起分水坝，把江水分流到新开浚的金汁河，以利泄洪和灌溉。赛典赤还在分水坝前修筑了一座石桥，此桥现今在现代松华坝水库大坝前，被称为“盘龙江第一桥”，迄今已有 700 多年历史。

这是一座三孔石拱桥，最后一次重修于光绪十九年（1893 年），桥长 45 米，桥面宽 10.3 米，中孔高 5 米，其他两孔各高 3.2 米，桥身用长方形黄砂石砌成，桥面两侧有石条护栏，因年代久远，早就残存无几，如今已修葺一新。上游分水坝引水而来，汛期东侧金汁河涨水，河水漫过坝顶，跌入盘龙江中，如滚龙直泻，于是坝称滚龙坝，坝上还有座龙王庙。来水被三孔石桥分为三路，奔流而下，犹如一个“川”字——前有滚龙坝、龙王庙，后有“川”字流，此桥便有了“龙川桥”之称。

有资料说，龙川桥的主要功能是分盘龙江水入金汁河，既可灌溉农田，又可削减洪峰。始建于元代的松华坝确实是一个系统工程：滚龙坝西侧有盘龙江闸墩和闸门，东侧金汁河上有锁水桥，桥下有水闸，滚龙坝自身东高西低，呈斜坡状，金汁河水涨时可以“滚”入盘龙江，而从滚龙坝到龙川桥的盘龙江和金汁河之间还另有排洪闸——分流、泄洪设施齐备。从水利系统工程的角度观察，龙川桥更像一座施工、维修的交通配套工程，所谓“阻水”“分水”功能，并不明显。

据考证，早年龙川桥旁的金汁河上，还并排建有一座接迎桥。早年上坝村建有围墙，前后有寨门，还有两座阁楼，其中一座就建在龙川桥头。村里人去昆明要先出寨门，过龙川桥，再过接迎桥。遇到时局不安宁，村里还要派人驻守阁楼，以策安全——可见，龙川桥的主要作用还是交通，同时又是松华坝的配套工程，一旦发生水灾，龙川桥和接迎桥也是抢险救急的重要通道。

○通济桥：悲情之桥

通济桥在今得胜桥西边的书林街口，当年这里有一条从盘龙江分水到护城河的大沟，通济桥就架在这条大沟上。明代景泰年间《云南图经志书》说此桥立有牌坊，与金马、碧鸡二坊相对而立。清代初期，这座通济桥还在，又叫奏功桥，但大沟已干涸。后来通济桥被拆除，但元末在桥上发生的一段悲情故事，却把通济桥永远留在昆明史册之中。

早年昆明书画家赵鹤清所绘祭祀元代阿盖公主的柳坝阿姑庙

元末镇守云南的是梁王把匝剌，此人在云南霸占民地，放牧良田，糟蹋庄稼，私吞盐矿，天怨人怒，丧尽人心。明玉珍红巾军大将万胜率部攻入云南，梁王望风而逃。红巾军进入昆明，城中士民冒雨争降，官吏叩头请罪。梁王束手无策，只得求助于世代割据滇西的大理总管段功。段功，设计赶走红巾军，梁王才得以重返昆明。把匝剌为拉拢段功，不但让段功升任平章（省长），还把女儿阿盖公主嫁给他。但把匝剌又怀疑段功有二心，暗中逼阿盖用孔雀胆毒死段功。阿盖念夫妻情深，不肯受命。梁王又另设圈套，借口在城外常乐寺（即东寺，在今东寺塔附近）讲经敬佛，请段功来参加，却暗中在城南通济桥埋下伏兵。段功路过通济桥时，坐骑受惊奔逃，梁王伏兵四起，段功被杀。阿盖闻信，赋《悲愤诗》（又称《吐噜歌》）一首，绝食而死。其诗云：

吾家住在雁门深，一片闲云到滇海。
心悬明月照青天，青天不语今三载。
黄蒿历乱苍山秋，误我一生踏里彩。
吐噜吐噜段阿奴，施宗施秀同奴歹。
云片波潾不见人，押不芦花颜色改。
肉屏独坐细思量，西山铁立风潇洒。

阿盖此诗很有特点，汉语、蒙古语和白语夹杂在一起："阿奴"称其丈夫段功；"吐噜"意思是"可惜也"；"押不芦花"相传是一种生长在北方的有起死回生作用的草；"肉屏"是骆驼背，借指骆驼；"铁立"是松林。

昆明南郊柳坝村旧时建有阿姑庙，以祭祀阿盖公主。抗日战争时期，郭沫若曾以这段历史为基础，于 1942 年创作了话剧《孔雀胆》，剧分 4 幕，其中两幕的背景都是通济桥。《孔雀胆》曾风靡半个中国，此后半个多世纪，又被移植为其他戏剧，多次搬上舞台，引起轰动，其中都少不了早已消逝的通济桥身影。

○鸡鸣桥：悲剧之桥

一说这关楼旁就是鸡鸣桥

昆明城中金碧路西段有座鸡鸣桥，始建于明天顺年间（1457 ~ 1464 年），桥跨南门外玉带河上，原名小泽口桥。鸡鸣桥为单孔青石拱桥，长近 8 米，宽约 7 米，为西坝进入昆明城的要道，早年桥头砌有土楼和牌坊，既是界楼，又是关卡。如今鸡鸣桥北段已改为暗河，河上筑路，称沿河路。20 世纪 90 年代，金碧路拓宽，旧桥改建为水泥桥，桥长如故，而桥宽增至40米，街桥一体，但行其上，唯见坦途大道，已经没有桥的感觉了。

至于鸡鸣桥得名，传说不少。一说此桥竣工时，桥旁农家雄鸡打鸣，因而得名；又据老昆明传说，早先有一对彝族恋人在林中约会，魔王害死小伙子，又紧追姑娘，姑娘拼命逃到此桥附近，正好听见雄鸡长鸣，魔王不敢再追，姑娘得救之后，抱着雄鸡来到遇害小伙子的身边，雄鸡一叫，小伙子复活，两人终成佳眷，这座桥由此得名“鸡鸣桥”。还传说明末清初，南明永历帝朱由榔被吴三桂从缅甸抓回昆明，走到这座桥时听见鸡叫，永历帝知道已到昆明，日后凶多吉少，君臣相对痛哭，有侍从跳水而死，永历帝后来也被吴三桂勒死，昆明人称此桥为鸡鸣桥，以纪念这段历史悲剧。

○得胜桥：传奇之桥

昆明盘龙江上的得胜桥原来叫云津桥，为三孔石拱桥，始建于元代，桥成之时，恰逢朝廷改元大德（1297年），因而得名“大德桥”。大德桥正当昆明城乡、水陆交通要道，人烟密集，商业兴盛，市井繁荣，有“一桥横贯日之虹”的美誉。此前这里曾有座简易木桥，汛期一来就被冲毁，到了旱季又得重建，年年如此，百姓不便，经常从这里出入昆明城的元梁王也深感不便，于是痛下决心，集资修建三孔石礅新桥，桥上建起木阁，两侧有木栏，宽二丈七尺，长十丈有余，有“百代奇功”“一方伟观”之誉（元孙大亨《建大德桥碑记》）。

大德桥建成之后百年之间，战火不断。明代土官杨苴聚众20万进攻昆明，武定彝族两次起事，沙定洲攻昆明、捣沐府，大德桥一再受战火破坏，又一再修葺复原，可谓屡毁屡建。明代几经重修后，改名为云津桥，意思是此桥“当云南之要津”（清雍正《云南通志》）。还有一种说法是因为桥建在云津堤上，所以命名“云津”——两种说法都有一定的道理。

得胜桥原名大德桥，始建于元代的大德年间

清代云津桥上的战火烧得格外猛烈。康熙皇帝平定吴三桂叛乱，吴三桂的孙子吴世璠困守昆明城。清将赵良栋带领2000多人猛攻云津桥。他见桥头敌人“炮台甚密”，白天进攻“所伤必多”，就在南坝两岸设下伏兵，在营壕墙外、墙上架满火药枪、子母炮。天黑方定，赵良栋全身披挂，持大刀督阵，率军攻桥。吴军全力死拼，守将郭壮图也亲自督战，三次攻进官军壕墙，赵良栋伏兵四起，从上游杀来，一时“枪炮雨下”，吴军败走。赵良栋趁胜夺取云津桥，追到三市街，再次大败吴军（清嘉庆《滇系》），终于在天亮前为破城扫清了外围。战事如此激烈，云津桥所受浩劫，也就可想而知了。清道光八年（1828 年），清政府又重修此桥，改称得胜桥，大概就是为了纪念赵良栋在此大胜吴军吧。

修复后的得胜桥上加盖了瓦屋，周围有夜市，彻夜灯烛辉煌，民间称为云津夜市（清道光《云南通志》），是清代昆明八景之一。可惜好景不长，清咸丰、同治年间，杜文秀大军进逼昆明，得胜桥又成了战场。据清代《滇南杂记》之说，杜文秀军乘夜从这里撤退时，在得胜桥近旁大街上插遍战旗。第二天早上，清将何自清才知道杜军已撤退，但仍然佯为不知，照样发动猛攻，并率先登墙，冲上得胜桥，大喊“杀贼”。而桥上早已无一兵一卒。就这样，何自清获得英勇作战的虚名，得代理提督之职。几番战火蹂躏之后，得胜桥的商业一蹶不振，昆明的商业中心转移到城内的马市口、正义路一带。

20 世纪初，滇越铁路通车，终点火车站就在得胜桥旁，当局自请开放商埠，又选中得胜桥旁边的金碧路、拓东路一带，而以得胜桥为中心。从此以后，得胜桥重又商旅云集，逐渐繁华起来。桥边的巡津街洋行林立，高鼻子的西洋人、矮个子的日本人、长辫子的“高等华人”频繁出入。广聚街则聚居了很多两广商人，土货、洋货、山货、假货，很是繁盛了一阵子。昆明人在石龙坝兴建中国第一座水电站时，机器设备经滇越铁路运到昆明，其中的重型设备就从德胜桥旁的云津渡装船下水，沿着盘龙江进入滇池，再从螳螂川运到石龙坝。抗战时期，得胜桥又成了火车站和京滇公路的要冲，人力车、马车、汽车、行人都有往来，经常造成交通堵塞，每天中午以后都“过桥难”。

民国时期的得胜桥没有经历过战火，但也有几件“战事”值得一提：

1915 年云南护国军出动讨伐复辟称帝的袁世凯，1937 年滇军出征挽救民族于危亡之际，这两次历史性的大出兵，都从得胜桥上通过，以激励士气。

1935 年中央红军长征过云南，横扫嵩明、杨林，直逼昆明。龙云急忙四处调兵守城，在城外四周筑碉堡据守，得胜桥也是一个重要据点。不料红军虚晃一枪，掉头北上，从禄劝皎平渡过金沙江，往四川去了。

1949 年 12 月，卢汉在昆明宣布起义，国民党军第二十六军、第八军进攻昆明，一直打到状元楼外，得胜桥也重重设防，准备血战一场。战火逼近，解放军从贵州、广西疾驰来援，敌军仓皇向南逃窜，得胜桥终于免遭一场劫难。

得胜桥于1985年重修，比原来宽了3倍。桥上车水马龙，近旁现代商业，又是一番繁华景象，往昔兴衰之事，早已无痕迹可寻了。如今的得胜桥是昆明盘龙、五华、官渡、西山四城区分界点，有“一桥连四区”之美誉。得胜桥成为新昆明城的交会点，是一个地理交会点，更是一个历史交会点。

○洪化桥：兴亡之桥

如今的洪化桥只作为一个地名保留下来

清初吴三桂称霸云南，占据五华山南明故宫而居，并在此大兴土木，在菜海子填湖兴建新王府，无不奢华，极其壮丽，地点在今翠湖以西。新王府大门前修筑了一座石桥，桥下是洗马河，又称穿城河，贯通菜海，注入小西门外的滇池草海湖湾。

清初吴三桂反清败死之后，清康熙十八年（1679年），其孙吴世璠于昆明称帝，年号洪化，其府改名洪化府，府前洗马河石桥也改名为洪化桥，翠湖则成了御花园。清军讨平吴乱，柳营一带原来都是吴家王府、皇宫的崇楼馆台，战事过后，荡然无存。此地名曰“洪化”，仍有吴氏痕迹，后改称承华圃，但洪化桥之名却得保留，后又成为桥前街名，今桥已不存，唯街道繁华，仍然被称为洪化桥。

○霖雨桥：神话之桥

昆明城北有个罗丈村，村边盘龙江上有座霖雨桥，这是一座三孔石拱桥，长约37米，宽约10米，高10米，全部用石条砌筑而成，桥两侧有砌石护栏，桥正中南侧有石雕龙头，用以吐泄桥上的积水，北面又砌有石雕龙尾，以求对称，桥墩迎水端砌成三角形，以减轻水流冲击。霖雨桥造型古朴、孔拱匀称，是昆明古桥建筑的佳作。有资料说霖雨桥始建于明代，其所在的盘龙江中游历来是军民屯垦之地，清代仍设有军队粮仓。明、清两代，滇东官民出入省城，必经此桥。

对于老昆明人来说，霖雨桥还有特殊的意义。清嘉庆四年（1799年），当局重修霖雨桥，主事的云南巡抚彭龄留下了一块《复修霖雨桥记》碑，如今碑已不存，

早年的霖雨桥

今日霖雨桥旧貌仍在

幸而碑文留在清代的《昆明县志》中。彭龄说滇中高原山地多，农民饱受春旱之苦，每次遭遇旱灾，官府大员都要到龙泉观（今黑龙潭）祭龙求雨，霖雨桥就是必经之地。据说过此桥求雨，有求则必应，所以把这座桥叫霖雨桥。

昆明坊间传说，距霖雨桥十多里的黑龙潭是云南总龙王潜藏之地，各地龙王都归它统管，因此又是云贵总督求雨之所。清道光年间，林则徐任云贵总督时，遇上昆明大旱，亲自前往黑龙潭求雨。林则徐进了黑龙庙，不烧香，不点烛，对着黑龙塑像大喝道："黑龙听着，你是云南龙王，管一方之龙；我是云贵总督，是百姓父母。都必须为黎民造福。今久旱不雨，大地龟裂，庄稼枯槁，百姓饥馑，谁能忍心？且听我号令：三天之内，马上布雨，若有违抗，我一定要毁你龙宫，填你龙潭！"说完，林则徐就上轿回府。哪知起轿之时，轿前骄阳似火，轿后却乌云翻滚。登上盘龙江石桥，更是雷雨交加，大雨倾盆。轿前的抬夫还在暴晒之下，大汗淋漓，轿后的抬夫却暴雨浇头，全身湿透。众人称奇不已，称此桥为"霖雨桥"，有"久旱逢甘霖"的意思。林则徐回到城中，内外田地均已浇透，此后连日降雨不止，昆明旱象得以解除。后来林则徐再游黑龙潭，还留下诗句：

玉鉴悬秋欲采风，郊原联辔访龙宫。

松杉过雨垂髯碧，鱼鲔跳波弄眼红。

这个传说还另有版本，主人公换成了清咸丰年间的云贵总督岑毓英，说他从京城来云南上任时，途中与一道士同行，对他多有照顾，分手时道士说："以后若遇难事，可相见于黑龙潭。"后来云南大旱，岑毓英准备到黑龙潭祈雨，才知道那道士是云南龙王，黑龙潭就是它的常驻之地。岑毓英赶到黑龙潭，祷告祈求一番，回府时果然大雨如注，轿前烈日高照，轿后大雨瓢泼，走在轿前的人要赶回去休息，走在轿后的人要停下来避雨，一路争吵不休。走到一座大石桥正中，岑毓英无奈，大喊一声："谢谢龙王，免送，免送！"大雨应声而停，只见前端桥面还被太阳晒得石头发烫；后端桥面已被雨水冲刷得一尘不染。石桥因干旱又逢大雨，得名霖雨桥。

如今霖雨桥已得整修，专供行人通过。而在桥北另建公路桥，供人、车通行，称新霖雨桥，两端大道也称霖雨路。原来的霖雨桥就成了“老霖雨桥”——各得其所，善哉善哉。

○敷润桥：米菜之桥

敷润桥位于昆明小东门外的盘龙江上，是一座三孔青石拱桥，桥面铺青石条板，两侧有铁制护栏。一说此桥始建于清初，因为小东门号称永清门，便以城门名作为桥名，称为永清桥。查明代景泰年间的《云南图经志书》，其中就说当时云南府城东有“永清”门，可见此桥也可能始建于明代。清康熙年间，小东门改称敷泽门，小东门外就是敷泽铺，此桥正当其中，于是改称敷泽桥。到了清末，此桥又被敷润街夹在当中，后以街名为桥名，再改称敷润桥。1969 年，敷润桥改建为钢筋混凝土桥，长 34 米，宽 7.7 米，桥上能过汽车，两侧有人行道，还有水泥洗石护栏。20 世纪 90 年代，敷润桥被拆除，另建一座便桥，沟通盘龙江两岸，也有人叫它敷润桥。

早年的敷润桥正当昆明东北郊、北郊进入市区的主要孔道，地处城乡接合部，是盘龙江进入市内的第一桥。敷润桥近旁是历代储粮要地，周边形成米市，明代建有大粮仓，后来成为粮食集散加工中心，称作“米厂心”。这里接近小菜园，菜农经常把蔬菜等农副产品挑来出售，滇池的小船也可以沿盘龙江北上，一直撑到敷润桥下，运来大量农产品和水产品，在这里形成规模不小的菜市。

敷润桥还和驿道对接，每天都有马帮到此，驮来木料、粮食、菜油、牛羊皮和各地土特产品，在猪集上街形成猪市，在猪集街的马厂形成牲畜交易市场。这时敷润桥上桥下，都成了市场。从早上到中午是菜市、牲畜市，下午则是药材市、古玩市和旧书市，其中以药材市场最红火。晚上敷润桥头又有人说评书、拉胡琴、放西洋镜、唱滇戏花灯、对调子，热闹异常。从早到晚，敷润桥上人群拥挤，熙熙攘攘，川流不息，桥旁店铺、摊贩云集，有茶馆、饭馆、米线馆、马店、客栈、木行、堆栈、饭店、粮店、土杂店、干果铺、马具店、铁匠铺、

早年敷润桥边的小集市

剃头铺等，还有杂货摊、小吃摊、蔬菜摊和水果摊，一直摆到敷润桥上，成为昆明城乡下里巴人的生活中心。有昆明小调唱道：

小伴昆明来赶街，敷润桥上聚拢来；
唱起调子初见面，姓名生根心上栽。

○护国桥：记功之桥

清宣统二年（1910 年），滇越铁路直通昆明，同一年昆明人在火车站一带自办商埠，两件大事都发生在昆明城南，致使这一带迅速繁荣，南城内外交通拥挤。到 1919 年，已经拥堵不堪，当局决定在老城东南方向开辟一座小南门（护国门），又在新城门前的护城河上新建了一座圆弧双孔石桥，桥面以大青石铺砌，长 23 米，宽 17.5 米，拱高 4 米，跨度大而桥面低，与两端路面平行相接，过渡平稳，行走方便安全。南北桥头雕有栏柱，桥体南孔两侧各嵌石雕龙头 9 个，北孔两侧各雕刻象头和云花 9 个，有云头、云尾、日月光华等形象。取意龙象呈祥，祥云缭绕。全桥两侧还立起高 1.2 米的铁栜护栏，与护国铁门呼应，中西合璧而古朴典雅。为纪念 1915 年云南发动的护国起义，这座新桥被命名为护国桥，同时开辟的小南门被命名为护国门，南城外同时新建的直街也被命名为护国街，成为当时昆明纪念护国战争的一组地标性建筑。

当年横跨护城河的护国桥

如今重见天日的护国桥

护国桥建成后，一直是昆明城市内外的重要交通孔道。1952 年实行旧城改造，拆除昆明城墙、填埋护城河，兴建西段东风东路，护国桥也被填埋。半个多世纪后，1999 年进行城市供电施工时，护国桥又被发掘出土，重见天日。2000 年按原状恢复重建，出现在今护国路中段与南屏街交会处，桥身两侧建了两个下沉式小广场，象征旧护城河。同时在护国路与南屏街交汇处立起护国运动纪念标，一旁安置有原护国门的三道铸铁大门，仍然是一组护国战争纪念建筑群，2003 年被公布为云南省重点文物保护单位。

在重建的护国桥拱穹顶上，如今还见得到一排刻字：“护国桥民国八年孟夏月建造”。

○交三桥：惨案之桥

交三桥在今北京路与人民东路交会处西侧，早先这里有一条明通河，和盘龙江并往南流，盘龙江上有始建于元代的溥润桥（元代称至正桥，民间称火链桥、大东门桥），为三孔石拱桥。有了这座桥，昆明人出城过盘龙江很容易，但再往前走，还横着一条明通河，河上无桥，非得摆渡不可，很不方便。后来有个叫焦三的人捐资在河上修了一座桥，昆明大得方便，称之为“焦三桥”。焦三桥建桥时间无考，早在明代天启年间的《滇志》上，就记载昆明城“东一里重关外”有座“焦三桥”，可见最晚到明代天启年间，这座桥就建成了。清康熙年间的《云南府志》和近代《新纂云南通志》还把这座桥称为“焦三桥”。此后才用谐音改名“交三桥”。但这个“焦三”何许人也？谁也没有说。

20世纪50年代以后，昆明城区明通河逐步被覆盖，埋在房下或街底，成了暗河，交三桥也随之消失了。但发生在抗日战争时期的“交三桥惨案”，却永远留在昆明现代史上，留在昆明人的记忆中。

1941年12月18日早晨，10架日本轰炸机从越南河内起飞，清早7点就飞到昆明。这时正是冬季，天刚破晓，警报才响，敌机已经临头，城中顿时大乱，市民纷纷涌出城“跑警报”。城东路窄人挤，交三桥成了咽喉要道，前面又被一辆军用卡车堵住，成千上万的昆明人被堵在桥前。敌机马上俯冲轰炸，又用机枪猛烈扫射，交三桥前后碎尸遍地，血流成河，血雾弥漫，残肉溅墙，断肠挂树，肢悬电杆，完全成了一个大屠场，被炸死伤者共五百多人。那时交三桥附近还是一片田野，不少昆明人趴在田间，捡得一命。据事后统计，仅此一日，日寇飞机在昆明交三桥、麻园、席子营、北沙河埂、吹箫巷和环城东路一带共投下23枚炸弹，炸死365人，统称“交三桥惨案”，震惊全国。

如今的交三桥只是昆明的一个地名

○油管桥：命脉之桥

油管桥是用抗日战争时期的这种输油管铺成的

昆明圆通山以北的小菜园有座三孔大桥，长48米，宽40米，钢筋混凝土结构，横跨盘龙江，连接环城北路，正式称呼为环北桥，民间称“油管桥”。

油管桥建于1945年抗日战争后期。当时中美两国抢建从印度到昆明的两条战略物资大通道：一条是“史迪威公路”，另一条是中印输油管道。这条管道，西起印度加尔各答，东到昆明金马寺油库，全长三千多公里。与此同时，昆明也在赶修一条军用公路，从东站经现在的环城东路、环城北路、学府路延伸到黑林铺，再经滇缅公路连接史迪威公路。因为军情紧迫，仅在城北盘龙江上架了一座木桥，桥旁有一户人家姓林，就叫林家桥。此后从印度、缅甸运输战略物资到昆明，不必再绕道城区就可以前往巫家坝机场，或者经过滇黔公路运到全国各地抗日前线。1948年，林家桥被压坏，当时中印输油管道已停止使用，就用拆下来的无缝钢管铺了座新桥，钢管直径达两米，很快就把新桥建起来了，昆明百姓管它叫“油管桥”。

油管桥建成后，成为盘龙江流经老城区的第一座桥。1967年，昆明大举整治盘龙江，油管桥被拆除，新建了一座钢筋混凝土结构的三孔平桥，被称为新桥，有新油管桥之意。后来此桥又进行了改造，1981年被命名为环北桥，但民间仍称油管桥，成了一个地名。

据记载，抗战时期，油管桥旁还有一个大型加油站，油管竖在地下，只要打开阀门，油就淌进5加仑大的油桶，然后再灌进汽车油箱。在如今的环北桥北侧有一座米轨铁路桥，是当年滇越铁路和滇缅铁路在昆明相接路段的组成部分。今天的铁路桥西还有昆明人的人生终点站——殡仪馆。

○忠字桥：激情之桥

屹立至今的忠字桥

20世纪60年代末，昆明人整治盘龙江时，在盘龙江南段一口气建起了6座拱桥，从北到南，各桥相距约一两公里，分布在小街、陈家营、张家庙、叶家村、严家村和梁家村等村边的盘龙江上。6座大桥都有一个共同特点：大桥两侧的桥栏都被分为若干格，每格装有十字形水泥架，正中或嵌一个“忠”字，或嵌一个向日葵图案，6座大桥都如此，都被称为“向日葵忠字桥”，简称“忠字桥”。

六桥建设之时，正逢“文化大革命”时期，桥上所嵌“忠”字，是表示“三忠于”（忠于毛主席、忠于毛泽东思想、忠于毛主席的革命路线），葵花图案表示“葵花向太阳”，人民群众心向红太阳，这还是当时“革命派”的徽记之一。与此同时，在与大桥相对的盘龙江东岸还嵌有“毛主席万岁”五个大字。

当年没有施工机械，在盘龙江上同时兴建6座大桥是一个不小的工程，参加建设的不但有沿河村子（当时叫生产队）的劳动力，还有城区机关、厂矿、学校的工人、干部、学生，全靠人挖人扛，肩挑手砌，经过前后近两年的义务劳动，6座江桥才得以完工。

这6座忠字桥规模不大，当初设计时仅以能通过拖拉机为标准，设计荷重小，承载能力低，结构已处于超期使用状态，后来大多进行了加固改造。小街忠字桥是6桥中规模最大的一座，桥长31.4米、宽约7.8米，桥两侧各有14个向日葵图案和6个忠字图案，被当地人称为“大桥”。原桥近年被拆，重建为钢筋混凝土桥，桥长45米、总宽30米，改名为“乘龙桥”。

六河源流圖

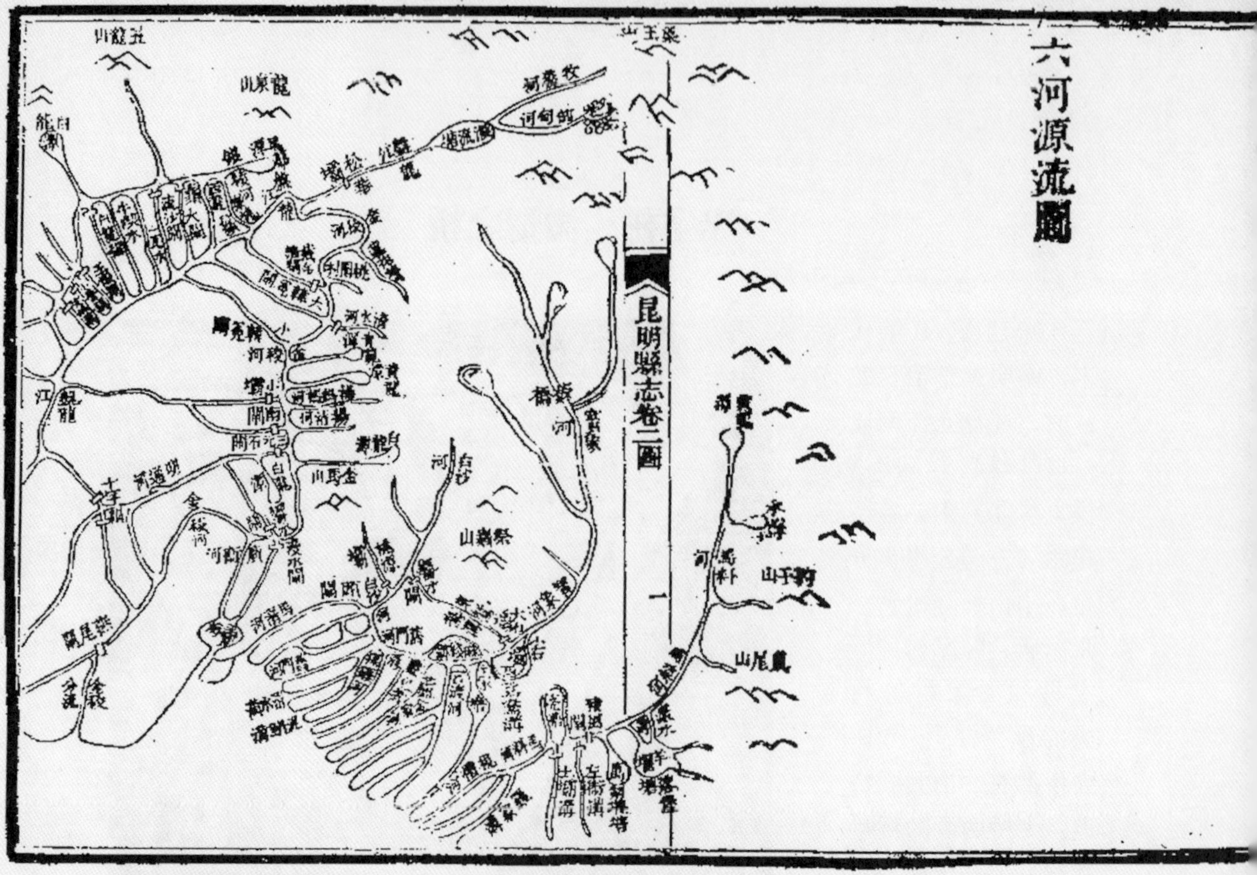

五龍山
龍泉山
牧羊河
梁王山
盤龍江
明通河
金馬山
白沙河
寶象河
馬料河
鳳尾山
昆明縣志卷二圖
一

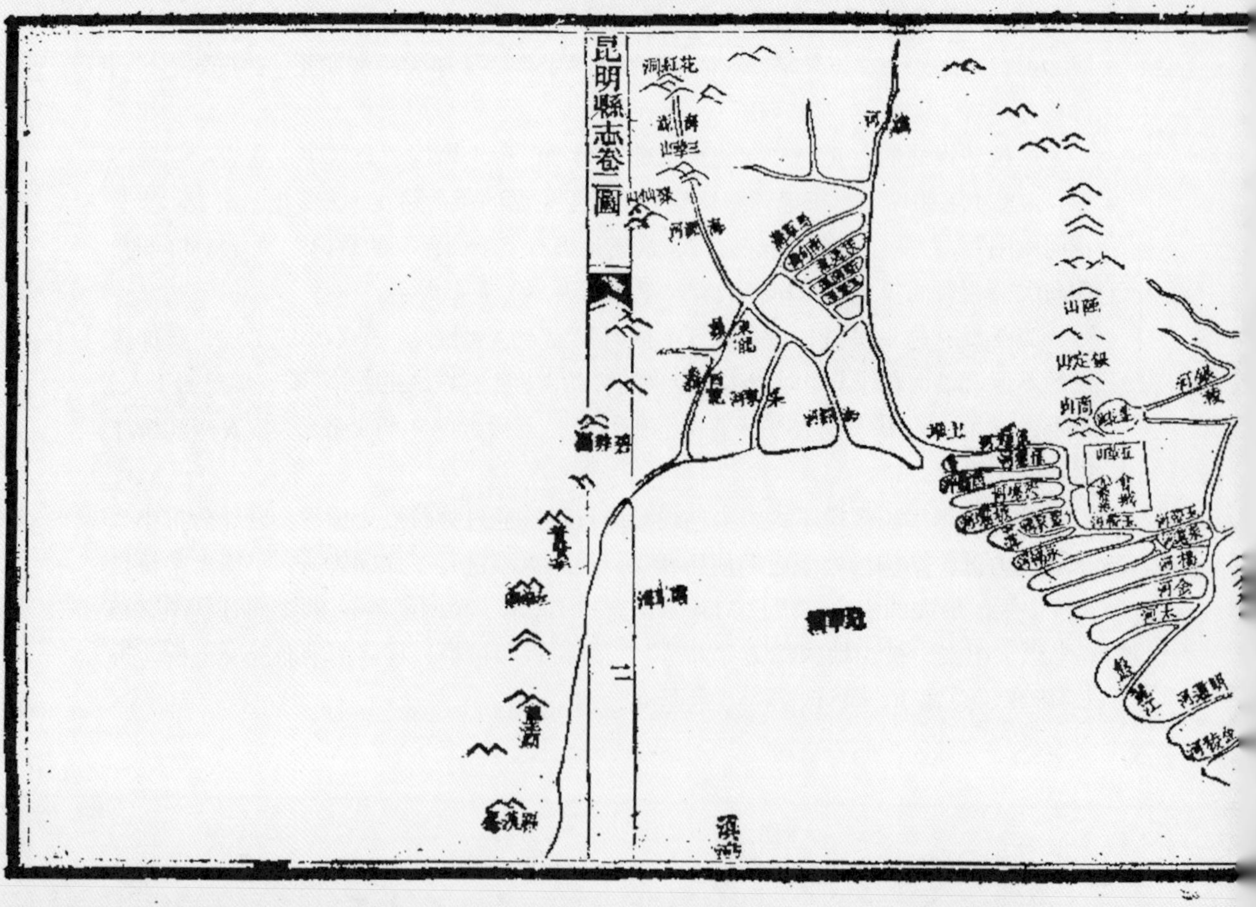

昆明縣志卷二圖
花紅洞
明通河
金稜河
二

水上交通

两千多年里，昆明的水上运输几乎就等于滇池运输。早在战国、西汉时期的滇国青铜器上，就有了船只和“羽人行舟”的形象。昆明四周山高道险，陆上交通困难，五百里滇池就成了一片坦途，船舶运输运量大，成本低，且更便捷，成为昆明城区与滇池沿岸的昆阳、呈贡、晋宁、海口等地大宗交通运输的首选。从滇南、滇西、滇东南和滇西南经驿道运到昆明的货物，尽管距昆明城仅剩两三天甚至一两天的路程，也多会到就近的滇池码头下货，转为船运，运进城内，以降低成本。

近代滇越铁路通车后，经铁路运来的许多货物，也会从呈贡下货，转由滇池水运送往湖周各地和滇西。这样一来，滇池的航运就不能不兴盛。尽管多次出现“湖难”“水盗”，但昆明人对滇池航运的兴趣仍然不减。直到现代环湖公路运输兴起，滇池上的“合子船”“加帮船”和“梭镖船”才渐渐消逝在水天一色的湖岸线上。

○滇池古航道和古渡口

滇池草海航线上的帆船

古老的昆明城西篆塘码头

经滇池运输到昆明的砖瓦

早在先秦的古滇国时期，五百里滇池上就出现了船只。后来出土的不少滇国青铜器上，都有“羽人行船”形象。唐宋两代，昆明成为南诏、大理国的“东都”，国王和官员从洱海边的“西都”前来昆明，多在碧鸡关下马登船，横渡滇池，从宝象河到蜗洞，经石虎关入城。为了保证官船的安全和方便，官府还大兴土木，在云水相连的“涡洞之乡”修建了设施齐备的渡口，由官府配置船舟和船夫，为来往官员及商旅渡运，称为官渡，今天昆明的官渡区即由此得名。

至于元代，昆明成为省会，云南政治、商业中心都转移到了昆明，滇池航运繁荣起来。城南的云津码头停靠了大量航船，元人王升在《滇池赋》中盛称；“千艘蚁聚于云津，万舶蜂屯于城垠，致川陆之百物，富昆明之众民。”在盘龙江云津码头旁的大德桥（今得胜桥）一带，沿街店肆林立，商业繁盛。据有关资料，早年除云津渡外，在滇池周边还有金沙渡、安江渡、高峣渡、昆阳渡等渡口。明代云津渡仍然是昆明近城的主要渡口，当时从滇池周边地区往来昆明城，多半要走水路，傍晚搭上帆船，天亮就可以到达云津桥，可以省去不少“负担之劳”。碧鸡关下又有高峣码头，为水陆交通会合之处，“滇西客货往来，均取道于此”。晋宁的安江码头也很热闹，从海口横渡滇池而来的客货都在此登岸，从滇南来的铜在此装船北上云南府城（明 唐尧官《晋宁州风土记》《游海宝山记》）。

明嘉靖年间，四川状元杨慎谪戍云南，久住高峣，经常曾乘船过滇池与友人交往。在杨慎的《晋宁观社将归留别诸君子》诗中，有“南北相过殊不远，绿波红屿更轻舟”之句，写的就是从晋宁（今晋城）安江码头到昆明的航线。当时嵩明太守罗果齐带着好酒，从府城（昆明）乘船横渡滇池，到高峣与杨慎相聚。杨慎欣喜之余，赋诗《席上漫兴重赠罗果齐》，诗中有“君侯载酒过春城”之句，以示感谢。

明末崇祯年间，徐霞客在昆明逗留期间也走过这两条滇池航道，并留下了较详细的记载。崇祯十一年（1638 年）六月，徐霞客游太华山，出了省城，向西南走 2 里（今西坝）上船，两岸都是平坦的田野。船行 10 里，穿过平田，又进入芦苇沼泽，行进在一片深绿之间，这里已经不是滇池河道，而是草海了。两侧深草旺盛，航道十分狭窄。再向西行 15 里，抵达高峣，这才下船登岸。明崇祯十一年（1638 年）十月初四下午，徐霞客到晋宁会友人，从南城外羊市（今近日公园南）南行 6 里，到南坝上渡船，傍晚才开船，遇上了西南风，船行 30 里后在海夹口停了下来。三更时（23 时）继续开船，清早抵达北圩口（今白鱼口），在“观音山之东南濒海处”。从这里又“挂帆东南行，二十里至安江村”，上岸后在安江饭馆梳洗、用餐，然后前往晋宁城。明代滇池周边码头不少，昆阳码头航运繁荣，附近的兴旺、储英两个滨湖村子多经营航船，被官府定为行船专业村——“专操船业以维持生计”。

明清两代，滇池渡口多达 81 处。清雍正年间，在昆明城东南一里的盘龙江上有一个古渡口，位于嵩山寺前，又叫嵩山古渡，大约在今天的螺蛳湾附近。清初云南府（辖今昆明一带）知府许宏勋曾为之题写了一块大匾，上书“登彼岸”三个大字。在城西 30 里的滇池彼岸有一个高峣渡，那里的船只可以到达昆明城西南的版坝河（清雍正《云南通志》）。官府在滇池东、西、南岸设立了河泊所，管理船只，征收海税。今滇池西岸还有河泊所村，就是那段历史的遗迹。

○运粮河、篆塘码头与吴周之亡

清初吴三桂在昆明屯集重兵，所需粮草大多经滇池运来。由于历代不断疏浚滇池出海口，滇池水位下降，草海退缩，原有河道干涸变窄，行船不便，粮草运送困难。清康熙十二年（1673 年），吴三桂重新开挖、疏浚从小西门外到近华浦的十多里旧河道，专为运送粮草入城之用，称“运粮河”。同时在距小西门一里处开水塘、筑码头，因为运粮船到此调头回转，称为“转塘”，后以谐音雅称“篆塘”。码头边则兴建仓库，后称为“仓储里”（在今庆丰街口，大观商业城南）。此后运粮船

“转塘”难转

桅满篆塘

通过大观河、运粮河进入昆明的帆船

生猪也用船只运进昆明城

可由滇池驶进运粮河，直抵篆塘，近旁有仓库，粮米入仓，十分便捷。一时官商客旅，摇桨而来，扬帆而去，汇聚篆塘，被称为昆明的“巨津大港”（《创建重建大观楼碑记》）。这时，由于滇池水面逐渐退缩，原来水运兴旺的云津码头距滇池越来越远，盘龙江上又架起不少便桥，船只行驶不便，此后由滇池进入昆明，多从草海进入篆塘，主要码头就从云津桥转移到篆塘港来了。

清康熙二十年（1681 年），吴三桂造反病死，清军乘胜杀进云南，四路合围其孙吴世璠于昆明城中。吴军虽穷途末路，仍负隅顽抗数月而不乏粮，吴三桂开凿的运粮河起了大作用。清军久攻不下，后来侦知内情，于是攻克近华浦，在滇池、运粮河中横置木筏，立起战楼，切断吴军粮道（清《滇系》），并顺藤摸瓜，在昆阳、宜良等处缴获吴军屯粮，经滇池运到前线，补充清军。后来的几个月里，昆明城中粮绝，以至饥民相食，饿殍载道，枯骨盈衢，人心思叛。清军争取内应，乘机攻城，终得大胜，吴周气数，至此尽矣。

到清末民初，因为滇池水位持续下降，古篆塘逐渐干涸，难以泊船，后被填平建房。1917 年另在大观河与玉带河交汇处兴建码头，后又动用工兵扩建，以适应滇池水运需要，称新篆塘。早年停靠这里的大小木船常常有数百只，“桅满篆塘”成为当时昆明一景。1957年，这个“新篆塘”也适应不了航运需要，又于其西790米处再建码头，这又是更新的新篆塘，原来的“新篆塘”就成了“老篆塘”。而今滇池环湖公路运输发达，水运基本停止，一“新”一“老”两个篆塘都变成公园的水池了。

○盘龙江的“江上运输”和“云津竞渡”

盘龙江是昆明城最大的一条河。它从小菜园南下，纵贯城东，经南坝流入滇池，又是最大的“入滇”河流。对于昆明人来说，盘龙江是一条饮水之河，一条灌溉之河，一条打鱼之河，还是一条航运之河。早年出入昆明的货物运输主要靠马帮驮运。从滇南、滇西驮运货物到昆明的马帮，为了方便和节省，大多不直接进城，到了滇池边就卸货装船，通过水运进城。最便捷的一条进城通道就是盘龙江。大小船只横渡滇池后，再沿盘龙江而上，到嵩山渡、云津渡卸货，再运到昆明城南、城西；小船还可以再往北走，直到溥润桥（大东门桥）、敷润桥卸货，把货运到昆明城东、城北。反过来，从昆明外运的货物，也可以通过盘龙江下滇池，运到高峣、晋宁、昆阳，再转由陆路的马帮运到滇西、滇西北、滇南、滇西南和滇东南。

滇池——盘龙江的运输船

早年盘龙江上木船穿梭往来，南城外的双龙桥、得胜桥，小东门外的敷润桥、大东门外的溥润桥，都停满了来往滇池的各种木船，运来滇池周围生产的粮食、水果、蔬菜和木石建材，还有来自滇南、滇西南、滇东南、滇西、滇西北的种种特产，甚至还有来自缅甸、泰国、老挝、越南等东南亚国家的“夷方货”。早期双龙桥附近的嵩山渡、得胜桥旁的云津渡，更成为商品贸易的中心。从元代到明清，“云津夜市”都是昆明一景。滇池的小船可以穿桥过河，把大量农产品和水产品运到昆明大东门外的溥润桥下。途中过桥洞时，只要放倒桅杆，就可以畅行无阻。溥润桥成为粮食集散加工中心，称作“米厂心”，还形成了菜市、猪市和马厂等大牲畜交易市场。直到20世纪中期，还有不少两头尖的“豆角船”满载蔬菜等来往盘龙江上，行到桥下，船夫用撑篙一点桥墩，拨正船身，穿桥而过，十分轻便。

清末昆明人修建石龙坝电厂，从德国西门子公司订购了发电机组，从滇越铁路

沿着盘龙江往返得胜桥的运草船

运到昆明得胜桥旁的火车站。当时的云南没有公路，更没有汽车，而水轮机、发电机和变压柜重达几十吨，都是钢铁庞然大物。昆明人组成了300人的运输队伍，把设备从火车上卸下，能拆就拆，化大为小，以便运输。小型机件就人背马驮，从陆路直达石龙坝。大型机件则从金碧路用滚木“滚运”到大观楼，再装上大船，进入滇池航线。中型机件“滚运”到得胜桥就装上小船，经盘龙江驶入滇池，与大船会合。这只史无前例的船队缓缓划行，一路逢桥拆桥，船过修复，在昆明人惊诧的眼光中进入滇池，直驶海口，在盘龙江、滇池水运史上留下了浓墨重彩的一笔。

盘龙江上能行船，也能赛船。清康熙年间的《云南府志》就记载，每到端阳节，昆明人“常为龙舟之戏”。到清代的嘉庆年间，每逢端午节，盘龙江上还有龙舟竞渡。船户们把船装饰成龙形，驶进盘龙江，两岸观者如堵，船上敲锣打鼓，化装歌唱，百舸争流，一直划到滇池，号称“云津竞渡”，民间称“划龙船”，成为清代昆明一景。清代昆明诗人朱绂有《竹枝词》曰：

两岸人声笑不休，满河箫鼓闹龙舟。

日斜画舫归何处，撑过西山古渡头。

后来为防止有人乘机“滋事”，“划龙船”被官府禁止。清道光年间《昆明县志》的作者戴䌹孙也曾听老人说，嘉庆年间，昆明人曾在盘龙江上赛龙舟，云津竞渡，鼓乐喧天，堪称太平盛事。

○滇池三大航线和长途“夜航”

昆明四围多山，驿道路险，人背马驮，耗时费力，又有土匪出没，安全难保，陆路如此，滇池水路的优越性就凸显出来了。早年滇池周边和滇南、滇东南、滇西、滇西南与昆明之间的客货运输，大半都要走滇池。据康熙《云南府志》记载，清初的滇池航运已有相当的规模，形成了东、西、南三条固定航线：

一、东线。从南坝入滇池，经晏公庙、近华浦，行60里到江尾村登岸可到呈贡；从江尾再行80里到石子河登岸，可到旧归化县（今马金铺一带）；从石子河行100里经安江村登岸可到晋宁州（今晋城）。

二、南线。从南坝河登船，经土坝、灰湾、大小鼓浪山、观音山、白鱼口等处，行120里到老塘咀登岸可到昆阳州（今晋宁区城）。

三、西线。由板坝河（今翠湖）下船入滇池，经篆塘、运粮河、近华浦行30里到高峣登岸，过碧鸡关可到安宁州（今安宁市）；也可以从西坝河登船进草海，行30里到高峣，再经山邑村行80里到海口。

早晨的大观河河道

早年的高峣码头

到清末民初，滇池长途航线仍然是昆明——昆阳、昆明——晋宁（今晋城）、昆明——呈贡等线，还有昆阳、晋宁（今晋城）、呈贡和海口之间的航线等。即便是滇越铁路通车以后，滇西和滇南的部分地区、滇西南和昆明之间的客货运输仍然要经过滇池航线进入昆明城。由于受到季风的影响，每到下午，滇池内海常常会有大风浪，影响行船安全。为避开大风浪，滇池长途航船会延迟到下午四五点以后开行，在湖上行走一夜，第二天早上才能到达目的地，往返要行船两天。短途航线主要从西门外篆塘到大观楼、草海、西山脚、高峣一带，多半是搭乘“耍海”人的客船。这些船不大，一般都在白天开行，上午10点左右出海，有时遇到逆风，行驶缓慢，往往要到天黑才能到达，不过沿途海景甚佳，正好“耍海”。

早年滇池航线来回都有生意可做，载客的自然有来有去，运货的也有来有往。据统计，在篆塘和高峣之间，运去的主要是洋货及日用品，运回来的有砖瓦、砂子和石灰等建筑材料；在昆明和海口、晋宁（今晋城）、昆阳之间，运去的主要是棉花、布匹和日用百货，运回来的主要是大米、杂粮、木柴、生铁等；在昆明和呈贡之间，运去的主要是日用百货，运来的主要是烧柴、水果等。滇西、滇南、滇东南各州县货物也会运到滇池岸边的码头装船下湖，运到昆明西门外篆塘上岸，再搬运到附近堆栈店中等待买主。如此运来的货物主要有大米、蚕豆、黄豆、食盐、生猪、烟、糖、茶叶、中药材、土布、木料、砂石、生铁、铅块和各种土特产品，返程则从昆明采办棉布、棉纱、匹头、日用杂货等回销原地，平均每天进出货物三百多吨，规模超过陆地运输，成为昆明和周边最重要的传统运输路线。抗日战争时期，中国军队和盟军也常常征用民船运输军需货物。

○行走滇池的“合子船”“加帮船”和“梭镖船”

大观河上可载四五个人的小渡船

这艘“巨无霸”子母船应该就是“合子船”了

早年在滇池和入滇河流从事运输、摆渡、捕鱼的木船很多，按往来地点不同可以分为十多种，有西门（篆塘）船、高峣船、西山船、土坝船、九甲船、灰（晖）湾船、昆阳船、晋宁船、海口船、呈贡船，还有盘龙江上和其他无固定起止地点的杂船等。按木船的结构又可以分为三大类：合子船、加帮船、梭镖船，这些船全靠撑篙、划桨、风帆行驶，从明代以来，已经沿袭了五百多年。

滇池木船多出自本地民间工匠之手，采用本地楸木、杉木和杂木制造而成。其中楸木既轻又耐腐，所制楸木船成为木船中的精品。

在这些木船中，最大的是“合子船”，其为帆船，中部形似长方盒子，因此叫“合子船”，是有数百年历史的经典大船。合子船长 20 米左右，宽 3 米多，载重可达 20 ~ 40 吨。“合子船”船型特殊，结构简单，底板、身板、挡浪板之间都为折角式连接，剖面呈五方形，俗称“五大方”。它的左右肋骨与舷甲板横托、站柱、脚梁各组成一道方形框架，以保证船体横向和竖向的强度，船侧垂直，首尾略翘，收拢为钝形，又有直桅软帆，稳定性高，抗风浪能力强，一般在昆明与呈贡、晋宁、昆阳、海口之间运送蔬菜、粮食、砖瓦沙石等大宗货物。“合子船”的船舱底层很大，货物多装在舱面上，乘客则坐在舱中，可以乘坐不少人。这样行船稳当，又便于装卸货物。有的合子船专门载客，可容纳百人左右，又叫“班船”或“大船”，算是滇池上的“长途”客运船。由于行船时间长，船老大还向乘客供应茶水、小吃，甚至还有供乘客抽大烟的烟床。但这种船不能也无法驶入进城的主河道，只能停泊在滇池边上。有的合子船专门在深水区捕鱼网虾，被叫作“虾船”。虾船特别能抗风浪，滇池湖上出现紧急情况，用来抢险的就是这类虾船。

在滇池航道边捞海菜的小渔船

比合子船小的有“加帮船”，因其舷侧顶板上多加一道帮得名，又因为船的中部搭有竹蓑篷被称为“大篷船”。加帮船长约 17 米，宽 2~3 米，首尾窄长而上翘，形似雀尾。底平而宽，剖面为梯形，有肋骨和几道隔舱板。此船自重轻，吃水浅，较为轻便灵活，载重 10 吨左右，可载客四五十人，跑的是“长线”。加帮船有桅杆，顺风时可升起船帆助航，但载客进入内海风险较大，搞不好就会发生“海难”，船家自己可以驶到外海打鱼，载客时一般只是穿过草海驶到西山脚下。

梭镖船形似加帮船，略窄小，因船形如梭得名。此船没有加帮和走板、甲板，为全敞开式，长 11 米左右，宽 1 米多，又窄又小，载重 2~3 吨，主要用于捕鱼及农副业运输，也可载客十多人，跑的是“短线”。小的梭镖船可以从进城河道驶到城里，可以放倒桅杆，顺着盘龙江，穿过双龙桥、得胜桥、敷润桥，一直到达圆通山脚下的米场心市场。

此外还有“双桨彩船”，船长 18 米，宽 2 米左右，全靠人力划桨行进，分布在大观楼、草海一带，以载客“耍海”为主，可以载着客人在草海边游览，但不能进入内海。有的双桨彩船还被用来在滇池近海和盘龙江、大观河上捕鱼捞虾。

滇池水运较为安全，但昆明冬春风大，木船行驶时遇到大风浪，也有翻沉的危险。早在明代的弘治年间，昆阳州同知（副州长）张升督运粮食到省城，就在滇池中遇到风浪，翻船而死。据说这位官员在位时有些政绩，还曾用家财帮助贫民缴纳官租。张升溺死后，昆阳士民十分哀痛，“如丧父母”（清雍正《云南通志》）。1938 年春，一条满载生猪的晋宁船夜航滇池，停泊湖中，不料群猪骚动，啃穿船底，以致木船漏水，最后翻沉。

据1924年统计，滇池上有木船700多艘，1937年有900多艘。抗战时期，大量内地工商企业、学校迁来昆明，人口猛增，流动性大，物资供应紧张，滇池航运更加繁忙。1940年在篆塘登记进港的运输木船就有794艘，1947年滇池大小船只达1325艘，其中大船175艘，全年客运量18万人次，货运量达560万吨/公里。到20世纪50年代初，滇池上各种民船仍有3859艘，其中专业运输船460艘。

○“水上人家”生成的“渔火”和“夜市”

在早年的篆塘河（今大观河）和滇池草海、内海中，每天木船往返，络绎不绝。渔民管驾船叫驶船，水浅则撑篙，水深则划桨，叫作“探船”，而顺风起帆，就叫“起船”了。因为“撑”与“沉”谐音，所以“撑船”是不能说的。不少渔民以船为家，靠水吃水，以“探船”为生，吃的是河里湖里的鱼虾、螺蛳、蚌壳、海菜，又打河水湖水淘米洗菜、烧水做饭、洗衣洗被，长年累月打鱼、吃住在船上，白天捕鱼、运输，风里雨里，生活、劳作十分清苦。晚上停泊在大小码头，早年昆明“官渡渔火”“大观渔火”和“云津夜市”等著名景致，都是“水上人家”的奇观。清康熙年间举人时亮工有《昆明竹枝词》写道：

蓼叶红时鱼更肥，日斜收网晒蓑衣。

孙儿拍手忙携去，三市街头换酒归。

直到1924年，昆明“船民住户”仍有465户（民国《昆明市志》）。这些渔民“一家老小住在船上。渔船一般比运输船小很多，船中间有一个微型的用竹棚支撑起来的船舱，两边完全敞开，这里同时可以是厨房、饭厅和会客厅以及家庭全体成员的卧房。由于生活空间非常狭小，船舱里一切收拾得井井有条，年代久远的舱板经过无数次的搽洗裸露出美丽的木纹”。天气好时，“所有船夫甚至一家老老少少全部出动……船夫们使用长长的竹竿，在船边狭窄的过道来来回回地忙碌着。他们到船头将竹竿插进淤泥般

作为渔民之家的加帮船

的河道里，然后使出最大的力气，弯腰呈45度，费力地走到船尾。然后抽出竹竿，走到前面再反复这个过程。在这期间，母亲操纵着巨大的木桨，女儿把握着木舵控制着平衡和方向”（戈叔亚《战时老昆明》）。

后来“水上人家”逐渐迁居到岸上，到20世纪50年代初，滇池沿岸有3783个船户，其中纯水户446户，半陆半水户五百多户，陆地户2836户。到如今，“滇池渔火”之景，只有让后人想象了。老昆明有儿歌唱道：

大鱼窝，小鱼窝，支鱼笼，盖渣草，第二天，再来找。

大鱼笼，小鱼笼，天亮了，揭渣草，大鲤鱼，关着了。

大鲤鱼，小鲤鱼，背街上，换纹银，买卷糖，带回家，喂老娘。

○滇池航线上的“海匪”和夜袭的“海盗”

20世纪二三十年代，由于军阀混战，时局混乱，土匪横行，滇池上也出现了“海匪”，对客货船进行抢劫，甚至伤害人命。昆明交通从“道路不靖”祸延“水路不靖”，滇池航运受到很大的打击。

草海夜航船只往往被“海匪”盯上

当年昆明《义声报》报道了一起“海匪”事件，标题赫然为：《从来未有之骇闻》。报道称，1923年1月10日，有轮船从昆阳开来省城，十多个匪徒假冒军人，自称出公差，混上轮船。船行至观音山，这伙人大肆搜抢，打死掌舵者，又重伤一人，轮船所载货物和乘客银钱全被搜抢一空，然后“换驾小舟，捆载而去”。经统计，此次遇匪，客货损失约在三千余元（《昆明掌故》）。

这桩劫财血案引起了当局的注意，滇池水上警察署决定向香港购买小火轮两艘，用来巡逻滇池，对付“海匪”。但“海匪”也转换方式，改对夜航的木船下手，驾驶着轻便帆船，乘黑逼近，登船抢劫，让警方防不胜防。

1931年1月7日，一艘昆阳大船满载洋纱货80余驮，并搭乘客人4名，午后5时从昆明篆塘驶出，于傍晚8时行驶到西山脚下的龙王庙前。突然驶来一艘木船，上有6人，每人携带大小枪各一支，大喊停船，并连放数枪，打烂船上甑子，幸未伤人。船家不得已停船，4人跳上船来，搜走乘客和船家购货款共510元，劫走洋纱数驮、杂货数驮，携赃驾船而去。船家只好驾船返转到大观楼报警，也别无他法。

1931 年 4 月 28 日，晋宁船户晚上从晋宁运杂货并搭船客 20 人到昆明。船行至夜间 2 时多钟，快要到西山脚下了，湖面上突然刮起暴风，把船吹到岸边，不能行驶。此时来了 4 个匪徒，撑着一只小船，迅速靠近，其中 3 人上了船，一个人还穿着灰色的军便衣。他们拿着铁斧、木棍、尖刀，大声喊叫："奉政府命令前来检查，并拿要犯。"匪徒把 22 个乘客赶出舱，以检查为名，抢走他们身上携带的钞票、大洋两千多元，还把他们身上的衣服脱去十多件，然后下小船向西山脚原路而逃——显然，当时滇池"海匪"打劫不是一两起，而且有散兵游勇为匪之嫌。

○滇池第一艘轮船的噩运

清光绪三十四年（1908 年），昆明商人获准兴办轮船公司，到 1912 年正式成立，叫滇济轮船公司，这时已经是民国元年了。滇济公司向法国订购了一艘客货两用轮船，在滇池开展客货运输。这是滇池上出现的第一艘轮船，以蒸汽机为动力，马力 25 匹，以明轮推动，时速 15 公里。

1913 年，此船经滇越铁路运到昆明，有上、中、下三层，中、上两层为客舱，分成房舱和普通舱，设客座 100 个，下层装运货物，载重十多吨，组装下水后，因为外形奇特，轰动一时。特别是它的左右舷各有一个巨大的明轮（推进轮），安装着形似水车叶片的辐条，蒸汽机一开动，巨轮转动前行，叶片拍击湖面，水花四溅，哗哗作响，虽然比木船快不了多少，声势却十分壮观，谓之"轮船"，名副其实。为了突出这个看点，这艘轮船被命名为"飞轮号"。

"飞轮号"主要跑昆明——昆阳航线，因为快捷、舒适、便宜，很受欢迎，一时生意红火。此后滇池上的客货轮船越来越多，滇济轮船公司在"飞轮号"外，又添了"飞鹰号"，镇海轮船公司推出了"镇海号"，还有昆玉轮船公司的"福海号"、昆湖轮船公司的"西山号"、谦益轮船公司的轮船以及拖轮"济海号"等。一时间，滇池湖面上出现了"多轮

轮船出事得靠这样的小船相救

竞渡”的局面。因为轮船经营成本高，难与木船竞争，于是出现了不顾安全，恶性竞争的局面。

旧时每年农历二、六、九月的十九日都有观音山庙会，大量昆明香客往来大多乘坐轮船。“飞轮号”专跑观音山，每天往返两次，人满为患，虽然获利不少，船主仍贪得无厌，一味超载，乘客落水事故时有发生，而天长日久，大祸就来了。

1920 年 8 月 3 日（农历六月十九日），飞轮号照例特辟航班，满载香客前往观音山，刚刚驶出大观楼就翻沉水中，据说有 99 人遇难、两百多人得救。按此计算，飞轮号此行共载客 300 多人，严重超载。此后滇济公司被勒令停业，观音山庙会也受牵连而被取缔，寺庙被改为学校。“飞轮号”打捞起来后，由官方以九折价回购。后经修复，几易其主，改名“福海轮”，仍然航行在滇池上。

到 1937 年，这艘 20 多年的“老轮”已经是年久失修，破旧不堪，“残病缠身”。3 月 22 日由昆阳开出时，福海轮（原飞轮号）又严重超载，船主为求利润，仍然一路搭客上人。福海轮行驶到“海心”处的“慌猫嘴”时，湖上风浪大作，船舱进水翻沉，140 多名乘客仅两人得救，其余全部遇难。船上所载 72 驮茶叶、杂货沉入湖底，银货损失超过 10 万元，成为滇池历史上最大的海难事故，被当时的媒体称为“本省最大惨剧”。

○本土设计制造的第一艘客货轮

1927 年，昆明又成立了一家昆湖轮船公司，急需营运的轮船。和其他公司不同，“昆湖”并不看好“洋船”，而向当时的昆明华安机器厂订货。华安机器厂的创办者是旅越华侨，主产品是抽水机、切面机、印刷机、压榨机、煤烟引擎、织布机、碾米机等。在民国《昆明市志》上，这家工厂被称为“华安机器铁厂”，厂址在木行街（今南太桥以南盘龙江西岸），民国十年（1921 年）七月开设，厂长施织文，有技师工徒共 75 人，设有车床 4 架、钻床 4 架、刨床 1 架、机器台 15 架。

1925 年秋，著名作家艾芜漂泊到昆明，走投无路之时，在报纸上读到一则招工广告，跑到“南门外商埠”的这家工厂求过职。那是中午，“厂里刚放了工，黑烟筒下的铅板屋顶，还有放哨后的白色水蒸气，淡淡地遗留着”。“厂门内那两桌的人——大概是些技师吧，正在饮酒吃饭，欢快得很。声音和容貌，全是些安南（越南）人。那饮酒的惯例，就同中国人大有分别，一大碗酒放在许多菜碗的中间，在座的人就用调羹舀来饮，倒特有风致”。厂门口贴着一张招收学徒的章程，说“食宿均由厂方供给”，3 年才能满师，满师后必须在该厂服务，“须有殷实的铺保”，“且要三十两银子的保证金”（《人生的第一课》）。从这些描写中，可以看到华安机

渔家小船难以和现代化轮船竞争，但也有自己的生存空间

器厂的一个侧面。

华安厂从来没有制造过轮船，但他们还是接下了这个订单，由本厂工程师自行设计，本厂工人自行制造，1929年轮船建成下水。这艘“昆明造”轮船被命名为“西山轮”，全长30米，用蒸汽机带动“明轮”推进，马力60匹，时速15公里，载重25吨，设客座200个，客轮舱位分三种，有特等15座，头等48座，二等140座，船上还有抽水机和热水箱等设备。此船被称为云南第一艘在中国人自己开办的工厂、由中国工程技术人员自行设计、中国工人自行制造的蒸汽机明轮推进客货轮，设计制造水平超过了当时滇池航线上的其他轮船。

由于其他轮船时开时停，不能正常航行。西山轮下水后，马上成为昆明到昆阳航线上的主力客货轮船，每天往返一次。后来又实行水陆联运，把洋纱和杂货等运到昆阳，再从陆路分运玉溪、通海、河西、思茅、普洱一带，生意更是兴隆，1932年盈利达10多万元。1937年受“福海轮”海难事件影响，奉令停驶。1940年大修后再次投入营运，直到1948年。中华人民共和国成立后，西山轮先后更名为“和平号”“滇群号”，直到1972年才以43岁的“高龄”报废。

空中交通

昆明的空中交通始于民国初期滇军空军的“副业”，属于“军地两用”之列，一推出就创造了不少“中国第一”。但也由于这个“军”字烙印，引起周边省份的“不合作”，只好搁浅。直到1935年，昆明民航才正式起步，初期只有两三条航线，不到10个航班，而且定日而不定时——由“飞机师”视天气情形临时决定。难能可贵的是，1937年，从昆明到越南河内的航线开通，成为中国最早的国际客运航线之一。昆明的地理区位优势随之在航空领域得到彰显，这对昆明民用航空的发展非常重要。

○从蛤蟆窝、巫家坝到中国第二个飞机场

巫家坝原叫蛤蟆窝，位于滇池东北岸，距昆明老城仅四五公里。早年一户姓巫的人家到此垦地居住，后来形成巫家村，附近大片荒地成为巫家村的牧场，称巫家坝。清光绪三十三年（1907 年），清政府在这里修建营房，平整场地，操练新军，巫家坝成了清军练兵的大操场，新军第 19 镇 74 标就驻扎在这里。在 1911 年的辛亥重九起义中，巫家坝成为革命大本营。蔡锷率领起义新军从这里出发，攻入昆明城，和其他革命军会合，经过血战，推翻了清王朝在云南的统治。

1922 年，第一次世界大战结束不久，云南督军唐继尧见空军在战争中作用非同小可，决定借助广东籍旅美华侨航空人员，组建航空处，编练飞机队，飞行基地就建在巫家坝。当局征集大批民工，用粗麻绳拉着石碾子碾压、平整土地，修筑跑道，将巫家坝陆军操场改建为飞机场，又把部分陆军营房改建为飞机修理厂和飞行队队部。机场竣工后，唐继尧耗费巨资，从法国驻越南空军手中买了 30 架旧战斗机和 15 架旧教练机，组建自己的空军。这些飞机全是第一次世界大战的遗物，不到一年，就坠落了一半还多。但云南毕竟有了第一支空中力量，并培养了一大批飞行人才。云南航空事业从此起步，巫家坝机场成为云南最早的飞机场，也是中国继杭州苋桥机场之后的第二个机场。

抗日战争前后，当局将巫家村迁走，几次扩建巫家坝机场，共建成两条平行跑道，路面全用碎石、水泥灌浆而成，长 2200 米，可起降美、苏制造的教练机、战斗机、轰炸机和运输机。巫家坝由此成为中国抗战大后方的重要机场，是当时中国航空总指挥部的驻地、美国志愿空军飞虎队的主要作战基地，还是美国陆军空运总队、中国航空公司、中央航空公司的中心机场之一。机场边的黑甸营村一带建起了大量军事设施和生活设施，有商店、仓库、旅馆、舞厅、饭店、澡堂、医院等，形成了盛

清末巫家坝新军兵营

抗日战争时期，昆明巫家坝机场成为中国抗战的命脉所在，为了军事需要多次进行扩建

抗日战争时期繁忙的巫家坝机场，天上是盟军的轰炸机，地上是转运军用物资的马车

极一时的街市。

1941 年，太平洋战争爆发，巫家坝机场成为中国主要进出口机场，滇越铁路、滇缅公路被切断后，更成为中国唯一对外运输通道驼峰航线的起点站。在 3 年的艰苦飞行中，美国空军运输部队和中国航空公司先后动用了 2200 多架飞机、8 万多名航空和地勤人员，共飞行 8 万架次，运送战略物资 85 万吨、兵员 3.3 万人，其中有

赴印度的中国远征军两个师。另外还有 1000 多架作战飞机通过这条航线投入中国战场，保证了中国抗日战争的需要和反法西斯战争的胜利。当时巫家坝机场不分昼夜，无论晴雨，平均每 2 分 15 秒就有一架飞机起降，机场 24 小时工作，征雇商车 60 辆，配备士兵 560 名，负责装卸各种空运物资。

20 世纪 50 年代后，巫家坝机场经过多次改扩建，成为国家一类机场。进入 21 世纪，巫家坝机场完全被城市包围，无法继续发展。2012 年 6 月 27 日晚，巫家坝机场完成历史使命，结束了 90 年的服役期，让位于今昆明长水国际机场。

○云南航校创下多项“中国第一”

1922 年，云南航空学校成立

当年的云南航空学校大门，和云南航空处在一起

1922 年秋，“云南王”唐继尧组建航空处、编练飞机队，为保证这支空中力量的兵源，唐继尧决定同时建立云南航空学校，由航空队飞行员兼任教官。航校设在陆军讲武堂内，以巫家坝机场为训练基地，军事基础课由讲武堂教官讲授，教育长由讲武堂教育长兼任，学生毕业拿的是讲武堂毕业证书。这样，云南航空学校就成了全国第一所在陆军学校里开办的航空学校。

办航校要飞机，原先唐继尧打算买美国货，没想到法国人横插一杠子，放话说如果不买法国飞机、不聘法国教官，滇越铁路这一关就过不了。唐继尧不得不购买 6 架法国初级教练机，并聘请法国空军军官为教官，还聘请了 12 个越南籍技术人员主持维修工作。法国人傲慢不逊，很做了些崴事。后来留学美、法、德三国的云南人段纬学成回国，被唐继尧委任为航空大队长兼航校校长、飞行教官，成为第一个云南籍飞机驾驶员和航校飞行教官。1926年7月，云南航校第一期学员毕业，唐继尧辞退了所有法国教官和越南机械师，让航校高才生任飞行教官，自主培养航空人才。1929年，云南航校曾创下当时连续飞行时间的全国纪录，后来全国首次将一架水上飞机从香港开到杭州的两个飞行员，也是云南航校学员。

学员们把飞机开上了天

云南航校在昆明、贵阳两次招考学员，开始报名的人不少。正在此时，两个航校教官飞行时失事受伤，许多已经报名的考生心生恐惧，又退了回去。唐继尧从昆明选来两个女学员，打退堂鼓的男生脸上无光，又重新报考航校。后来，唐继尧又特批了一些华侨学员和韩国学员入校学习，其中还有韩国女学员。来自朝鲜半岛的权基玉、李英茂、金信等都是云南航空学校最早的学员，后来李英茂成为韩国空军副司令，金信为韩国空军参谋长，权基玉参与创建韩国现代空军，被尊称为“空军祖母”。

云南航校的男女学员和法国教官

这样，云南航校首期学员不仅有云南学员，还有外省学员、归侨学员和外国学员，不仅有男生，还有女生，特别是外国女生，云南航校就成为中国第一个招收女飞行员的航校、中国第一个跨

云南航校训练科目之一是骑自行车

云南航校学员在法国高德隆式教练机上训练

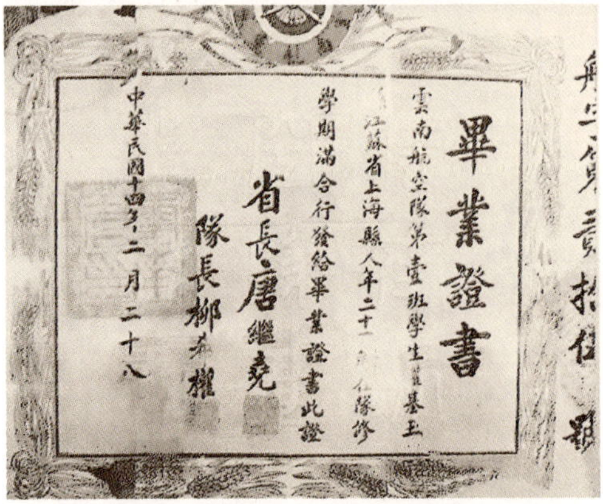

唐继尧颁发给韩国空军“祖母”权基玉的毕业证书

国招收学员的航校，还是中国第一个打破男女界限跨国招生的航空学校，首次成功地自主培养了中国和韩国的第一批女飞行员。从昆华女中考入航校的女学员吴琼英吃苦耐劳，各科成绩优异，经校方批准，率先驾机单飞，成为中国第一个单飞蓝天的女飞行员。

1923 年 12 月 25 日，云南航空学校开学，这是中国的第三所航空学校。1926 年，云南空军成军上天。航校到 1935 年结束，历时 12 年，是中华人民共和国成立前开办历史最长的地方航校，共办了 4 期飞行班、2 期机械班，培养飞行员和地勤人员 200 多人，其中有 13 名女学员，是中华人民共和国成立前培养学员最多的地方航校。

○早年中国最长的空中航线

云南山高谷深，江河险恶，水陆交通困难，一时难以改进。1928 年，当局另辟蹊径，准备创办民用航空，打破云南交通闭塞的状况，并为此组成了云南商业航空筹备委员会，计划以巫家坝机场为中心，在全省推进建设 22 个简易机场，还先期从美国和法国定购了两架小型客机，分别命名为“昆明号”和“金马号”，准备建立云南省内航空网。

经过5个月的筹备，1929年4月27日，曾任云南航校校长的刘沛泉和航校毕业生陈栖霞、张汝汉等驾驶从美国购来的“昆明号”客机从香港起飞，经停北海，然后飞抵昆明，历时6小时20分，开辟了云南第一条空中航线，也是当时国内里程最长、飞行时间最长、情况最复杂的空中航线。“昆明号”从香港飞到昆明，从沿海、平原、丘陵飞到云岭高原，全程九百多公里，没有任何地面导航设备指引，飞机性能又差，全靠飞行员目测方向、方位、地形，判断风速和风力，创造了一个不可思议的奇迹。当时各界在昆明立碑纪念，称“吾滇航空实由刘君所手创，而陈、张二子则皆吾滇航校培之英才也，今出其绝技，成兹滇粤长途飞行之盛举，尤难能而可贵”。据说飞回昆明时，这架飞机上还带了不少海鲜。当天晚上，省政府在五华山光复楼用这些海鲜大宴宾客，一来表示庆功，二来展示航空快捷的优势。

昆明号飞机降落在滇西北玉龙雪山

参加西湖全国博览会的金马号飞机

1929年6月，云南金马号客机参加了在杭州西湖举办的“全国博览会”，进行了各种表演，尽显风头。后来又进行了中国航空史上第二次全国飞行，并在机翼下增设副油箱，创造了当时全国安全长途飞行6.5小时的最高纪录，受到蒋介石的嘉奖。同年11月，广东借用金马号飞到广西时失事，可谓大喜大悲。后广东赔还一架美制小客机，被命名为碧鸡号。

早先云南当局准备开办川滇、滇桂空中商用航线，但由于各省军阀相互猜疑，这个计划“得不到外省力量的支持”——周边几省都以各种借口拒绝云南飞机降落，这个雄心勃勃的计划搁浅。当局又转而开发省内航线，初步列入计划的有从昆明到昭通的迤东线，有从昆明经蒙自到广南的迤南线，还有从昆明经大理到保山的迤西线等，并开始沿线各地筹建航空站、飞机场，但因军阀混战再起，所购飞机不能适应高原和长途飞行，省内商业航空开办计划遇阻，不得不搁置。此期曾从昆明往返大理、楚雄、蒙自等地运送邮件，虽不定时，据说还是“义务劳动”，却也创下了云南经航空运送邮件的先例。

1935 年初，为迎接蒋介石飞机到昆，巫家坝进行了大规模改扩建，机场向东拓展 250 米，并修建了候机楼，为此后云南开拓民航飞行创造了条件。1935 年 5 月 5 日，一架美国 4–AT 型飞机从重庆起航，几个小时后落在巫家坝机场，标志着巫家坝机场的民航飞行正式起步。同年 5 月 23 日，渝昆航线正式开通，承担飞行任务的是美国福特飞机，业务以货邮为主，兼营载客，每次仅可搭乘十余人。航班每周来回两趟，定日而不定时，“时间则暂由飞机师视天气情形临时决定”（《云南交通志长编》）。发展到后来，航线也不过两三条，航班不到 10 个，其中有 1937 年开通的从昆明到越南河内的航线，这是中国最早的国际客运航线之一。

○云南自制的首架木质教练飞机

1935 年，为应对周边各省军阀纷纷建立空中军事力量的局面，当时的云南省主席龙云决定自行设计制造教练机，加紧云南航校训练，扩大地方空军规模，强化云南军事实力。

制造教练机之事由云南航空队执行。主持设计的工程师是一位到比利时学飞机

法国高德隆教练机的旧螺旋桨被“移植”到“昆明造”木质教练机上

制造的留学生。设计方案是制造一架木质教练机，核心部件是“拿来主义”：先“拿来”一台美国箭牌飞机的旧发动机，经彻底修理后使用；再“拿来”法国歌德隆教练机的旧螺旋桨，经改造后也用上了。整个工程拨款新滇币3000元，包括木工、机架，全部由云南航校毕业生负责。仅仅一个多月，到1935年底，云南自己装配、制造的第一架飞机完工，在巫家坝机场试飞。据老人回忆，由于升力不够，飞到草海上空时，高度仅达到300米，并摇摇晃晃，开始失控，不得不返航。

不管怎么样，这架木飞机算是上了天，而且安全落了地，当局有了脸面，下属有了奖金，皆大欢喜。后来，龙云投靠蒋介石，放弃了扩大地方空军的打算，云南自制飞机计划刚开始就结束了。

昆明縣河流圖

圖內河名符號對照表	
1	魚翅河
2	玉帶河
3	涌蓮河
4	西壩河
5	擺渡河
6	永暢河
7	楊家河
8	太家河
9	金家河
10	明通河

老水利

从清雍正年间的《云南府城六河图说》所载地图可以看出，整个昆明坝子就是一个河网之地。笔者粗略数了一下，记录在“图”的大小河沟竟有60多条。除了我们熟知的盘龙江和金汁河外，还有银汁河、白沙河、宝象河、清水河、明通河、杨清河、东鸳鸯沟、西鸳鸯沟、铁线沟、三十亩河、马料河、东龙须河、西龙须河、十字河、老杨沟、广济河、西岔河、海水河、太家河、金家河、杨家河、玉带河、采莲河、永畅河、流沙河、沙沟、地涵硐中沟、茨塘河、板坝河、转塘河、穿城江、涌莲河、鱼翅河、梁家河、懒竜沟、海源河、钗山沟、倒沟、沙河、马军沟、茨桐沟、南甸沟、江沧河、漾水沟、清明河、上坝沟、和上沟、罗家沟、枧槽沟、左卫沟、广济沟、杨普头沟、杨柳沟、旧门溪河、猓猡河、仓沟、芦包沟、凤凰沟、麻线沟、泥秋沟、马溺河等。

水可载舟，亦可覆舟。兴修水利，趋利避害，这是古代城市最基本的功能。《管子》说兴建城池必须“高毋近旱而水用足，下毋近水而沟防省”，可见城市水利的重要。从唐代的南诏选址拓东城，到明代修建云南府砖城，最后将昆明城中心建在五华山、祖遍山、螺峰山以南的缓坡上，又在夯土城墙上围砌烧制大砖，都有防水避害的考虑。为治理滇池和“入滇第一河”盘龙江，历代昆明人绞尽脑汁，费尽心力，最后才明白，兴利和除弊是可以合二为一的。于是，近代昆明有了滇池出海口螳螂川上的石龙坝电厂，成为中国最早用上国产“水磨电”的城市。昆明人又和“九龙”争水，建起了自来水厂，成为中国首批用上“机器水”的城市之一，后来还有了谷昌坝和松华坝水库，顶起了“昆明头上一碗水”，走进了中国现代城市的行列。

○盘龙江：昆明城和昆明人的“母亲河”

白邑青龙潭：盘龙江源之一

盘龙江流过昆明城

盘龙江入滇池口

盘龙江是最大的“入滇”河流，昆明四城区之一的盘龙区，就以盘龙江得名。盘龙江还是昆明四城区的分界线，江上的得胜桥是今天昆明盘龙、五华、官渡、西山四个城区分界线的交点。

盘龙江主源牧羊河（又称小河）发源于昆明北郊的嵩明县梁王山，流到官渡区小河乡岔河嘴与绍甸河（又称冷水河）汇合后称盘龙江，再经松华坝纵贯昆明城，过南坝流入滇池，全长95.3公里，径流面积903平方公里。盘龙江得名，一说因为河道蜿蜒曲折，状如盘龙；一说因为雨季来水汹涌，势若腾龙。早在元代，云南儒学提举孙大亨就在《大德桥碑记》中说，中庆城（今昆明城）以东不远，“有江横绝”，形似神龙，称盘龙江。而在另一个元代官员邓麟的《至正桥记》中，这条河又被叫作蟠龙江。据明正德年间的《云南志》，当时盘龙江还有个名字叫滇池河。明清以后，盘龙江之称才定了下来。

近代有学者认为，早在约7000万年前，古盘龙江就出现了。那时候还没有滇池，古盘龙江纵贯南北，挟裹着大量泥沙，在今天的滇池坝子处形成宽浅的谷地，再向南流出今天的刺桐关。约1200万年前，刺桐关山地在地壳运动中不断抬升，古盘龙江南流受阻，这才积水形为古滇池。若此说成立，盘龙江不仅是昆明母亲河，还是滇池的母亲河。

大约3万年前，旧石器时代的“昆明人”生活在这里的时候，滇池坝子大半还在水面以下，盘龙江则是一条蜿蜒山间的河流，在今天的松华坝就汇入滇池了。从战国到西汉，正是古滇国时期，滇池水位逐渐降落，盘龙江才进入滇池坝子，从山地之河演变为盆地之河。隋、唐、宋三代，滇池水位逐步退到弥勒寺、螺蛳湾一线，盘龙江也“得寸进尺”，顺势向南延伸到今天的双龙桥附近流入滇池。元明以后，滇池出海口不断疏浚，滇池水位下降提速，盘龙江随后跟进，从官渡南下到今天的洪家村与滇池汇合。

在不断的延伸中，盘龙江从松华坝分出金汁河，在昆明城附近分出玉带河、采莲河、西坝河、护城河、涌莲河、鱼翅河等，犹如“盘龙”的龙爪、龙足，在滇池坝子飞旋舞动，生机勃勃，灵气充盈，活力四射。盘龙江不仅供给昆明人饮水、灌溉、运输、生产、清洁，让昆明人观景、戏水、赛船，还是古代昆明城的一道军事防线，成为昆明城和昆明人“实打实”的母亲河。

但水可载舟，亦可覆舟。对昆明城威胁最大的水灾，也来自盘龙江。雨季到来，洪水暴发，沿盘龙江而下，不但城外农田被淹，江水还会倒灌进城里，造成严重水灾。经元初大规模治理后，盘龙江水患得到缓解。但滇池水汇多河，盘龙江水系复杂，时间一长，河道淤塞，闸坝失修，一旦雨季“发大水”，河水依旧淹田浸城，冲毁民宅，泛滥成灾。清初昆明就遭水灾十多次，同时疏挖海口河、盘龙江等河道十多次，并不断加高培护盘龙江河堤。清乾隆年间，昆明又遭水灾二十多次，水灾一来，毁屋毁田，男女老少流离失所，街泣巷哭，寄身荒庙，十分悲惨。此时水利官员黄士杰写下了《云南省城六河图说》，提出治理盘龙江的新思路。在北京做御史的昆明人钱沣也被故乡水灾震撼，向地方官府提出治理盘龙江等六河的方案，并捐资进行治理。昆明布衣文人孙髯多次考察盘龙江，写下《盘龙江水利图说》，提出治水五策，以根治盘龙江水患。民国时期数十年间，昆明发生了二十多次水灾。为缓解水患，也曾几次较大规模修挖河道、疏浚淤泥、培土护岸。1946年更在松华坝上游修筑了谷昌坝，以增强防洪抗旱能力。

近代最大的盘龙江洪水发生在1957年9月15日夜，一场暴突降，下了11个小时，盘龙江超过历史最高水位，祸及 9 个乡，淹地万余亩，20 多万军民抢险，堵塞决口，加固河堤，奋战 3 天，险情才排除。此后又连年整治盘龙江，疏浚河道，改建桥孔。1959 年更修筑了库容为 6000 万立方米的松华坝水库，兼有雨季拦洪、旱季供水的功能。1967 年又将盘龙江部分河道改直，加砌河堤和石护坡，建设机械闸门、排涝泵站，在玉带河头设闸分流盘龙江洪水。经过不断治理，直到 1988 年之后，盘龙江水患终于得到较彻底的治理。

○史籍中第一个昆明水利工程：春登堤和云津堤

宋代大理国时期，昆明是鄯阐府城，也是大理国的别都，又称“东京”。历代大理国王常常到鄯阐城巡视、长住。北宋庆历元年（1041 年），第 10 代大理国王少年即位，仅仅在位两年，但留下的文字记载却最多。明代的《僰古通纪》说这位少年天子骄奢淫逸，在鄯阐城大造宫室，并修筑春登、云津二条大堤，分种黄花、白花，有“绕道金棱”和“萦城银棱”之称。每到春天，段素兴就带着艺妓美酒来到堤上，男女列坐，斗草簪花，寻欢作乐。就因为荒淫，段素兴才当了两年国王，由于宫廷内斗，被“国人”所废。

清人倪蜕的《滇云历年传》考证说，昆明东门外有春登里，金汁河正好流过这里，春登堤就是金汁河堤，金棱河就是金汁河。倪蜕又将银棱河考证为银汁河。以金汁河、银汁河为据，认为春登、云津二堤可以抵御洪水，又可灌溉农田，“大有殊功”。而段素兴筑此二堤，“亦有深意”，并不仅仅为了“游观”。按此说，春登堤在今天东站的金汁河河段，云津堤在今天得胜桥的盘龙江河段。这两条河是当时鄯阐城东、西两面的护城河，很可能就在鄯阐城东、西城门附近。大理少年国王在此筑堤，不管其如何游狎浪荡，总还是有些好处。于是，这两条河就成了史籍记载的昆明城最早的水利工程。有学者更认为，这是城市景观培植和水利灌溉相互结合的成功范例。

那游狎的大理国王不久就垮了台、丢了命，那鄯阐城没有几年也被损毁，不得不易地重建，只有灌溉田地的河渠流水千年，至今还在造福乡里。特别是贯穿昆明东部的金汁河，与盘龙江等齐名，为昆明六河之一。其上源从松华坝水库分引盘江之水，沿着盘龙江以东的山麓南流三十多公里，最后注入滇池。洪峰来时，其可减轻水灾，天旱之时，则有灌溉之利。经历代整修，两岸筑起了两三丈高的河堤，还有坝、有闸、有涵洞，昆明城外万顷田亩，都因金汁河得灌溉。后来由于种种原因，金汁河在昆明城南一分为二，东边的一条叫大金汁河，西边的一条叫小金汁河，再往南流了不远，就消失在田野里，成为一条有头无尾的断头河。

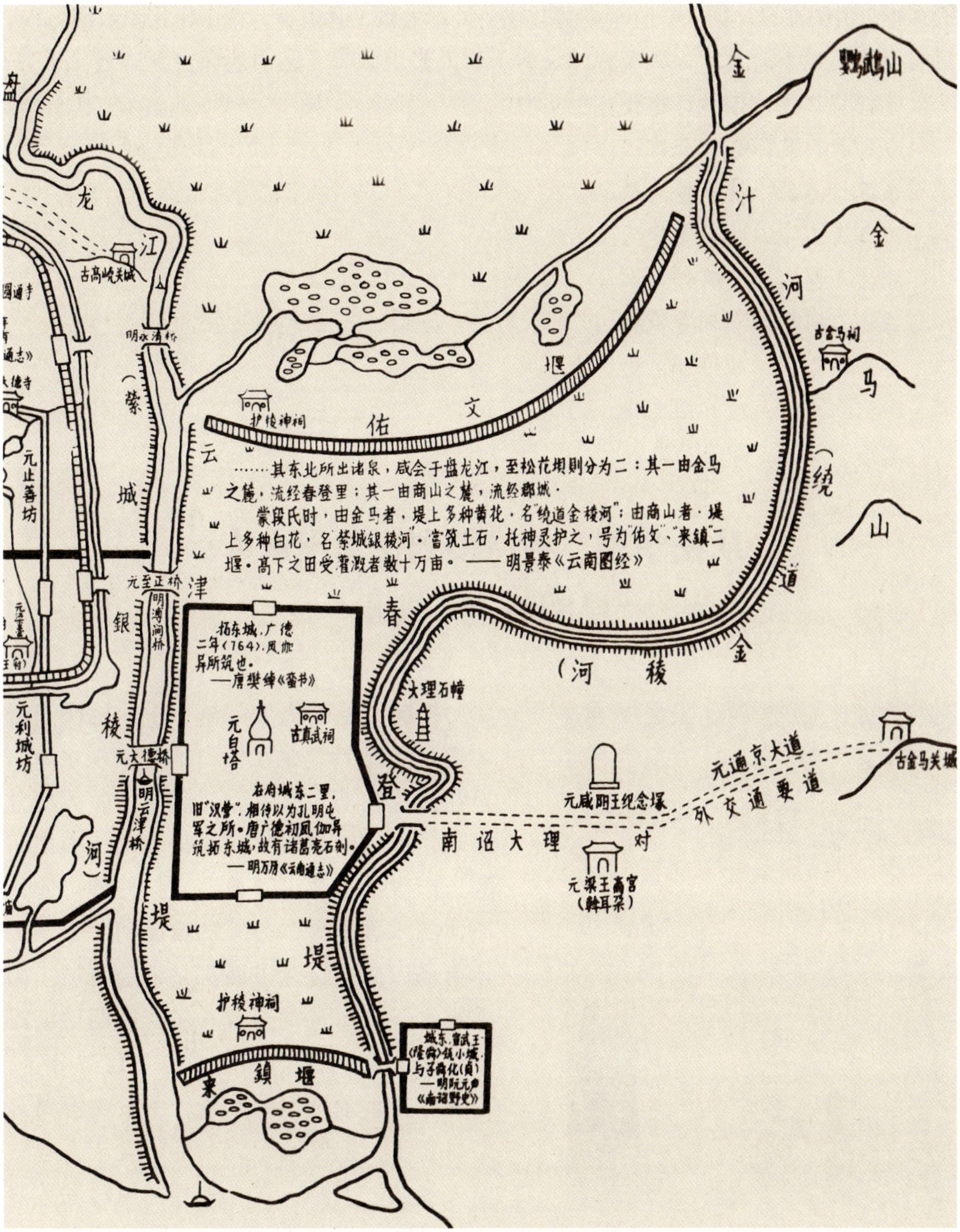

昆明春登堤、云津堤示意图（原载《昆明地名志》）

战乱年代，金汁河还是一道屏障。明末清初，吴三桂作乱，清军兵临昆明城下，数十万军队掘壕设围，更利用金汁河堤，将坝闸等拆毁挖开，筑成壕堑，用来长期围困昆明城。当时吴周大将郭壮图率领精甲象队出城猛攻金汁河。清军将领赖塔、总督赵良栋统兵从金汁河反击，吴军阵中象队受惊，转身就逃，反而把吴军撞个乱七八糟，歪倒在金汁河中。清军乘势攻击，吴军大败，退出金汁河，郭壮图败回城内，只收得残兵二十七人。（清《庭闻录》）清人张星柳有《昆明池怀古》诗云：

素兴筑二堤，云津与春登。
分种黄白花，呼作金银棱。
东风行游屐，挟妓携清樽。
三泉泻玉案，四壁飞珠尘。
溯为九龙池，流觞如晋人。
吾观二河水，灌溉资千春。
游豫亦如此，风雅姑无论。
奈何立止岁，废弃同荆榛。
零落素馨花，寻声为断魂。

○从松华坝、谷昌坝到松华坝水库："昆明头上一碗水"

民国时期在盘龙江上游修建的谷昌坝

提起"昆明头上一碗水"，昆明人都知道就是北郊盘龙江峡口的松华坝水库。早在元代初期，这里就建起了一座大型分水坝，也叫松华坝，又叫松华闸，由当时的云南省平章政事赛典赤主持修建。元代滇池的水域很大，今天的梁家河一带、云津市场以南、官渡以西都是滇池水域。雨季洪水一来，常常造成水患，昆明城就难免泡在水里。元朝至元十四年（1277年），赛典赤大举治理昆明水利，上段由赛典赤亲自督工，把昆明东北"邵甸九十九泉"引入盘龙江上游，在今上坝村凤岭和莲峰之间最窄处筑起松华坝，这是昆明最早的土坝，当时还安装了闸门，在坝东疏浚金汁河，分流盘龙江水，既可减轻盘龙江水灾，又可灌溉盘龙江东岸数万顷田地。这是最早的"昆明头上一碗水"。

松华坝坝址选得很到位，坝基是玄武岩层，十分坚固，被称为"豪钥"，昆明人从中受惠达700年之久。据清康熙《云南府志》记载，昆明人对赛典赤感怀不已，为他建了一座石将军庙，立像祭祀。赛典赤死后就葬在松华坝旁的马家庵山坡上，至今墓地仍在，可见当时人们对松华坝水利的重视。旧时昆明人以街巷名入诗，有七绝一首曰：

咸阳忠爱溢滇南，绿水流通臭水前。

况复龙泉金汁涌，沾濡奚止一丘田。

如今始建于元代的松华坝早已不存。近年有学者考察后认为，经过历代整修的松华坝并不是“像现在的松华坝水库大坝一样是呈东西向横截水面的”，而是呈南北向纵卧河心，“状如一柄巨大的石剑，剑体全长七十余米，剑头朝北，将奔流了数十公里的北山来水一分为二，东为金汁河，西为盘龙江，这种顺势而为的大坝减小了流水对坝体的冲刷力。大坝南部为滚龙坝，长 50 余米，宽 20 余米，呈东西向斜坡状，东高西低，坡度 25~30 度，其作用是雨季发大水时将金汁河多余之水宣泄入盘龙江（洪水漫过坝顶），它维护的是位于坝体东侧的金汁河锁水桥，此桥又称蒙源桥孔，桥洞内设石闸控水。大坝北部为墩台，其平面状如圆锥体，锥体的基础部长宽各 20 余米，较滚龙坝高出 3~4 米。墩台的两侧为分水闸塘，上有闸枋，视金汁

松华坝水库建成后的“坝中坝”谷昌坝

早年的松华坝水利工程，始建于元代

如今的松华坝水库大坝

历经多次扩建的松华坝水库

清代建成的滇池水利工程：滇池出海口的石闸桥

河水之需而启闭闸门。锥体尖部称鱼嘴，鱼嘴之上有石雕龙头，故又称龙嘴，起分水作用。松华石坝看似结构简单，然而功效奇大，它拦截的山泉以百千眼计，组成的灌溉网络覆盖省坝（昆明坝子）之半”（钱凤娟:《消失的阡陌》）。有意思的是，滚龙坝南端还有座龙王庙，把龙王请来看守“昆明头上一碗水”，以确保万无一失。

1946 年，位于松华坝上游 7 公里的芹菜冲建起了一座水库，那是云南的第一座溢流式重力坝，也是当时全省最大的砌石溢流重力坝。为纪念汉朝在这一带建立的谷昌县，又取“年谷丰昌”之意，将这座水库命名为“谷昌坝”。谷昌坝由云南大学土木系教授设计，坝高 16.5 米，坝顶长 55 米，蓄水量为 220.9 万立方米，历时 7 个月建成，按当时的币制，耗资共 9 亿元。谷昌坝建成后，既能拦洪蓄水，又能灌溉农田，还能提供城市用水，效益很高，也是当时“昆明头上一碗水”。20 世纪 50 年代以后，昆明发展迅速，这“一碗水”马上就嫌小了。

1958 年，在赛典赤的松华闸坝旧址上建起了巨大的松华坝水库，库容比谷昌坝大了近百倍，汛期水位高时，谷昌坝会被完全淹没，“两碗水”融为“一碗水”。但是，即便被淹在水底，谷昌坝还是松华坝水库的“碗中碗”和“前置库”，能拦截 90% 以上的入库泥沙——这就是说，谷昌坝对保护松华坝水库饮用水水质，延长松华坝水库寿命，仍然发挥着非常重要的作用。

现代松华坝水库最初的功能是防洪和农业灌溉。水库建成后，昆明城市防洪标准由二十年一遇提高到百年一遇，保护下游防洪面积 70 余平方公里。随着昆明城市的发展，1990 年后松华坝水库主要功能转变为城市供水，2003 年后又停止农灌供水，成为饮用水专用水源。经过多次改、扩建，松华坝水库的总库容达 2.19 亿立方米，多年平均可供水量 1.5 亿立方米，成为昆明城区饮用水重要水源和安全备用水源——说它是“昆明头上一碗水”，名副其实。

○横山水洞：云南最早的人工开凿引水隧洞

横山水洞位于昆明西北郊自卫村横山，建成于明隆庆六年（1572 年），至今已有四百五十多年的历史，是云南最早的人工开凿水利隧洞，被称为古代昆明规模最大、工程最艰巨的引水灌溉隧道工程。

早年横山以东的龙院村等八村濒临滇池，依山靠水，为鱼米之乡，后因反复开凿海口，滇池水退，万亩农田得不到灌溉，每到旱季，天不下雨，常常遭灾，田地龟裂，饮水无着，民不聊生。明嘉靖十四年（1535 年），昆明大旱，龙院八村村民合力开崖导水，在横山以东的白石崖围住 13 条河溪，开凿 20 里长渠引到横山西麓，因横山阻挡，无奈止步。到明隆庆三年（1569 年），天又大旱，龙院八村村民痛下决心，洞穿横山，开凿一条 3 尺见方、长 3400 多尺的隧道，以引水灌田。但以当时条件，全靠人挖，虽拼尽全力，一年过去，仅掘进 300 多尺。艰难之时，得到云南布政使司右使陈善的大力支持，由官府拨付资金，征召矿工继续开凿，将 3 尺水洞调整为高 5 尺、宽 2 尺，以木头支撑洞顶洞壁施工，再用槽石砌成上下合拢的圆形水洞，以加快施工进度、保证施工安全，大大提高工程质量和水洞过水能力。

这项工程在明代学者朱国祯的《涌幢小品》和清代学者师范的《滇系》中都有记载：昆明横山以东“有田五千顷，地高苦旱”，陈善力排众议，支持当地居民“凿山通渠”。因工程艰难，施工两载，“久之未就”，官场议论纷纷，陈善愤而辞官而去。这边陈善才走，“横山水洞忽报开通”，大家都吃了一惊，认为有“神助”，还立了座神祠，纪念此事。

陈善离任之时，横山水洞竣工通水，出水口还筑有坝塘，以利蓄水。有了水，龙院等八村军民垦田 45600 亩，昔日“泉流不及、旱为焦土”之地，变成为灌溉水源源不断的“沃野”。后人在山下自卫村白马庙内立起一块《横山水洞记》碑，后碑失而碑文得存。碑上还刻有当时为横山水洞所作之歌，堪称一块“德政碑”：

横山之麓，可屋可田。
白崖之泉，可引可沿。
山麓可凿，伏流潺湲。
兹麓既辟，不淤不颠。
溉我稼穑，充廪盈廛。
我公之绩，亿万斯年。
曷俎豆之，以输我虔。

鸟瞰横山水洞口的自卫村水库

横山水洞建成之后，山腰水

渠常被山洪冲塌，堵塞引水隧道，年年需要修整，费用不下百两银子，因村民无力负担而多年断流。清康熙二十年（1681 年），当地村民卖柴集资，疏通水洞，历数年完工，据说仅民工吃掉的辣子就有三石三斗三升三之多。

今横山水洞经多次修浚，四壁水泥，全长 1180 米，高 1.75 米，宽 1.05 米，可容人立行，更于洞口重修水库，蓄水 400 多万方，横山沟也得到整修，全部用毛石支砌，易滑坡地段砌为暗沟，抗灾能力更强，至今仍在发挥作用，1988 年公布为五华区文物保护单位。

○孙髯《拟盘龙江水利图说》

清代盘龙江水患频发，昆明城深受其害。关注治水的人不少，而清乾隆年间写下大观楼长联的布衣文人孙髯也忧城忧民，写下了一部《拟盘龙江水利图说》，且多内行之言，让人赞叹不已。

据孙髯在这部书中所记，清乾隆年间，仅十多年里就发生了八九次涝灾。其中三次江水大泛滥，漫出岸边高堤一二尺，“民间房屋，片瓦无存，东西南三城，尽成汪洋。二十四铺，皆为大海，三市街撑船往来”，城门口全都用大木枋门闸堵上，无数“老少男女”失去住所，飘零在外。扶老携幼，在街巷大哭。许多人家不得不寄居寺庙之中，“可叹万民之苦，言之不尽”。

孙髯塑像

为寻求治水之策，孙髯跋山涉水，沿江考察，总结前人治水得失，又研读《禹贡》《水经注》等水利著作，提出了一整套治水之策，写在这本《拟盘龙江水利图说》中。

孙髯认为，盘龙江出现水患，问题在于昆明城东门以南的江段——“东门而下，弊端百出”。盘龙江下游分流为多条河道进入滇池，而这些河道有的被废弃，有的被淤塞，洪水一来，出口不畅，水灾就难免。为此，孙髯提出了治水五策：首先是疏浚河道，使其上下宣通，畅流无碍；二是立闸分水，增强泄洪能力；三是堵住吸引滇池水倒灌的河道；四是将河道改弯为直，便于洪水下泄，以免壅阻成灾；五是爱惜民力，乘农闲施工。

孙髯的“治水五策”难能可贵。清道光年间，就有人为《拟盘龙江水利图说》题跋说，有了好的治水之策，还必须有推行这种政策的人，这才谈得上兴利除弊。但最终孙髯的治水策仍不免束之高阁，徒让后人感叹：“谁谓无志功名者，即无心世故哉？”

○石龙坝建起中国第一座水力发电厂

20 世纪初，昆明还是中国西南边陲的一个边地小城，石龙坝只是昆明西边螳螂川上的一段荒滩河道，然而，就是在昆明，在徐霞客眼中“舟不能从水，陆不能从峡”的石龙坝，崛起了中国的第一座水力发电厂。当时德国的《西门子》杂志感叹说：“在这个国家偏僻的内地，在那远离世界潮流和西方文化隔绝的地方，也已有人将西方技术成就移植到自己的土地上，一些卓越的知识分子和敢于向开拓的人士就是这么干的。”（《石龙奇月》）

早年石龙坝电厂的机房和外国工程人员

中国第一台水力发电机组

石龙坝老厂房

清光绪三十四年（1908 年），法国人即以需要电灯照明为由，要求利用螳螂川水力修建发电厂，当局以“利权所在未允，旋议自办”。昆明政界、商界一些有识之士倡议自建水电站，先欲官商合办，后因官府久拖不决，改为商办。几经周折，到清宣统二年（1910 年），商办耀龙电灯股份有限公司成立，其开办者、总董、总经理和工程主持者都是昆明人。公司集得商股 13.4 万元，向德国购买两台 240 千瓦发电机组

德国《西门子》杂志上的石龙坝电站

SIEMENS-ZEITSCHRIFT

SIEMENS & HALSKE
SIEMENS-SCHUCKERT

1. HEFT • BERLIN / JANUAR 1927 • JAHRGANG

Yünnanfu, die erste elektrische Wasserkraftanlage in China

Neuzeitliche industrielle Anlagen sind im Innern des chinesischen Riesenreiches noch sehr selten zu finden, obwohl dieses Land nach unserer Meinung bei dem außerordentlichen Reichtum an natürlichen Hilfsquellen und der etwa 400 Millionen Seelen betragenden Bevölkerung dels und der Berührung mi abendländischer Kultur sich bereit finden, technische Errungenschaften des Westens ins eigene Land zu verpflanzen, so spricht das für eine um so meh hervorragende Intelligenz unc größten Wagemut der betreffenden Kreise.

In Yünnanfu, der Hauptstad der Provinz Yünnan, nahm eine kleine Gruppe von Chineser einige Jahre vor dem Weltkriege

德国《西门子》杂志提到中国的石龙坝水电站时说：在这个国家偏僻的内地，在那远离世界贸易潮流和与西方文化隔绝的地方，也有那么一些卓越的知识分子和开拓者，他们将西方技术成就引进到自己的土地上

等全套设备，并聘德国工程师设计指导。

当年七月，石龙坝电站开工，正好在滇越铁路通车之后，这当然不仅仅是一个巧合。开工后造桥修路，开挖引渠，修筑水坝，建设厂房，建设工人上千，多是昆明四乡农民。因为工程艰巨，交通不便，德国人又从中大加牟利，公司股本入不敷出，几乎半途而废，后来靠借贷才得以完工通电。那是1912年，徐霞客走过石龙坝约280年以后。在此期间，因为，汛期涨水，滇越铁路中断而材料供应不上，德国工程师跑到河内躲避辛亥革命等原因，停工达4个多月，实际施工仅17个月。石龙坝水电厂比国内著名的东北丰满水电站早建成27年，是中国的第一座水力发电厂，也是中国第一座商办水力发电站。

早年石龙坝水电厂装机容量为2×240千瓦，以23千伏输电线路将电能输送到昆明，经妥乐、长坡、碧关、马街子进入小西门，全长34公里。入城“落脚”的变电站设在小西门城脚的水塘子，在今天的东风大楼附近，当时叫“转电站”。

1912年4月12日凌晨，在翠湖海心亭和城中三牌坊、金马坊、碧鸡坊等处高悬数十只500瓦的白炽灯，开灯之时，昆明四乡男女老少争相观灯，一时云集，热闹非凡。大家欢呼：“我们有了自来月啦！”就因为有了这个“自来月”，昆明人成为中国最早用“国产水电”点亮电灯的中国人。

今石龙坝电厂的坝、沟、渠、厂房犹在，已列为全国重点文物保护单位。当年一台德国西门子公司造发电机仍然在运转发电，原机房为今石龙坝发电厂第一车间，前立一碑，高约5米，上书：“中国第一座水电站”。

○“耀龙电灯”大战“洋油灯”

石龙坝水电站建成，以供应昆明城电灯照明为主要业务，而主要用户自然就是昆明居民。当时昆明人点菜油灯的已经不多，点的多是“洋油灯”，供应“洋油”的又多是洋行之类。洋人垄断煤油供应，大涨其价，时人认为与洋油竞争，只有办电灯。于是，以电灯取代“洋油灯”，就成了华商与洋商之争。

石龙坝耀龙电厂题刻

石龙坝电站正在建设时，社会上就流言蜚语四起，说“电灯是妖魔，点灯会遭殃”，还说电线通到家家户户，一旦漏电引起“电火”，一夜就会烧毁全城，全城老少都跑不脱。许多市民心存疑虑，犹豫观望。电站建成供电之初，耀龙公司千方百计推广，决定凡是使用电灯的人家，从电线到灯头、灯泡、电表，所有材料、电器都由公司免费提供，甚至灯泡坏了，也由公司无偿补上，用户每点一盏灯只收安装费两角。尽管如此，要求点灯的市民仍然不多。后来大家看到电灯比菜油灯、煤油灯、“洋蜡”（蜡烛）要亮得多，而且用起来更方便，先期点灯的人也没有遇到什么凶祸。这样，要求点灯的人家才一天天多起来。

金马坊前矗立的电线杆

就这样，“洋油灯”逐渐被挤出了老昆明的官府团体，挤出了老昆明人的家，还被挤出了老昆明的街道。这在“提倡国货，挽回利权”的当时，意义不小。还在耀龙公司创办之初，《云南》杂志就有评论称：“我们云南实业最不发达，除了饮食物外，其他一切日用什物，大半由外省外国搬来，一年间，利润不知外溢几千百万。如今滇越铁路一通，我们不兴实业，则法人的货，源源而来，我们的钱，源源而去，数年后，民穷财尽，岂不是速亡之道吗？”从这个意义上来说，老昆明的商人为中国人争了一口气。

○最早的街灯和巷灯

早年昆明街巷的街灯：石柱油灯

在树上挂一盏由拉绳升降的灯笼也是路灯的一种

早年昆明城里没有路灯的概念，夜间行走大街，就靠店铺透出的油灯烛光走路，至于背街背巷，如果不打灯笼，不点松树明子火把，就得摸黑了。偶尔也有行善的人家，会在拐弯处或坎坷处挂一盏木框油灯，有的还会用竹竿挑着灯笼伸出墙来，或者挂在树上，以利行人，这算是昆明城最早的路灯。罗养儒在《纪我所知集》(《云南掌故》）中说，当时昆明的路灯“多是一个木框灯，而以纸糊之。内燃一盏香油灯，挂于路的拐弯处或有深沟高坎处。此举纯是私人功德，于官厅方面无与也。但在是时，点有路灯地处，亦不甚多。假说城里城外，不及二十处也。有二三特别者，则以一红灯，藉竹竿而挑出墙来，此则沿袭古制”。

清代后期，官方在街巷分段设立石制灯柱，上置油灯，以利夜间行人。今昆明还遗留一座清代石雕路灯，为昆明清代路灯的仅存者，位于正义路东侧五华坊和咸宁巷交会处。这是一根正方形石柱，高约2.5米，以整石雕成，顶端雕为方形台座，三面开窗，顶凿气孔，座内镂刻碗状灯盏，用以盛装菜油，内置灯草或灯芯，点燃后通过三面窗口透光照明。灯柱背面有“道光丁未年孟冬月立”阴刻文字，可见立于清道光二十七年（1847年），堪称昆明路灯始祖，已被列为区级重点保护文物。

老昆明俗语说：“说得轻巧，吃根

灯草”。点油灯的灯草出自一种多年生草本植物，草茎又细又长，灯草是其中的草芯，要剥出来很不容易——不用力剥不开，用力又容易剥断，可谓来之不易。早年昆明维护“灯柱”所需费用，由当局向民间征收灯捐解决。城里通电不久，主管全市街灯的巡警总局就把街灯一律改为电灯，电费由原抽灯捐开销，这对耀龙公司又是一个很大的支持。

寺庙前香灯杆，既可以为夜行人照明，也是善男信女祈福的手段

○最早的“灯胆”和“烛光”

昆明人最早把灯泡的功率有几瓦叫作有“几支烛光”，直到现在，还有一些老昆明人不说这灯泡是“几瓦”，而说“几支光”。大概也是因为当时国人没有“瓦”的概念，说“烛光”比较形象、比较容易让人接受吧。令人不解的是，昆明人又把灯丝叫做“灯胆”。开始使用的“灯胆”是“老式炭精丝”，最为原始,但比起油灯来,已明亮不少。后来又引进了“白金丝灯胆”的新式灯泡，更是清亮洁白，新老用户都爱用。

从电线杆上的路灯开始，昆明走进了电灯时代

当时的云南都督唐继尧喜欢讲排场，每次开纪念会，都要求会场中的彩坊、彩塔一律挂满电灯。而耀龙公司所备灯泡，仅有 16 支光（瓦）和 25 支光（瓦）两种，远远不能满足需要，只好新添办 32、

50、100 甚至 500 支光（瓦）的大灯泡，让所有用户以旧换新。为避免加大亏损，让人爱惜“公物”灯泡，新的灯泡不再免费，一律收取成本。

○最早的“电老鼠”

石龙坝电厂建成，昆明小街小巷都立起了电线杆

旧时昆明社会品流复杂，一部分用户申请点 32 支光（瓦）的电灯，却自备“私泡”（非公司供给的灯泡），点用光（瓦）数大的灯泡，而仍按所申请的“烛光”（瓦）数交费，当然就占了便宜。在郊区，还有偷割电线的，使农民深受其害，后来不得不派人巡守，而由地方摊派钱文。同时，耀龙公司对官署和某些大官的点灯用电，为了照顾关系，也没认真收取电费。这样，大大小小的“电老鼠”一多，公司的亏就吃大了。

据当时报纸报道，1915 年唐继尧为父办丧事，公司为其新设电杆、新接电线，沿途数里不绝。1916 年 6 月，唐继尧被选为广东军政府抚军院抚军长，在南城外金碧公园大事庆祝，搭起高达六丈的纪念塔，周围悬挂无数大“烛光”电灯。公园内外，全城各大街都布置彩色牌坊，全部缀满灯泡，照耀得犹如白昼，所用电灯材料，电力消耗，自然都由耀龙公司负担——这可不是一般的“电老鼠”，简直就是“电硕鼠”。

○“私泡”背后的“洋相”

1919 年，昆明电灯用户不断增加，石龙坝电力供不应求，电灯时明时晚，晚间用电高峰时更暗如“香火”，一时官民怨声载道。耀龙公司无力扩大发电能力，又无法控制窃电，无奈之下，只好分区停电，但又激起社会不满。在这种情况下，早先败在耀龙电灯手下的洋行见有机可乘，便改变战术，以电灯对电灯，大量引进不符合昆明市场电压标准的“私泡”，供人“私用”，故意扰乱用电市场，激起了一场电灯泡大战，造成了全城停电事故。

据《滇声报》报道："旗昌洋行现行由外运来六十磅电灯泡万余个，在省售卖。因光线异常明亮，故购者颇为踊跃，三日之间，已售去六七千个之多，市上强半改用此种灯泡。殊因磅力不合，易肇危险，遂有二十号晚电柜（变压器）焚毁之事。计焚毁二纛街、文庙街、庆云街、忠爱坊、教子巷等处共电柜五个。同时附近一带电灯遂致熄灭，修复需日，恐各处电灯须数日后方能重燃云。"

电线杆成了近代昆明街头的一道风景

这里的"磅"说的是电压，1"磅"就是1伏。耀龙公司供电电压标准为110磅，也就是110伏，由于发电"出力"不足，用电负荷大，电压降大，灯就不亮。旗昌洋行把60磅即60伏的灯泡弄进来，刚好适应这降低了的电压，电灯是亮了不少，但电流却大大增加，导致变电器过度发热而烧毁，祸根当然是旗昌洋行出售的不符合电压标准的灯泡。后旗昌洋行刊登广告，称自己出售的60磅（伏）灯泡不仅无害，还为耀龙公司节约了50磅电力，既强词夺理，又愚昧无知。这旗昌洋行有英国人背景，为报洋油灯衰败那一箭之仇，出此下策，可恨复又可笑，是谓昆明洋行一大"洋相"。

○昆明"井"和"清泉业"

古代筑城重水，有水才有城有家，所谓"乡井"是也。昆明自古名井不少。据明景泰《云南图经志书》记载，早在宋代的大理国时期，驻守昆明的清侯高智升就在五华山南坡（今华山南路西段）"凿井得泉"，得名"清侯井"。到了明代，昆明城隍庙内有口阐西井，当地人取水浸泡蚕丝，织成土锦，"其色鲜明"。圆通寺崖下又有"石岩井"，"以之烹茶，则其味甘美，非他泉可及"。此外，昆明城内外还以"四井"著称，分别是当时的布政司（今威远街西端）以西的"白石井"、位于贡院（今云南大学东陆园）以东的"石井"、位于城北江头村的"阿泥井"、位于城西团山下的"青石井"等，无不"渊深清冽，四时不竭"，足供附近居民、樵夫牧人和经商行旅之人饮用。

此后过了约170年，到明天启年间，据《滇志》所载，昆明"名井"又有增加，除《云南图经志书》所载数井外，还有石崖井和广佛井，都在螺峰山下，适宜"煮茶"；有吴井，在城南菊花村，此井之水特别重，取水贮存，"久藏而不腐"，以

老昆明私宅里的水井

文庙东巷4号门头上的“井”字，表示此院中有水井

之泡茶，清冽甘甜，“弥久如故”；石井有两口，一口在旗纛庙(在今福照街)，水质堪比吴井，专供附近的黔国公府和巡抚公署的官员饮用。另外五华山下的五华书院前亦有石井，山上居民得水不易，有了这口井，饮水大为方便；南城外有胭脂巷井，用以酿酒，味道“而美”；东城外有茜红井，可以用来染红布，十分鲜艳；城南有海眼井，此井最为神奇，“在觉照寺（在今东寺街）大殿内佛座下，相传为滇池水眼”，每逢佛祖诞辰，四方居民都到此取水沐浴，可谓佛井。景泰《云南图经志书》记载的阿泥井这时还在，供“环村而居者”取水。

明末清初，昆明大多用木桶打井水做饭洗衣，除部分机关、学校、大户人家自己挖有水井外，多数普通市民都从街巷的公用水井打水。打水用的是木桶，上面系有棕绳，放下井去左右一甩，桶倾斜着沉下去，接着一拎，双手交替挽起棕绳，水就打上来了。打水多少还需要一点经验，不会打水的，那桶总打不满。不少人嫌拎水回家洗衣服太远，就把衣服拎到井边洗摆。洗衣人多，有说有笑，井边就成了街坊交往之地。

早年昆明地下水位高，打井不难。由于水土得天独厚，昆明一些井的水质特别好，清冽甘甜，远近闻名，街巷也跟着沾光，带上了个“井”字。如龙井街、水井巷、四方井巷、花红井巷、小井巷、大井巷、汲水巷、打水巷、饮泉巷、汲泉巷、涌泉巷、清泉巷、双眼井巷等。

清末昆明最有名的水井要数吴井桥的吴井，因为名声大、水又好，虽然许多有钱人家里有井，还是要破费一番，雇请人挑马驮，运来吴井水饮用。此外，小东门城脚的珍珠塘，玉龙堆的大井、小井，翠湖边的八角井、四方井，都很有名。

早年金马坊的卖水人

近人罗养儒在《纪我所知集》（《云南掌故》）中对“昆明城内城外及附近于城之水泉”有一番评价：“第一是黑龙潭之珍珠塘水及吴井桥井水，此真甘芳清冽。次为近洗马河处之小龙潭泉水，与小东门之珍珠塘水，此二者虽然甘芳，终欠清冽。若贡院前距腾蛟坊不远之一大井，距起凤坊不远之一小井，又文庙前之一井、楚姚镇巷内之一井，又近于龙门桥上台阶处之四方井，近回龙山处之小井，此数井之水，亦清甜可口，余者作饮，俱不见佳。”民国《昆明市志》还记载说，昆明小东门璧光楼下有一口井，其水“清冽异常”，还“常有水珠自井底涌出，鱼贯不绝”，因此得名“珍珠泉”。此井水质特别好，“与他井迥不相同”，附近居民都成群结队到这里来打水饮用。

昆明城内外的井水还是救火利器。但凡家里院里有井的，大门口要钉上一个蓝底白字的“井”字木牌，有的白天都开着大门，让人前来打水。遇到火警，有井的人家更要大开院门，让街坊邻居来打水救火。

除井水外，住在盘龙江、玉带河、金汁河和九龙池（今翠湖）附近的居民还喝河水和湖水，其人数占老昆明人口的三分之一。河边的米线、豆腐、酿酒、染布等手工业作坊，也会在河边搭个木架平台，用杠杆吊桶伸到河心打水。

当时还有人把吴井水挑进城卖高价，一些渔民也会撑着船从滇池草海把老龙河水捎进城来，这种水又清又甜，市民都抢着买回去做泡菜用。平时在大街小巷，也有人为体弱、孤老无力打水和没有时间打水的人家送水，送一挑赚几个小钱，这一行当被称为“清泉业”。

早年从事“清泉业”也有规定，挑水人要在警察局登记，分段编号以后，到划定的街巷挑水上门，收费都很低廉，糊口而已。有老人回忆，清光绪三十一年（1905年），挑夫们从东门外挑来的一担清泉水要三文铜钱，而到20世纪50年代，自来水的价格是一分钱三桶，这是自己去水站挑，请挑夫送上门一般 5 分钱一挑，路远的一毛钱一挑，还可以包月。按两个时间点的物价水平计算，水价基本持平，十分难得。据统计，直到 1956 年，昆明还有 225 个挑水人，每天定时为理发店、饮食店和居民挑送生活用水，按月收取挑水费用，坊间称其为“清泉队”。两年之后，到 1958 年，就只剩下 42 人了。

早年送水时，挑水人总会在木桶的水面上放一两块小木片，以免行路时把水晃出来，而到夏天，漂在木桶水面上就是一片小荷叶。据老辈人说，有的人家特别“渣筋”（昆明方言，意为啰唆、挑剔），只要送水人挑在前面的那桶水，认为挑水人会放屁，后面的一桶水会有味道。送水人对付他们的办法，就是挑进门前将两桶水对换个位置，让渣筋人永远喝他们心中的“臭水”。

○吴井：“滇南第一泉”

如今的吴井

昆明城区东部有吴井路，近有吴井桥，皆因吴井得名。据民国《昆明市志》记载，吴井在市东三里，杨泗庙前。吴井水清冽甘甜，重于常水，非同一般，贮水家中，“味久不变”，沏茶尤美，“为滇南第一”。早先有人为之题词曰：“滇南第一泉”。

“井”为一地之灵，一乡之魂。明永历年间，以昆明为滇都的南明王朝还曾在吴井设坛，举行山川祭祀大典。至于清代，吴井水名气不减。近代昆明官绅人家，常常不惜重金，雇人挑吴井水饮用。城内大茶馆如三市街的太华春、正义路的华丰茶楼，门前都挂出“专售吴井水”的牌子，引得茶客满座。一些贫苦市民专挑吴井水进城，沿街叫卖，借以谋生。时人有《吴井》诗曰：

遍尝滇海水，吴井一堪传。
甘美欺山涧，清冷逊石泉。
煮茶春泛雪，吹雨翠浮烟。
日汲人如市，疲驴跨一钱。

昆明坊间传说，明代初期，有吴姓夫妇在此开茶馆，就井取水，以为小本买卖。

后一邋遢道人至店前讨要酒喝，店家给了他一杯家酒。道人但喝一口，即将剩酒倒入井中，扬长而去。自此水井变了酒井，店家将茶馆改了酒馆。井酒醇香宜人，店家生意兴隆。后邋遢道人再至，店家感恩不已，再奉美酒，妇人却道："井酒固然好，只是有酒无糟，家猪无食。"道人无言，将酒洒在地上，拂袖而去，歌曰：

天高不算高，人心比天高。

井水当酒卖，还嫌猪无糟。

此后妇人再放桶下井，不复有酒，尽为井水矣！

原吴井所在，建有吴井祠，后毁，1999年重建。有双眼汉白玉井栏，长约2.5米，宽约1米，井水依旧，深约4~5米，但水质已大不如前了。

早年挑吴井水进城售卖成了小生意

○"风水"反对"机器水"

老昆明人主要喝井水和河水，早先还无事。后来人口增加，污染问题自然也出现了。最严重的是河水，附近居民习惯在河里洗菜、洗衣甚至刷痰盂和马桶，饮水卫生成了大问题。而遇到天旱水浅，汛期河水浑浊，昆明城就闹水荒，靠"清泉业"也无济于事。1915年，一些昆明商人以"谋求昆明人的健康和昆明的消防安全"为

早年昆明自来水厂的取水处：翠湖九龙池

翠湖自来水厂抽水房头的浮雕“1917”

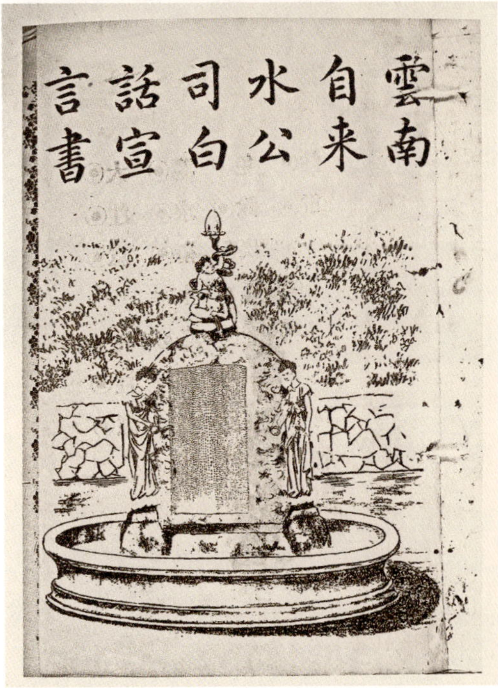

早年昆明自来水公司的宣传单，封面上有法国风格的喷泉，不知是不是水厂的实景

名，提倡兴办自来水公司。“自来水”对于当时的昆明人来说，还是一件从来没听有说过的新鲜事。因为水从机器中来，昆明人都叫它“机器水”。1916 年，官督商办的自来水厂经过招商集股，开始做前期工程，听说真的要请法国人用法国的电动“吸水机”（抽水机）把翠湖九龙池的水抽到五华山坡头做“机器水”，老昆明人的忧虑就被引出来了。

许多人站出来反对“机器水”，他们的理由很有意思：一是担心安装水管抽水上山破坏昆明城的风水；二是工程和设备都由法国人负责，担心洋人在水中放毒；第三条理由最有力：西郊土堆堡等三乡农民怕抽取翠湖水会影响他们的农田用水，因为他们是靠当时翠湖外泄的洗马河水灌溉的。农民代表上书请愿，唐继尧下令进行勘查，结果证实翠湖水量很大，水厂取水不致影响三乡农民灌溉，于是水厂得以顺利施工。

不过事情还没有完，1917 年下半年开始在城区铺设自来水管道，把街道挖得坑坑洼洼，农民进城挑粪被绊倒，臭了一街，也招来不少怨言。1918 年试供水的时候，水管里竟冲出一条一寸长的软虫，有人把它捞出来放在街头的水盘（龙头）上，又吓得大家不敢接水用水。

昆明“水”要“自来”不容易，可谓一波三折。

○最早的自来水厂和“机器水盘”

不管怎么样，到1918年5月2日，昆明的第一个自来水厂算是在升平坡（逼死坡）头的金蝉寺完工了。这是一个官商合办的企业，叫云南自来水股份有限公司，老昆明人称之为“水龙公司”。水源在翠湖九龙池，设置机房三间，装有两台电动取水机（抽水机），每台40匹马力，轮流开机取水，每小时吸水150立方米，送到五华山西侧升平坡（逼死坡）上的水厂进行处理，高差为40米。水厂完全仿照当时的越南海防自来水厂修建，设木制曝气槽一个，粗沙滤池八个，慢滤池四个，清水池一个，最大日供水量2000吨，实际供水量仅1000吨左右，有时还更少。从配水间分出东、南、西、北四条铁制干管，全长约9.5公里，将自来水送到各主要街巷，在末端安装水表和龙头，供应全市取水之需。

老昆明的水盘铜雕，上面的鱼龙浮雕标志据说是法国人设计的

早先自来水用户只有两百来个，多为机关、学校、公共场所和大户人家。水管可以直接铺设到用户家中，更多的铺设到街头巷尾，安装公用水龙头，水龙头上加装一个铸铁水盘，高两尺左右，上部是半拱圆形，像台旧式座钟，将水表和龙头锁在里面。只要按住水盘上的圆形枢纽，水就从柜子前的龙头里流出来。在老昆明人的眼里，这水盘就是一架机器，因此把自来水叫作“机器水”。这些水盘承包给原来从事“清泉业”的挑水人管理，由他们负责送水收费，按

昆明步行街上有早年自来水送水人造像

挑算钱，也可以一个月整算一次。用水的人家也可以自己挑水，省下一些费用。有的水盘一直使用到20世纪60年代才退出昆明街巷，可谓历史久远。

负责这座水厂工程设计和施工的都是法国人，所有铸铁件，包括输水管道、丝杆闸门，主要机械如水泵、电动机、配电设备，单向阀、空气阀、月形阀，甚至钢筋、水泥都是从法国或当时的法国殖民地越南运来的，全部工程设计、施工也以越南海防自来水厂为标准。合同造价为16万龙元，最后耗资达20.34万龙元，全部由发行股票和摊派集资而来。据说按当时的物价，这些钱可购大米两千多万斤——以此巨资，仅建成日供水不过2000吨的小水厂。

不仅如此，水厂建成后，法国承包商戴阿尔还带走了所有图纸、资料和主要维修工具，以后水厂维修和安装用户水管，排除机器故障，都得打电报请他们来解决。戴阿尔在施工中偷工减料，导致水压不足。据老人回忆，当时在南城外水站取水时，竟要人用嘴对着水管吸才能吸出一点水来，水站前取水的人往往要排长队。

○初尝“金贵”自来水

昆明自来水厂的法国水泵和德国西门子电机

水厂落成后，装水龙头花费很大，有钱有势者才装得起，普通市民就只有到街上的水站去取水了。由于用户少，供水成本高，水价也很高，每吨水价折合大米3.5公斤。所以，多数市民对“机器水”敬而远之，仍然饮用井水。

1918年春夏之交，昆明天旱，水井无水，无奈之下，有人用不清洁的沟水、河水假冒井水、龙潭水卖高价，有报纸呼吁自来水厂“趁此时机，早日开幕”。于是从7月开始，自来水厂免费送水“试用”，才初步打开了局面。可以说，当年昆明自来水厂的开张和发展，都得力于天旱。但一直到1924年，才装出水表39户、龙头106户、水盘44具，而年收入不过万元，公司亏损，难以维持。1927年，市政公所接管了水厂，注入资金3万元，又多方吸引商股，改为官商合办，才得以维持，后来改名为昆明市自来水厂。

昆明自来水厂的抽水房是西式建筑，现在成了文物保护单位和自来水博物馆

改制之后，昆明自来水行情似有改变，旱季就更加金贵。1931年5月17日，当时的昆明通讯社报道："本市自来水，向来即有供不应求之感，近日遇天旱，水源涸绝。用自来水尤为恐慌，每日自来水汲水之人拥挤情形，诚非言语所能形容，而售卖自来水之人，复利用机会任意加价。前之铜圆一枚一挑者，今则一桶且有不能到手之势，不啻玉液金波，市民之感受痛苦为何如，愿当局一取缔之。"后当局明文规定："自来水只供饮用，其他一切用水均取河水、井水，违者惩处。"（2002年版《昆明市志》）

直到20世纪50年代，昆明市民仍保持着用"机器水"淘米做饭，而用井水、河水洗衣的习惯，虽然那时的"机器水"费仅为一分钱一桶，两分钱一挑。

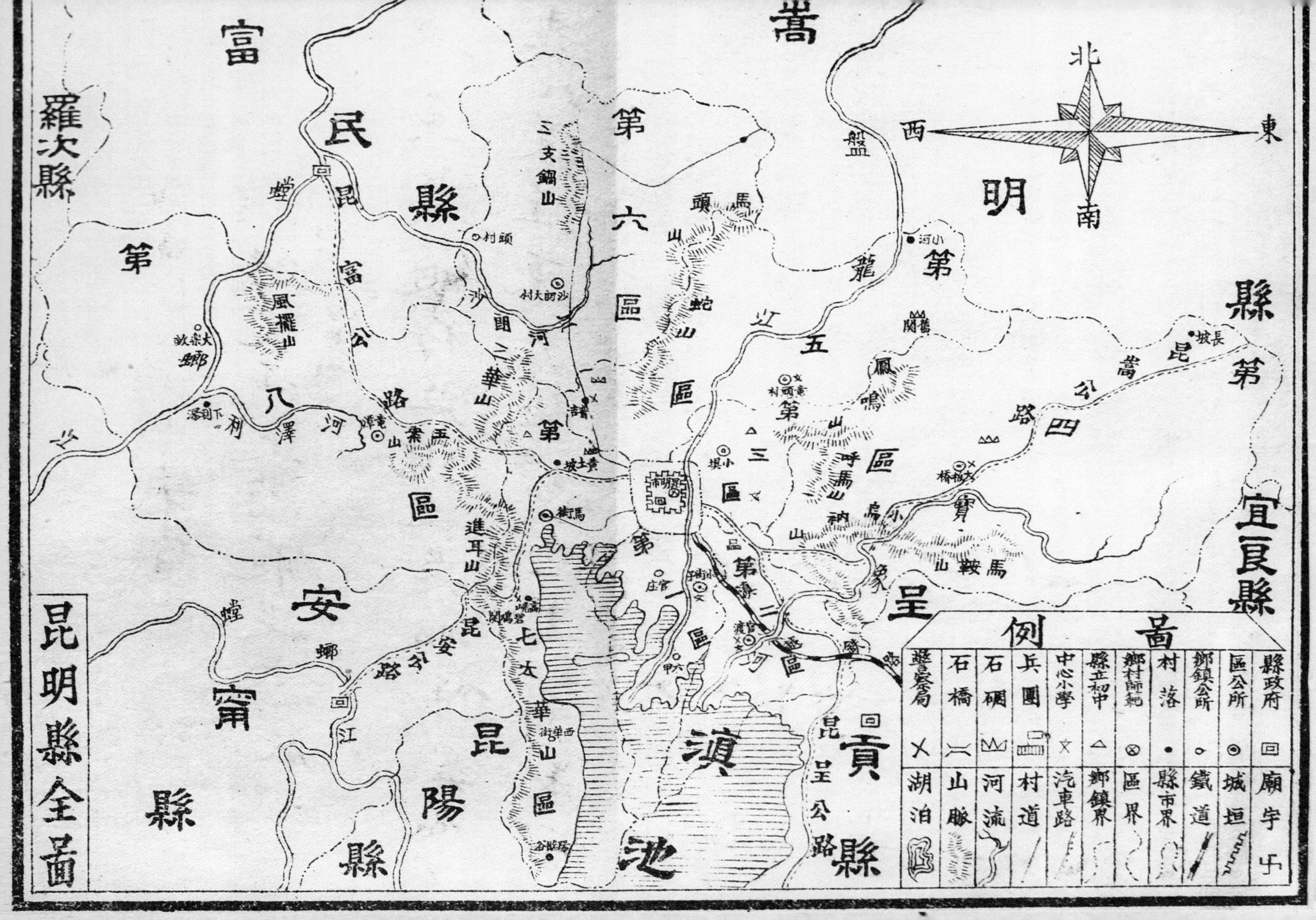
昆明縣全圖
羅次縣
富民縣
嵩明縣
宜良縣
呈貢縣
昆陽縣
安寧縣
滇池
第一區
第二區
第三區
第四區
第五區
第六區
第七區
第八區
北
南
東
西
昆明市
三支鍋山
馬頭山
蛇山
鳳翥山
鳳鳴山
二華山
五素山
進耳山
呼馬山
納鳥山
馬鞍山
西華山
昆富公路
昆嵩公路
昆安公路
昆呈公路
盤龍江
普渡河
沙朗河
八澤河
螳螂江
寶象河
龍頭村
沙朗大村
大普吉
大麻坡
官渡
小壩
陽宗谷
圖例
縣政府
區公所
鄉鎮公所
村落
鄉村師範
縣立初中
中心小學
兵團
石硐
石橋
警察局
廟宇
城垣
鐵道
縣市界
區界
鄉鎮界
汽車路
村道
河流
山脈
湖泊

老农业

昆明地处滇池坝子，气候温和，土壤肥沃，降水丰富，河网密布，有发展农业的良好条件。清道光《昆明县志》说昆明为滇中之首邑，“冈峦环绕，川泽淳法，沟渎通流，原田广衍，夏无溽暑，冬不祁寒，四时之气，和平如一”，极宜发展农业。民国时的《云南经济》一书称，昆明地处滇池坝区，“气候温和，沃野千里，农产丰富，产额以米为大宗，小麦、玉蜀黍、甘薯、大豆、大麦等次之，高粱、落花生、烟叶、棉花等亦略有生产”。

但昆明地区冬春多旱，夏秋多涝，也容易发生灾害，粮食不能自给。加上早年税赋沉重，技术落后，农民终年劳作，度日艰辛。明万历年间，云南右参政谢肇淛就在《滇略》中说，昆明城雄踞滇地，方圆三百里，因为朝廷用内地的标准统一征税，以至贡赋繁重，滇人面有饥色，已经难以承受。但由于滇池地区有山、有水，物产丰饶，取之不尽，只要没有旱涝灾害，就无须从外面运进米粮，于是重赋之下，危机仍得缓解，就是其他地方的“乐土”，也未必比得上昆明。直到抗日战争时期，《昆明县乡土教材》仍然说，昆明郊区“地势较高，又且山多，可以耕种的田地较少，因此，人民就多穷苦”，加之当时“币值低落，农民负担繁重，又常受水旱虫灾，生活日渐困难，贫民日渐增多，又兼人民多富保守迷信的习性，少组织团结，以谋改进，所以终年劳苦，不得饱暖的，也很不少”。“可是山里也有林木矿产、鸟兽药材各种利益，并且气候温和，居处很适宜，我们生在这地方，好像在乐园中哩”！

○农民："终年劳苦，不得饱暖的也很不少"

扛犁的昆明农民

提鞋赤脚挑担归家的农夫

近代昆明史志中，提到农业的有一些，但细述农民生活的较少。抗日战争初期成书的《昆明县乡土教材》中说得较多、也较客观，可做参考。

这本专供小学生读的教材说，昆明县（如今的昆明近郊）"在很高的地方，又有滇池的水汽调节，所以气候温和，冬天不太冷，夏天不太热，在云南各县中算是最好的气候"，特别适宜农作物的生长。昆明四乡农民"多以耕种为生，间有农事余暇，兼做泥木石工和营果口蔬菜等小商业的。性质尚纯善，颇能息事少争，俭朴耐劳。服装多半布衣帛冠。食品以米和咸菜蔬草为主，豆麦为副。燃料多用稻草、麦秸、山茅、芦苇、柴、炭等。住房有瓦房、茅房，建筑都很朴素。所以生活极为节约,风气也还淳朴"。

昆明四乡农民的食粮，"耕田的村落，以米麦为主；种地的居户，以杂粮为主"。山区"地势较高，又且山多，可以耕种的田地较少，因此，人民就多穷苦"。当时"全县每年所产的粮食，不能供给全县人民的食用。若遇水旱虫害的天灾，食粮就要闹恐慌的。所以垦荒地、兴水利、防虫害、改良种植等事，是农人现在最要紧的事"。不仅如此，当时农民负担也较重，除耕地税银外，还要缴纳兴办地方乡团武装的"团款"和其他地方款，"由耕地税加收附加税一倍以上"。再加上这些税款都由地方豪绅承包征收上缴，从中层层渔利，弊端迭出，给农民造成不少"额外的苛扰"，以至“公私均感困难”。当时“本省币值低落，农民负担繁重，又常受水旱虫灾，生活日渐困难，贫民日渐增多，又兼人民多富保守迷信的习性，少组织团结，以谋改进，所以终年劳苦，不得饱暖的，也很不少”。当然，还有土地兼并、田租繁苛等等，这本小学教材都没有说，但它也呼吁道：“我们要赶快图谋救济啊！”

○农村：“烟”“赌”危害大，男领娃娃女下田

早年昆明农村社会问题也不少。有老人回忆道：“旧社会的劳力，以男子为主，女子为辅，而昆明县则不尽然。因劳力有余而进城市，男子亦进城从事工商，或投靠衙门当书吏差役，获利皆丰厚于务农。除局部犁田翻地、车水赶车的必要男子劳动外，其余田间活计，家里劳作，多属女子。副业如卖菜蔬、瓜果、鸡鱼，亦多女子兼营。稍有余暇，不分城乡，出卖零工。一些男子，宁在家领小孩，间或而蹲茶馆，间或而困烟馆，间或而聚赌博、交匪人。女子一日劳动之所得，不够男子一日之吹；一年之积蓄，不够一夜之赌，流于破家荡产，作奸犯科，酿成农村万恶的社会，人所共见之。”（《昆明市志长编》）

早年到城边劳务市场找工作的壮劳力

劳作之余哺乳娃娃的母亲

民国初期，一“赌”一“毒”，都是昆明四乡的大问题。

先看“赌”。民国初年的《滇声报》说：“赌之为害，省城禁赌认真，赌徒不易藏身，因而撤之四

背着孙女的彝族老妇

乡。现闻各乡寨有多数赌徒，秘密开场，藉赌抽头，致使一般农家子弟，因赌倾家，流为盗贼者，时有所闻。”

再说“毒”。据城东郊区老人回忆，从20世纪20年代到30年代初，当地“可说家家都种鸦片烟，约占当时土地面积的三分之一。收烟后，有的拿到小板桥销售，有的是官渡的人来收购。村里的人普遍抽大烟。每个村子都有几家烟馆”。“男的几乎都吹上瘾。一两生烟，能换二升米。抽大烟的人，早上起不来，白天精神萎靡不振，搞不了劳动，还想吃点好的东西。晚上劲头出来，则专门用于生方设法变卖家具什物上，或者是去偷别家的东西”，“有的把田产地业吹光了，搞得倾家荡产”（见《昆明市志长编》）。

○粮食：坝区种稻子、山区种麦豆

老昆明出产的粮食品种不少。由于地势高爽，气候温和，昆明郊区的粮食种植可以两种两收：“春末到秋初，雨量充足，所以农民大多种稻；秋末到春初，雨量稀少，便只能种豆麦和杂粮。”“种稻在清明节前下种，撒在秧田里；到小满、芒种、夏至三节中插秧，秋分、寒露间收获”，而滇池周边要“早一两个节令”。“种豆麦的时间，多数在寒露、霜降间，到次年的清明、谷雨间收获。”（民国《昆明县乡土教材》）

牛耕水田

肩挑稻谷

据民国初期的《昆明市志》记载，当时昆明郊区“农产稻类有早谷、长芒谷、大小白谷、李子红谷、香谷、冬吊谷、胭脂红谷、香糯谷等。麦类有大麦、小麦、春麦、裸麦等。豆类有蚕豆、黄豆、菜豆、荷包豆、猫儿豆、腰子豆、白眉豆、羊眼豆、红饭豆、绿豆、白豌豆、菜豌豆、豇豆等。杂粮类有高粱、玉米、稷黍稗等。其他若烟草、若火麻、若灯芯草，亦为农产之主要者。而稻类中之长芒谷、冬吊谷，麦类中之大麦、小麦，豆类中之蚕豆、黄豆、菜豆、豌豆，杂粮中之玉米等，种植尤多。凡附郭及城内田地概以此数种为主要之农作物，以昆明县全境论，豆麦两项为输出之大宗农产。”

秋收挑草

碾米

秋收之后

民国《昆明县乡土教材》也说，当时昆明县“食粮的产地，因地势的关系，略有不同。内乡多沃野坦畴，水源便易，多产稻、麦、豆三种。外乡山多田少，土地硗薄，水源缺乏，多产杂粮。稻类以粳稻为多，糯稻较少”。“麦类以春麦小麦为最多，次为饭豆、荞棵豆（俗称老虎豆），至于豌豆、刀豆、豇豆、扁豆、洋花豆等，只是种了做菜吃。”“其他杂粮，以玉蜀黍、高粱、荞、菜籽为最多”，“其次如白薯、马铃薯的产量也很多”。

○农技：犁田、车水、掼谷子

1923年，一班官员、专家视察昆明县等地农村后称，这里“气候温和，最适于农业”，但“农民多守旧法，不谋改良进步，所用农具，皆系旧式”（《云南实业

金汁河边接力车水

从村头水沟车水灌田

手掼谷子

公报》)。其实,农业生产技术的落后,岂能一味责难农民“不谋改良进步”。在层层剥削、饱暖无着的情况下,农民能维持生活就不错了。而一些传统的农业生产方式,虽然落后,在当时的条件下却也实用,有的还一直沿用至今。如男子驾牛犁田、妇女栽秧薅秧、男女收割打谷子等。问题当然不少,早年被派来打探经济情报的日本人就说,“昆明县地方水稻生产,采取播种、插秧的耕作法”,但“稻株一般长得不好,分枝少”,这和植株过密有关。日本人还发现,“在田里拔草的是缠足的妇女”,转引自《昆明市志长编》)——都说农村妇女不裹小脚,如果这日本人说得不假,真就苦了农村妇女了。水田里都是烂泥,又深又稀,小脚如同削尖的桩子,一插直下田底,深处可齐大腿,再要拔脚,何其难也!

如今已消失的一项农耕技术是车水。滇池坝子河网密布,沟渠纵横,水利条件较好。但即使风调雨顺,高处的田地也无法自流灌溉,农民就得用“水车”提水,灌溉高田。这种水车有约3米长的水槽,水槽两端有轮轴,后轮轴上有摇柄,有首尾相接的一圈龙骨经水槽环绕于前后轮轴,每节龙骨装有刮水板。提水时把水槽前端放进水里,后端架在高处的沟、田上,只要转动手柄,就可以带动龙骨不停旋转,刮水板就不断把低处的水“刮”进水槽,“刮”到高处的沟田。手摇水车比较轻便,但提水高程有限,一般只有1米多,如果要提得更高,就得几架水车排成“之”形,接力作业。一说水车起于东汉,堪称千年农具,直到20世纪后期才渐渐退出昆明田间,被电动抽水机取代。

○蔬果：四时皆有，终年不断

滇池地区得天独厚，蔬菜花果品种不少，四时不断，产量也高。民国《昆明市志》说，昆明“蔬菜一项，种植亦广。凡附郭及城内菜海子等处隙地遍种蔬菜”，“四时皆有鲜菜入市”，品种不少。如根茎菜类的莱菔（萝卜）、芜菁（圆菜头）、胡萝卜、牛蒡、马铃薯、芋头、大头菜、苤蓝、结球甘蓝、百合根、慈姑、甘露子、蒜、葱头、藠头、姜、竹笋、结球莴笋、香莴笋、地莲花等。叶菜类有苦菜、甜菜、卷心菜、箭杆白菜、旱芹菜、四季菠菜、茼蒿菜、黄芽韭菜、泥韭菜、茴香、石刁柏（芦笋）、芫荽、薄荷、安宁大葱、本地葱。果菜类的西瓜、南瓜、冬瓜、金瓜、胡瓜、甜瓜、苦瓜、丝瓜、葫芦茄、番茄、灯笼辣、铁壳辣、泡壳辣、菱角及各种豆类。这些蔬菜“除供鲜食外，尚可制为种种咸菜，唯制法欠妥，不但不能输出，且每年由玉溪、石屏等处输入之咸菜为数不少。仅黑大头一项为本地特产，制法亦佳，历年皆有输出”。

昆明人还爱种果树，城里城外，“或就园内种植，或盛之以盆而置置之庭前院中，亦足见民性对于蔬菜果树之栽培甚为注重”。如此种植的有苹果、宝珠梨、枇杷、柑橘、樱桃、葡萄、林檎（花红）、君迁子、石榴、胡桃，核果之桃、梅、杏、李等十多种，但“产量无多，凡市内所需，概仰诸呈贡及各乡村之供给”（民国《昆明市志》）。

在郊区，“果品种类很多，产量丰富，质味甘美的也不少”。多半是栽种的，也有野生的，“如桃、李、杏、柿、苹果、林檎、海棠、石榴、山楂、葡萄、樱桃、枇杷、梅子、木瓜、小枣、橘子、黄果、香橼、佛手柑、无花果、都念子（软枣）、枳椇子（拐枣）、鸡嗉子果、救军粮（火棘）、杨梅、锁梅（栽秧泡）、桑葚、胡桃、板栗、锥栗、银杏（白果）、松子、瓜子、落花生等”。

昆明水果种植以桃、梨为多。桃分为黏核桃和离核桃两种。其中黏核桃有蟠桃、水蜜桃、小暑桃、火炼金丹、小毛桃等。离核桃有黄桃、金弹子、白香桃等。“而

早年热闹的昆明街头菜市

昆明街头卖菜的小贩

以蟠桃、黄桃、金弹子食味较佳”。梨又有雪梨、宝珠梨、细把梨、长把梨、海东梨、白雀梨、棕包梨、木瓜梨、黄皮梨、马缨红、麻梨、面梨、刺乌、牛角乌、小雀梨、泉水梨等，“而以雪梨、宝珠梨为好”。

滇池地区的水果主产区除呈贡和晋城外，昆明城东南的羊甫头、义路村、广南卫一带也是桃梨产区，大板桥一带的清水沟、白水塘、张家坡、长坡则盛产花红和梨。义路村的小山头还成为果品交易市场，终年不断，而以五月到八九月间最为热闹（见民国《昆明县乡土教材》）。

至于花卉，主要栽种在城里和近城之处，“专以开设花园为业者不下一二十户。而寺院之中僧尼尤多以栽花为一种附带营业，以增加收入”。花卉品种近百种，“然仅足供市内之需，间有输往邻近各县者，为数不多。至输出省者则绝少。虽茶花为本地特产，输出之数亦甚少”（民国《昆明市志》）。至于较远的郊区，农民往往采摘山茶等野花进城售卖，贴补家用。

○放牧为业：“饲养之法，甚为简单”

老昆明工农差别、城乡差别都很大。“雇农的工资在省城里每天是二十钱，在农村每日是十钱”（《昆明市志长编》）——相差如此之大，“终年劳苦，不得饱暖”的农民出路之一就是进城打工，进不了城，就靠山吃山，靠水吃水，兼做副业，以养家糊口。

郊外牧牛

养鸡、养鸭、养猪、养牛、养马、养羊，这是农户必需的副业。所得鸡、鸭、猪肉，不但可以解决自家之需，还可拿到附近街子出售，换钱购买盐布等生活用品。但一般“无大宗饲养之家，至牛马二种，大户者每家亦不过各饲一头，饲养之法，甚为简单，日间则放之郊外食青草，夜间则以畜舍收容之，以稻草为饲料。至秋冬草枯之季，则概饲以稻草，亦间有以杂粮者。其用途马则供搬运之用，牛则供耕田之需”。近城农户有养骡马的，“各畜一二匹或三四匹，每日在南教场、

北门放羊

护城河边放羊

坟场放羊

稻田放鸭

小西门外各地质人乘骑”，“大批骡实不多见，所有驮运数量较多、距离较远之货物，其骡马大半皆雇自外县”（民国《昆明市志》）。

○村庄特色：“农家副业，仍用土法”

当时昆明四乡副业各有特色。有老人回忆说：早年城东南的“三甲、四甲打线，肖家营搓索子、捆箩帚，子君乡纺麻线。有的送到小板桥街上卖，有的送到昆明。广卫村则多半挑水果，做点小生意。官渡六谷村做纱帕，也有一两家以此为主业。酒房也多，有的人家则专门靠打饵　生活，有的已经做了几代人”（《昆明市志长编》）。　饫

城郊农村的纺织业“盛行于中南乡地方，但不过为农家的一种副业，很少专门经营的。其中又分纱帕业、织布业、制丝业、纺线业几种”。官渡一带“织纱帕的

郊区农民户外织布

茅舍前闲置的纺车

人家很多。这种工业，历来相传，民间自由纺织，没有工厂的设立，品质之佳，可与北平（北京）出产媲美”。后因“女子装饰渐渐改良，这种业务，也渐有退化的趋势”。滇池北岸“乡镇妇女，除了耕耘外，织布的最多，每年出品的数量也不少”，在官渡、小板桥形成了两个土布交易市场。“从前织布所用的棉纱，是由本地人用手工纺的，品质粗劣，不甚适用。自洋纱输入，纺纱工业就无形消灭，概用洋纱织成土布”，多半“仍是农家副业，现在还用土法”（见民国《昆明县乡土教材》等）。

此外，还有城西明朗、立章、白村的轧毡业，村民善于制作毡帽、毡子，“质虽耐久，但因式样古拙，行销不广”。城南的饵 营、城西的大鱼镇、张家乡村民又善于织席，产品有滑席、草席等，“可供全县之需”。此外，城南莲德镇清棚村的竹工，城北厂口的造纸，都有一定的特色（见民国《昆明县乡土教材》等）。

○滇池湖畔的渔村和渔家

早年滇池边的渔村不少。昆明近旁有大观楼、明家地、西坝、海埂、五甲塘、清河；呈贡有斗南村、江尾村、乌龙浦；昆阳有坝埂村、亮沟村、大沟尾、大河嘴、白山村、有余村、老塘嘴、独房子；晋宁有安乐村、余家沟、黄家地、老荒滩、沙堤村、江渡、佛墩、河泊所、下海埂等。到20世纪中期，滇池周边约有渔民两千多人，昆明附近有五百多人，一百人户。其中绝大多数是半农半渔，专门从事渔业的很少，因为渔业收入低，不足以解决一家的生活问题。民国《续云南通志长编》称：“滇池渔民之生活，因受农村经济破产之巨潮，日陷崩溃，故极宜设法挽救也。”坦言当时“渔民生活，受种种压迫，痛苦异常”，而“应如何改善渔民生活，废除苛税杂捐，普及水产知识”，都亟须解决。

旧时在滇池从事渔业的大小船舶约有三百多艘。使用的渔具主要是渔网，有用麻丝织成的篆网、麻遮线笼、线花篮、线网、丝网、撒网、挟网，还有竹制的篾笼子、篾花篮等。此外还有用罾网和水老鸹（水乌鸦）来捕鱼的。昆明城内外是滇池渔产最大的市场，其次是沿湖各县的县城。

当年昆明附近的草海上，渔船穿梭来往，渔民打得鱼后，装在木盆里，沿着大观河划到篆塘，有的在船边就出售了，有的直接挑到菜市上出售，还有的卖给鱼贩子，鱼贩子再拿到城内市场上销售。昆明市场上售卖的主要是鲜鱼，也有腌鱼，主要是腌白鱼，还有旺季捕得太多一时卖不出去而腌制的其他鱼。

除了鱼类之外，滇池的水产品“还有水藻，经捞取晒干成饼状，用作肥田之用。计每饼重五六斤，每百斤售价十元左右。此项藻饼，一般农民呼为海粪，因含氮甚丰，故农民乐用。在滇池中可自由捞取，亦有专从事于此项海藻饼之捞取者。”此外滇池“渔妇捞取滇池中一种名为海菜之藻，腌以盐，加辣料、米散等，制为一种卤咸菜，以之佐食，名曰海菜酢。亦有专制以出售者”（民国《续云南通志长编》）。

早年大观河边的渔家草屋

早年大观河边的水上人家

早年大观河上纯朴的渔民

早年大观河渔家老少打鱼捞虾

○砍柴烧窑："黄窑"和"黑窑"

昆明远郊区山多，盛产竹木。"竹子有金竹、水竹、实心竹、千层竹、钓鱼刺、紫竹、刺竹、山竹，人面竹等种，其中以金竹水竹的用途最大，产量也最多。""树木有松、栗、柏、冬瓜木、楸木、樟木、梧桐等种。其余的杂木，种类甚多，不胜悉举。"而城里对竹木的需求很旺，砍柴伐木就成了山区农民的一大副业。"但山区人民，不事研究种植，多听其自生自长，又复自由采伐，由此童山濯濯（秃山秃岭，草木全无），殊为可惜！"

农村另一大副业是烧窑，分"黄窑"和"黑窑"两种。黄窑烧碗盏盆罐，主要在城北的松化坝、瓦窑村。黑窑烧砖瓦、栗炭，比黄窑多一些，最有名的是城南的南窑村、城东的波罗村、尚义村、中和村、瀛洲村，城北的莲花村、范竹村，城西的夏窑村、晖湾村等，堪称"黑窑专业村"。抗日战争以后，昆明人口大增，建筑业兴旺，黑窑又增加不少。

挑窑泥

砍柴归来

砖瓦入城

背炭人

○走村铁匠："张打铁，李打铁"

早年村头、街子常见走村串寨的铁匠，他们支起火炉、风箱、铁砧，凭着几杆铁锤，几把夹剪，就地生火打铁，打制镰刀、锄头等农具，还打制菜刀、炒勺、饭铲等生活用具。能干的铁匠，还能打制车轮轴头、轮箍和建筑构件等。打起铁来，风风火火，叮叮当当，引来不少娃娃围观，还走进了娃娃们的儿歌：

小铁匠，你家咋个过日子？

打点儿吃点儿，打点儿吃点儿。

还有一首流传更广：

张打铁，李打铁，打把剪刀送姐姐，

姐姐留我歇，我不歇，我要回去学打铁。

打铁打了三斤半，大爹大妈都来看。

打把锁，锁门上，打副链子拴老狼。

山道背夫

打猎野炊

村头铁匠

打铁磨刀的农村匠人

○乡街子："又不是赶小板桥，急些哪样！"

金汁河边的草皮街

昆明城东的"草皮"街

村子边的草皮街

昆明人把集市叫"街子"，四乡的街子又叫"乡街子"。赶集叫"赶街"。街子多设在一些大的村镇上，有的街子就在野地里，早上赶街还有露水，时过中午，露水一干，街子就散了，叫作"露水街"。赶街的那天叫"街天"，都有一定的日子，多半按十二生肖来排，于是就有了马街、鸡街之类。民国初期，昆明近郊的大板桥、小板桥、普吉、官渡、碧鸡关、马街、小街子、九门里都形成规模不小的街子。街天时，附近乡村、城里甚至远近百里的人都会来赶街，交易兴隆，十分热闹。赶街多要赶早，因之有人做事性急，旁边的人会说："又不是赶小板桥，急些哪样！"

到抗日战争初期，昆明已经形成了不少较大的街子。官渡、矣六、小街子是每天赶街；九门里，寅峰街、小山头、六甲、官庄每天赶早街；大板桥隔日赶街；西华街逢二、八赶街；晖湾逢一、五赶街；乡贤街逢四、九赶街。六天一赶的街子最多，有小板桥、鸡街、龙潭街、龙头街、马街、兴街、乐亩街、下冲街、高峣街、海潮庵街、团山乡、普吉街等。其中最热闹的，是官渡、小板桥、大板桥、马街、鸡街、龙潭街、龙头街、普吉等街子。

在这些乡街子上交易的商品不少，以粮食、蔬菜、油、盐、柴、炭、布匹、牲畜、家具为最多，其次是特产土物和建筑材料。"至于奢侈品、化妆品都很少，农村俭朴成风，尚能维持不坠，这是值得称述的"（民国《昆明县乡土教材》）。

昆明的乡街子不但促进了农产品交易，方便了农民的生活，还带旺了农村的运输业。据《昆明县地志资料》记载，民国初年，昆明"惯用牛马驴骡运百货于外县。东乡惯用牛车、马、骡运柴炭、粮食于（昆明）县城及各街集；北乡惯用马、骡运砖瓦于（昆明）县城及各街集；西乡惯用马、骡运柴炭、粮食于（昆明）县城及各街集，至富民运盐至（昆明）县城；中南乡惯用马匹运粮食至（昆明）县城及各街集"。

老少咸乐草皮街

赶街卖猪

坐独轮车赶街

草皮街上扎堆休息

庙前的小街子

街子上的小吃摊

吆牛车赶街

挑柴赶街

民国初期农村车辆多用“木头轱辘”，走起来又颠簸又慢，吱吱呀呀乱响，雨天陷进烂泥就动弹不得。到抗战时期，昆明人多用汽车废旧轮胎翻制大车胶轮，乡间才用起了“橡胶轱辘”的马车、牛车和板车。

老金融

清末民初，昆明旧式金融业开始向近代金融业转型。旧式金融业资格最老的是典当行，始于清代中期，清末昆明还有20多家，除以实物抵押放款外，有的还从事收放款、发行本票、买卖生银等业务，后来或以典当为主，或转型为银行，如有名的兴文当就成了兴文银行。昆明票号兴起于清光绪中期，最早的是山西帮的百川通、宝丰隆的分号，后来本省同庆丰崛起，票号主营存款、放款和汇兑业务，多走“红道”，依靠官府开展业务。清末各大票号发行的银票还可以“缓急相通”，已经近似钞票了。民国初期，现代银行兴起，票号逐渐消失或转营他业。

清光绪中期兴起的还有银钱业，昆明出现了几十家银两煎销铺，其工商兼营，既可以将生杂银销铸成通用货币，又开办银两存放、兑换业务。清末昆明逐渐通用银圆，银两煎销业退出市场，而钱店却继之而起，从南城门到马市口竟有10多家，经营存放款、贴现和汇兑业务。清宣统元年（1909年），大清银行云南分行在昆明开业，地点就在今天威远街西端的人民银行址，这是昆明出现最早的银行，发行银两票与银圆票两种“大清地钞”。但不到两年，清朝覆亡，大清地钞被清理收回。辛亥革命后，又筹办成立了富滇银行，云南从此又有了“地方央行”性质的省立银行。

○“千年贝币”的金融奇观

古代贝币在昆明历史中的地位极为特殊。早在三四千年以前的夏商时期，中原地区就开始使用贝币了，且有出土文物为证。而到了约2500年前，滇池地区也出现了贝币，也有出土文物作证，在滇池南岸的石寨山古滇国墓中出土过14.9万多枚海贝，总重达四百多公斤。这还不算奇，公元前3世纪后期，秦始皇统一中国，统一货币，“废贝行钱”，但滇池地区相对独立，照用贝币，明末清初的17世纪后期，官方实行“废贝行钱”。但直到19世纪初的清嘉庆年间，“滇中”仍然“用贝”，只是“渐少”罢了（清嘉庆《滇系》）——贝币在中原地区已废除两千多年，而滇中仍在使用，不能不称之为金融史上的一大奇观。

秦始皇统一货币之时，滇池地区还在楚国大将庄蹻建立的滇国控制之下，秦始皇鞭长莫及，贝币逃过一劫。汉武帝控制了滇池地区，但洱海地区一直在“化外”，同处“贝币经济区”之中，大汉的五铢钱进了滇池却进不了洱海，一时难以推行。唐宋时期，云南南诏、大理地方政权兴起，四处扩张，内地的“钱”难以进入云南，反而让大理的贝币走进了附近省份。元代虽统一了云南，但也得和贝币妥协，允许云南继续使用贝币，赋税也用贝币折算缴纳，比率是30“索”贝币抵一钱黄金，当时1“索”为5个贝币，也就是说，150个贝币可换黄金一钱。

明代仍然使用贝币。洪武年间谪戍云南的诗人平显有《忆滇南》诗，说“颗金螺贝马蹄盐，万升高甍截屋檐”，对贝币印象深刻。明景泰年间的《云南图经志书》称：云南府“交易用贝，俗呼贝为𧴩子，以一为庄，四庄为手，四手为苗，五苗为索。虽租赋亦用之。又寅、戌等日赶街子，贸易有无，皆用此也。”明正德年间的《云南志》也有记载：云南府“交易用贝”。明万历年间的《滇略》更说，当时“海内贸易皆用银钱，而滇中独用贝”，朝廷也拿云南贝币没有办法。当局曾于明嘉靖三十四年（1555年）、万历四年（1576年）两次在昆明开炉铸钱，但铸出来的钱没有人用，只好运到贵州和北京，让内地人“享受”。明万历年间的云南右参政谢肇淛说，当时滇中贝币多为小贝，出自福建、两广和老挝（指今天的东南亚）沿海，不远数千里，驮运到云南，俗称“𧴩”。这些贝币不论纹样、大小、是否完整缺损，交易时一摞摞数来，到手就行，无人行诈，百姓称便。虽然贝币面值小，交易起来数量大，携带不便，又易于损坏，但也因为它面值小，损坏了滇人也不觉得可惜。

不过，后来贝币急剧贬值，有云南土司按规定一年纳税额折算为“七万九千八百索”——约40万枚贝币，土司找不到这么多的贝币，向朝廷请求用银子代替，获得批准。到明天启六年（1626年），当局再次在昆明开炉铸钱，昆明终于进入了银两、铜钱和贝币“三币通用”的时代。到明末清初，大西军进入昆明，为筹集军费，先后铸造“大顺通宝钱”和“兴朝钱”，严禁民间使用贝币，贝币这才走上了末路。清雍正年间的《云南通志》谈到贝币时说，明天启年间以后，由于“银贵吧贱”，使用不便，贝币仅在一些边远之地使用。至于清初，已“久不复用”了。但是，直到清代中后期，滇中边远地区仍在使用贝币。清代云南学者师范在《滇系》中说，直到清嘉庆年间，仍见“滇中用贝”，只是“今已渐少”。当时的贝币俗称“吧”，边地民族妇女还用来做首饰。在市场上流通时，“以一枚为一‘妆’，四‘妆’为一‘首’，四‘首’为一‘缗’，亦谓之‘苗’。五‘缗’为一‘卉’，即‘索’也。一‘索’值银六厘”。用贝币购买小物品，“可得数十种”，十分方便，所以禁之不绝。直到清道光年间，当时的《昆明县志》才说昆明“昔多用贝”，而“今无矣夫”。

古滇国时期的贝币和青铜贮贝器

滇池地区的贝币流通两千多年而不衰，这与云南的“外向型经济”有关。晋宁石寨山出土海贝背有黄圈，经鉴定为“环纹货贝”，原产于太平洋和印度洋，是沿着古代“蜀身毒道”运进来的东南亚和南亚之物，是云南在长期的“走夷方”贸易中“入超”的产物。贝币虽然是原始的实物货币，但不易伪造，又来路遥远，易于保值，自有优势，这才在云南充当了数千年的主要通货，成为云南人的“宝贝”。从秦皇汉武、唐宗宋祖、一代天骄成吉思汗到手段凶狠的朱皇帝，都拿这“宝贝”没有办法。在市场大潮的冲击下，明代中后期的贝币已经衰落，但却挺过了明末清初兵荒马乱中的沉重打击，一直沿用到清代后期，堪称奇迹。

○早年当铺、押号和旧号铺

典当是昆明的老行当，最早出现于清代中期的乾隆年间，根据规模大小，可分为典、当、质、按、押五种，到清末就只有当铺和押号了，光绪年间共有 20 多家。

早年当铺以一个巨大的“當”字为标志

到民国初期的1924年，昆明仍有20多家当铺、30多家押号。

无论是当铺还是押号，都算是一种“抵押货款”，可以归入金融生意之类。一般平民急需用钱，就把家中的金银首饰、古玩字画甚至房契等值钱的物品送到当铺，由当铺估价打折贷款。一般金银玉器是八九折，其他物品按新旧程度打六七折，再按打折后估价的一半放款，利率是每月每元约一分五厘，高的可达两三分，清代曾规定最高不得超过三分。典当期从16个月到18个月不等，也有10个月的。到期还贷还息，物主可以取回物品，期满如不能取赎，可以付息延期，或不付息而利转本，利上加利，延长半年左右。过期即为“死当”，不能赎回了。押号对抵押品的要求低得多，无论好坏，都可抵押，但月息最少不下3分，高的可达5分，抵当期限3个月或半年。早年靠典当和押号救急的多是城市平民、小手工业者，还有近郊的农民，有的当铺为了扩大业务，还在城郊的乡镇设立了“代办当”。

当铺收进货物后会开出一张收据，叫作“当票”，编号按《千字文》中“天地玄黄……”编号，每月用1个字，从开业的月份编起，和当铺的流水账相同，以便查考。当品名称用的是隐语，各当铺大同小异，如“油”“渍”“滥”“淡”“坏”“破”“裂”等，让外人看了一头雾水。当铺的管事有一本簿册，如同密码本，记录着这些隐语的含义：“油”是布衣服、“渍”是绸缎，“淡”是金饰、“坏”是银饰，“裂”是牙器等等（1994年《云南省志·金融志》）。

早年的典当业获利甚大，吸引了不少投资者。有当官发财自开当铺的，有当官投资另外请人经营的，有四乡地主“绅士”开办的，有大商号、票号兼营的。有的独资，有的合资，名号中有“合”字如“三合当”、有“聚”字如“聚盛当”等，多是合资开办的。

成为“死当”的物品，特别有价值的成为当铺老板、股东的囊中之物，一般的“死当”物品则送到西院街（即今福照街中段）、二纛街（即今民生街）和长春坊（即今长春路中段）的“旧号铺”出售，形成了一条“产业链”。由于当铺估价打折很低，虽然“死当”物品标价比“当价”要高，仍比新货价格低得多，加上当时日用品货源不多，市民生活水平较低，“旧号铺”的生意不错（据1993年《昆明金融志》等）。

○“兴文当”和“天盛当”

典当业能急人之难，在典当过程中，估价、打折、月息、当期都面议而定，随行就市，很受欢迎。但由于典当者急需用钱，强势总在当铺、押号一方。为扩大当本来源，当铺也收受存款，利息仅五厘左右，存、货差不小。加上压低估价、出售押品，层层盘剥，利润更高。商人、地主、官员都纷纷入行。

清光绪十五年（1889年），当时的盐法道署（相当于省盐业厅）和地方富绅联手出资18000两银子成立当铺，以七成收入扶持经正书院高才生，资助他们的生活、学习和赴京赶考费用，以“激励清寒学子，培育人才，振兴文化”。这个官督商办的当铺也因此称为“兴文当”，早期设在三牌坊（今正义路中段）的邱家巷底。和一般当铺相比，兴文当的底本充裕，经营稳健，当息较低，当期较长，信誉良好，全省闻名。直到民国初期，兴文当的业务仍以典当为主。

但是，典当业以逐利为目的，就免不了天灾人祸，形成风险。那时的当票上都印有“鼠咬虫蛀，天灾人祸，各听天命”的字样，既是推卸责任，也是一种无奈。由于收受当物太多，保管不当，加之昆明房屋多为土木结构，火灾竟然成为昆明典当业一大克星。民国初期，因为火灾而破产的就有昆明土主庙街的恒丰当、威远街的元顺当、万钟街的兴盛当、公园街的镒兴押号等，当铺老板、股东和客户因此损失严重。其中镒兴押号进行破产处理时，对客户存款、当品只能按面额的20%赔退。

民国初期，不少官家和富商成为当铺后台。当铺里的存款多在旧滇币百万元以上，资金来源十分充裕。1928年后，昆明不少大当铺经营转型，开始极力揽收公私存款，发行本票，买卖生银，扩大信用。兴文当1929年改属省财政厅，称“兴文公当”，也增加了存放款业务，又开办房地产，收买生银，扩大铸币，当铺从此开始向银行转变，成为昆明第一家商业金融银行。

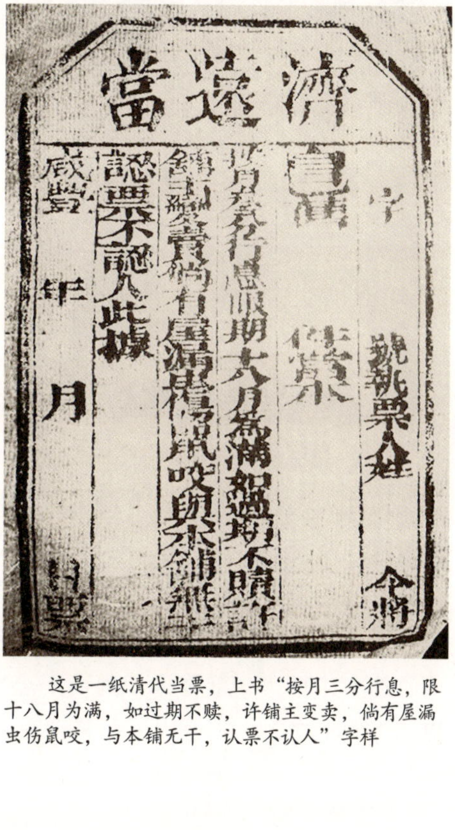

这是一纸清代当票，上书“按月三分行息，限十八月为满，如过期不赎，许铺主变卖，倘有屋漏虫伤鼠咬，与本铺无干，认票不认人”字样

1930年前后，市场投机制造了虚假繁荣，云南“支柱产业”大烟业商人买空卖空，反复抵押，当铺、银行则听之任之，大量贷款。文明街上的天盛当更以月息一分以上的高利广收存款，直接经营大烟生意。结果，1931年的世界经济危机一来，省外烟价暴跌，金融恐慌，昆明七十多家商号受到牵连，先后倒闭，典当业也随之陷入危机，“当难”频频，一片混乱。这年的12月，兴文当存户挤兑存款，被迫停业，震惊全市。天盛当更直接倒闭，不少市民和近郊农民遭受巨大损失，涌进当铺讨还存款。一位中年妇女绝望至极，刺死久病无钱医治的孩子，抛尸柜台，又用头撞击当柜，大声哭嚎，要老板还钱。此事轰动昆明全城，当局为平息众怒，把天盛当经理王安良抓了起来，但平民百姓的存款仍然没有着落。当时昆明人都说：“天盛当诱人上当，王安良丧尽天良。”（据1993年《昆明金融志》等）

○早期票号和“同庆丰”

昆明钱王票号“同庆丰”旧址

中国票号出现于清代的道光初年，主要业务是汇兑，又称票庄。当时主要通货是白银，交易规模一大，资金结算就很困难。清代后期西方列强进入中国市场，商业规模越来越大，以汇兑为业务的票号发展迅速。清同治年间，山西“平遥帮”开设的百川通和宝丰隆，浙江帮的乾盛亨和盈泰兴等票号都进入了昆明。而它们的主要竞争对手则是云南人王炽创办的同庆丰（天顺祥）票号。

同庆丰是中国票号的后起之秀，开办于清同治四年（1865年），始创地在重庆，前身是昆明的“天顺祥”。老板王炽是云南弥勒县虹溪镇人，是中国独一无二的“一品红顶商人”。清光绪二十六年（1900年），八国联军攻进北京，慈禧太后和光绪皇帝逃到西安，入不敷出之时，向各大票号借钱，各号为之敛手，只有王炽站了出来，让麾下的西安天顺祥票号源源接济慈禧，后得诰封“三代一品”封典，更是海内称豪。到清光绪年中后期，同庆丰分号（在省外称天顺祥）已遍及全国22个行省中15个行省的大中城市，被称为“南帮中杰出票号”，与山西“平遥帮”票号并驾齐驱，更“等而上之”。（近代《新纂云南通志》）

同庆丰的成功和王炽的内部“顶层设计”分不开。王炽把同庆丰设计为“股份制”企业，共有52股，自己和另外四位股东各占10股，剩下的2股归全体职工，每三年结算一次，进行分红。王炽又严格挑选入号人员，一切让工作实绩说话，让品行端正、精明干练者得到任用。王炽用人不疑，充分信任，职工在住房、婚丧、年节开支方面有困难，都提供支持，以凝聚人心。

同庆丰广告语：汇通天下

同庆丰账房塑像

据1993年出版的《昆明金融志》记载，同庆丰主营汇兑，“以各省调剂云南协饷，及省宪解缴朝廷款项为大宗，年在数百万两之巨”。“其次则经营存、放款”，“上自督府、司道及藩库、盐粮各署、各机关、善堂、书院，下至省会商行铺店私人存取，出入息差在5厘以上”。清朝官吏及各机关都把巨额钱款存放到同庆丰，如清光绪十六年（1890年），前云贵总督的岑五少爷存17000两，光绪二十九年（1903年），龙元局存76300余两等，而藩库、臬台、海关、协饷等存款尤多。由于经营灵活，信誉良好。从清光绪到宣统的25年之间，“全号鸿利银达389万余两”。同庆丰兼营商业，如包销川盐、经营土产、药材、烟土等，还在昆明广置不动产，到清末已拥有房产500多处，昆明西院街（今光华街）、民生街的房屋几乎全部为同庆丰所有。同庆丰在昆明四牌坊开办的“顺庆当”是全省最大的当铺。

不过，同庆丰背靠官府做大，一旦“官路”生变，官府衰败，问题就来了。清光绪后期，王炽去世，继任者内部不和，难稳大局，几大分号“沆瀣一气，假借汇兑，套取总号现款”，走上分裂道路，“多数人营私舞弊，不顾大局”，“倒号”连续发生，损失巨大。清朝廷危机重重，各省官吏拖欠不还，同庆丰形成大笔呆账，如云贵总督岑毓英欠19600多两，浙江巡抚刘景韩欠18300两，江苏聂促舫中丞欠14500余两，另一个浙江巡抚余晋珊欠5400两，四川盐道黄爱棠欠4700余两……辛亥革命之后，清王朝被推翻，断了同庆丰翻身的最后一线希望，只好转向，经营典当业去了。

清光绪后期，昆明出现了钱庄，主要有“源盛”“同盛”等八九家。近代《新纂云南通志》记载，“票号之外，又有钱庄，亦以存款、放款、贴现及汇兑为业务，通行南方诸省。光绪末年，票号势衰，乃继之而起。本省钱庄，大都规模简单，惟昆明为发达。清代末叶，南门至马市口一带，无虑数十家之多”。以后钱庄在昆明几起几落，新旧交替，一直延续到抗日战争胜利以后。

○银两煎销业的“火耗”和“炉耗”

清代云南“道光十九年”大三槽银锭

清代云南“长久 张运祥”一两银锭

清代云南“周宝铨”汇号纹银：五两马鞍银锭

清代昆明多用白银交易，市场上流通的银锭多达一百六十多种，良莠混杂，重量各异，交易不便。按当时的规定，民间可以自铸银锭，于是不少商户把杂银送到银匠铺、银炉代为鉴定、改铸，并进行兑换，以大换小、以小换大、以优换劣、以劣换优等等，煎销（煎熬销镕）业由此兴起。

清嘉庆、道光年间，昆明已出现了较大的煎销铺，咸丰年间因战乱而萧条，光绪年间又有发展，出现了数十家煎销业铺。这些煎销铺工商兼营：既是作坊，帮助官府、商号把生杂银销铸成通用银锭；又是钱庄，开办银两存放、兑换业务。由于当时币制混乱，银两成色不一，铜钱轻重各异，纸钞币值不稳，煎销铺兼营工商，哄抬抑压，扣取费用，从中渔利，由此大发“银财”，资本积累到数万两到十多万两不等。

旧时昆明煎销铺大都聚集在从南门到马市口的市中心一带，每铺有土炉一座，大的有两座，每炉每天可熔银 30 两到 50 两。收进银料时，无论生料还是熟料，煎销铺都要压低成色 1% 到 5%，叫作减一到五色，而兑出时则抬秤抬色，再加上火耗费、炉耗费，利润丰厚。当时有人说：“拿一两银子由马市口到三市街，遇着（煎销）兑换店就换，换来换去，到头只有六七钱了。”（1993 年版《昆明市金融志》）昆明坊间看见有人做事鬼祟，就说他“贼头火耗”，就是从这里来的。

清末昆明市场逐渐通用银圆，民国初期官方更废除银两，改用银圆，并规定由云南造币厂铸造。煎销业从此退市，大都改营货币兑换、银楼、典当去了。

○最早的近代银行

清光绪三十年（1904 年），清政府成立官商合办的“大清银行”，是清末最大的新式银行，履行国家银行的职责。宣统元年（1909 年），大清银行在昆明三牌坊旧经历署（今正义路人民银行址）设立云南分行并开业，成为昆明银行业的鼻祖。

清宣统元年（1909 年），大清银行在昆明发行的“大清地钞”5 元券

大清银行云南分行营运基金一百多万元，在云南发行银圆兑换券和银两兑换券，通称“大清地钞”。这些“大清地钞”是原来规定仅在张家口通用的“大清户部银行兑换券”，注明“此票改云南通用”字样后，就在云南发行使用。到清宣统三年（1911 年）六月，大清银行云南支行现银库存 57 万多两，发行银两票 21 万多两、银圆票 33 万多元，主要在昆明和个旧等附近州县流通。

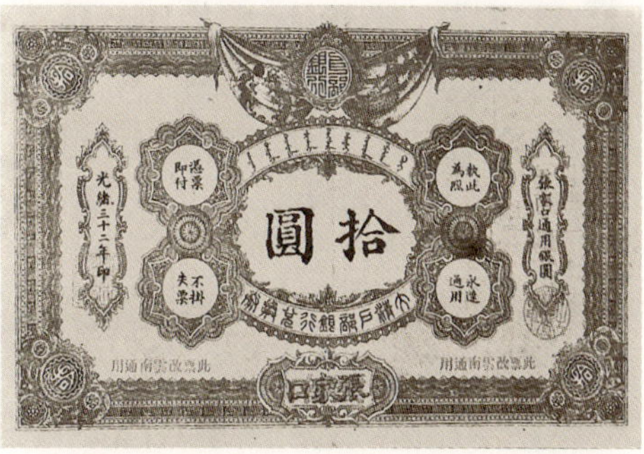

清宣统元年（1909 年），大清银行在昆明发行的“大清地钞”10 元券

因为有中央银行的旗号，资金雄厚，纸钞流通方便，业务灵活多样，大清银行云南支行营业兴盛，存、放、汇业务发展很快。辛亥重九起义后，大清银行云南分行停业清理，已发行的“大清地钞”陆续收回销毁于，1919 年全面退市。

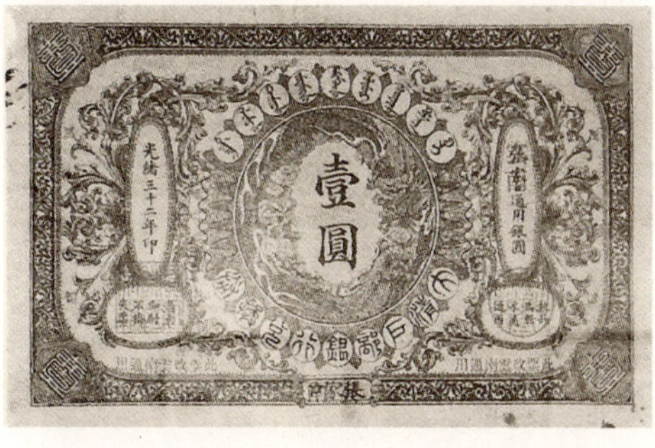

清宣统元年（1909 年），大清银行在昆明发行的“大清地钞”1 元券

○最早的地方银行

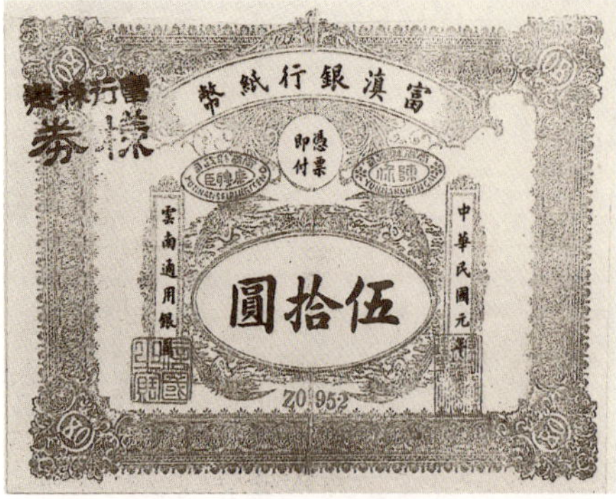

民国元年（1912 年）富滇银行发行的“老滇票”50 元券

云南官印局承印的富滇银行“老滇票”，背面是英文

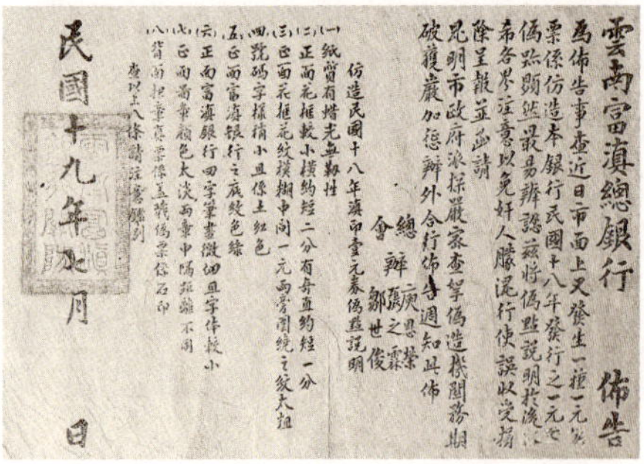
雲南富滇總銀行　佈告

為佈告事查近日市面上又發生一種一元[illegible]票係仿造本銀行民國十八年發行之一元[illegible]僞點頗巧最易辨認茲將僞點說明於後[illegible]希各界注意以免奸人朦混行使誤收受[illegible]除呈報並函請昆明市政府派探嚴密查拏僞造機關務期破獲嚴加懲辦外合行佈告週知此佈

總辦 [illegible]
會辦 [illegible]

仿造民國十八年滇印壹元券僞點說明

（一）紙質有蠟光無韌性
（二）正面花框較小横約短二分有奇直約短一分
（三）正面花框花紋模糊中間一元兩字周繞之紋太粗
（四）號碼字樣精小且係土紅色
（五）正面富滇銀行之底紋色綠
（六）正面富滇銀行四字筆畫纖細且字体較小
（七）正面[illegible]顏色太淡兩章中隔距離不同
（八）背面[illegible]

查以上八條請注意辨別

民國十九年九月　日

富滇银行民国十九年（1930 年）颁发的鉴定伪钞告示

重九起义胜利后不久，云南军都督蔡锷就下令筹设地方银行机构，负责发行新政权的货币。经过紧张的筹备，1912 年农历二月初九，富滇银行（史称老富滇银行）在昆明威远街西口（今中国人民银行云南省分行址）正式成立营业，这是云南最早的地方银行。成立当年，富滇银行就在个旧、思茅(今普洱)、昭通、腾冲、下关等处设立分行，后来又在香港、上海、贵阳和越南海防等地设立分行，共有分行、办事处、汇兑处共五十多处，标志着覆盖全省，联结香港、上海等地的云南地方现代金融体系的建立，对地方的金融、时政和经济稳定、有效抵御殖民势力侵入发挥了重要的作用。辛亥革命时期，云南政治、经济治理成为“南北各省之冠”，富滇银行功不可没。

富滇银行直属当时的云南省政府，开办货币发行、存放款业务和汇兑业务，扮演着云南地方央行的特殊角色，时人称之为“滇省金融机关之中心”。在当局的强力支持下，富滇银行的滇币（后称老滇票）发行量逐年上升。因为统一货币的出现，云南商业贸易发展迅速，势头良好。

但在富滇银行成立之初，就被强加有“代垫省款”的特殊职能。按照规定：“在不妨碍营业的范围内，得依云南省政府的命令，筹付款项，以供财政上的需要。”民国初期战争频繁，有为国为民的护国战争，又有省内省外的军阀混战，政府军费严重不足，常常超额借款，而准备金又无增加，富滇银行不得不滥印钞票，以满足财政需要。这就为以后的通货膨胀、滇票贬值埋下了“定时炸弹”。

滥发纸币的结果是纸币贬值和通货膨胀，同时造成财政进一步困窘，当局再大举向富滇银行举债，富滇银行又不得不开机印钞——如此恶性循环，最后导致财政枯竭、银行空虚、市面紊乱，老滇票信用丧尽，几成废纸。银行挤兑、限兑乃至停兑之风已成常态，社会矛盾集中于金融，危机出现。底层民众受害最深，坊间有童谣唱道：

你说东西贵，要怪吴三桂。

大刀放山上，道士也下跪。

到 1932 年，省政府对富滇银行的积欠达 4906 万元，占富滇银行滇票总发行额的 51.7%。富滇银行陷入危机，难以为继，最终于 1932 年 6 月宣告结束，另外建立新富滇银行。

○最早进驻昆明的外国银行

滇越铁路通车后的清宣统二年（1910 年），法国东方汇理银行马上跟进，在滇南的蒙自设立分行，并进一步要求把分行设到昆明，被清政府拒绝。1910 年 5 月，东方汇理银行再次提出在昆明设立分行的要求，当局不便硬顶，就使了个绝招：先同意法国人的要求，继而又同意当时云南总商会的抗议，然后告诉法国人：“此事滇省绅商均严予拒绝，商会反对尤力，实属碍难办理，无能为力。”于是此事不了了之。

法国东方汇理银行发行的“二毛”纸币

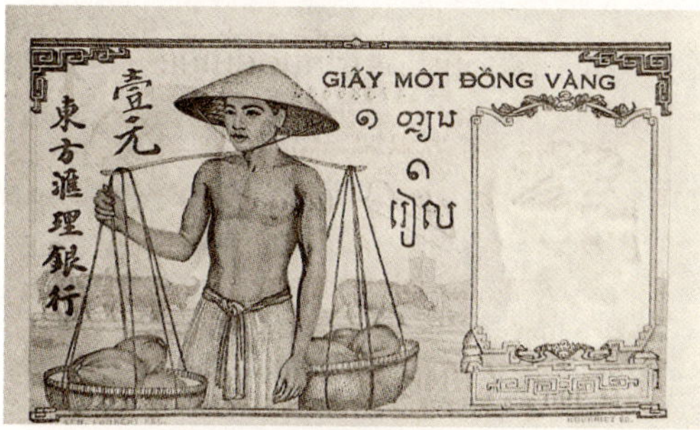

法国东方汇理银行发行的 1 元纸币

但是，汇理银行不甘心，到了 1918 年，又以广东人为代理，不挂牌子，悄悄在昆明设立银行办事处。到 1921 年，见当局没有反应，竟未经批准就公开挂出了法国东方汇理银行蒙自分行昆明办事处的招牌，等到当局去交涉，法国人也支支吾吾，不了了之，办事处的设

法国东方汇理银行发行的5元纸币

法国东方汇理银行发行的100元纸币

法国东方汇理银行发行的500元纸币

立，也成为既成事实了。无论是清朝还是民国，中国外交的软弱，主权如同儿戏，从这里也可见一斑。而东方汇理银行在云南大肆发行“法纸”（越币）、控制外汇、操纵金融、扰乱市场、牟取暴利，也就是必然的事了。

据统计，法国东方汇理银行设立昆明办事处后，在云南发行的法纸（越币）迅速从700多万元增加到1000多万元，按当时的比值换算，竟然相当于富滇银行发行的滇币总额的175%！结果是滇币贬值，金融混乱，物价上涨，汇理银行大发其财，而云南民众大受其害。

○没有硝烟的“金融大战”

民国初年，云南经济舞台上的一大要角是法国东方汇理银行，此行是法国殖民者在安南（即今越南）设立的银行，是滇越铁路的大股东，通过滇越铁路的修建和运营大举进入云南，在蒙自设立了分行，继而在昆明设立办事处，竭力以滇越铁路公司垄断云南进出口贸易，操控云南金融市场。

晚清时期，云南财政款项都由王炽的“同庆丰”票号保管并承汇，东方汇理银行进入云南不久，便利用“善后大借款”五国银行团成员国地位，取代“同庆丰”，获得了保管、承汇云南财政款项的特权。蒙自、思茅（今普洱）、腾冲3个海关的税款、云南全省盐课和邮政收益，每年达200万两白银以上，全都收进了东方汇理银行。这些款项陆续收入、定期解缴，其间有个时间差，被法国人用来开展大锡跟单押汇和信贷业务，以“空手套白狼”逐步操控了云南金融。

大锡是云南最主要的出口商品，是云南外汇的主要来源。当时蒙自海关出口商品总值占云南全省出口总值的80%以上，而大锡出口又占蒙自海关出口总值的

70% ~ 80%，大锡出口事关云南外贸大局。东方汇理银行推出大锡跟单押汇业务，个旧锡商只要把出口单据交给他们，便可得到部分预付货款，由东方汇理银行代货主收取货款，收齐后扣除利息和手续费，再向货主交割其余货款。东方汇理银行收的是外汇，贷的多是滇币和越币。就这样，他们利用保管的云南财政款项，大做无本生意，赚取大量利息，更通过操纵汇率，垄断云南外汇，控制云南经济命脉。在这种情况下，云南当局兴办的富滇银行被逼到了墙角。再加上其他缺陷和失误，到 1932 年，富滇银行已到了濒临倒闭的绝境，不得不重组为富滇新银行。1934 年，著名实业家缪云台临危受命，就任行长。他谋定而动，亮出“两板斧”，向法国东方汇理银行发起了绝地反击：

缪云台

其一，电请中国政府财政部将云南征收的国家税款改由富滇新银行保管、解汇。不久，云南海关、邮政、盐务等税款都从东方汇理银行转存到富滇新银行，由富滇新银行保管、解汇。此着犹如釜底抽薪，东方汇理银行的“无本生意”做不成了，而富滇新银行则“手中有钱，心里不慌”，有点儿“财大气粗”了。

其二，以其人之道还治其人之身，缪云台大摆擂台，和东方汇理银行大唱对台戏，开展跟单押汇业务。富滇新银行每天挂出汇兑牌价，只要牌价相同，出口商有义务将运货单优先押给富滇新银行，同时取得贷款。如果出口商出售外汇兑换滇币，富滇新银行也有以市价购买的优先权。

“两板斧”砍出，东方汇理银行强烈反对，甚至通过越南海关限制云南出口货物过境。云南当局有点儿发虚，准备让步。缪云台坚决反对，毫不退让，和法国人对峙了几个月，滇越铁路公司货运锐减，收入大受影响，已经难以为继。最后由铁路托拉斯出面调解，东方汇理银行不得不让步。不久，云南省当局又“乘胜”采取措施，停止在全省发行使用“法纸”（越币），以维护国家主权尊严，稳定发展云南金融。此番国际“金融大战”，以中国的全胜告终。

○“龙元”“老唐银币”和“老唐金币”

清末昆明流通最早、最多的本国银币是“龙元”，因铸有龙像得名。其中有随着湖北“协饷”（财政支持）解交到昆明的湖北龙元，随着烟帮大量运到昆明的四

民国初期铸造的“老唐金币”正面

民国初期铸造的“老唐金币”背面

民国初期铸造的“老唐银币”正面

民国初期铸造的“老唐银币”背面

川龙元，还有昆明钱局街的宝云钱局铸造的云南龙元等。这些龙元又分为大元、半元（五角的小银圆，两枚抵大元一枚，又称“半开”）、银角（分一角和两角两种）等。

民国初期，龙元继续在昆明流通。云南还自铸了“拥护共和纪念”银圆和半开，上面有唐继尧像，被称为“老唐银币”。此外还有“双旗”半开、两角等。1918 年全世界闹银荒，国际市场银贵金贱。1919 年，云南省当局把个旧大锡运到香港，换回黄金 30 多万两，自铸“拥护共和纪念”金币，成色为金九铜一，其中重 2 钱的值银币 5 元、重 4 钱的值银币 10 元，其上也铸有唐继尧像，民间称“老唐金币”，总发行币值达 1500 万元。

金币流通有个大问题，当其面值高于金价时，人们不大愿意收它；而其面值低于金价时，人们又会把它收集起来熔毁谋利。1922 年，金价回升，“老唐金币”一部分被金铺溢价收购熔毁，运往香港、上海出售。法国东方汇理银行也趁火打劫，大量收入“老唐金币”，运出云南牟利。这样，“老唐金币”不久就退出了云南市场。

1924 年，由于银价上涨，云南还从日本进口原料，先后制成壹毫（一角）、半毫（五分）的镍币共 3800 多万枚，主要在昆明和滇西、滇东北部分县流通。

○铜币：“老钱”和“局钱”

老昆明市面上流通的铜钱有新、旧两种。

旧铜币叫制钱，多半是昆明宝云钱局铸造的。其中清代嘉庆、道光以前铸造的叫“老钱”，这些铜币分量够，成色足，信誉高。清代咸丰、同治、光绪年间铸造的铜币叫“局钱”，重量轻，成色差，加上盗铸掺假，信誉特别低。

清代铜钱越铸越小，越铸越差

新铜币叫铜圆。清代光绪末年，昆明闹钱荒，当局从四川运来几千驮铜圆，民间商人也从四川、湖北、湖南等省买来大批铜圆，和制钱同时使用。清光绪三十三年（1907年）以后，昆明也铸造了一批“当十”（相当于十文）的铜圆。银圆和铜钱的比价有波动，一般一块银圆可换铜钱1500文。

民国初期，云南造币厂仍用旧模铸造“大清铜币”，有统计说共铸造了1400多万枚新朝铸造旧朝币，也是一件奇事。直到1915年，才开始铸造“拥护共和纪念”的“当五十”铜币，铸有唐继尧像，坊间称之为“老唐铜币”。

○纸币：“老滇票”和“新滇票”

清宣统以前，昆明市面上没有纸币，只流通有票号的本票。宣统元年（1909年），大清银行云南分行在昆明成立，发行“大清地钞”，才有了正式的纸币。辛亥革命后，“大清地钞”停止使用。

云南官印局印制的富滇银行10元纸币（1913年版）

民国初年，富滇银行发行纸币，民间叫“老滇票”。开初发行1元、5元、10元、50元和100元五种面额，云南本省官印局印制。特点是首批纸币上全文印上了省财政司布告，内有确保信用、民众不得拒收等文字，也是纸币史上一奇。早期纸币由云南本省官

美国钞票公司印制的富滇银行10元纸币，上面印有金马碧鸡图案

新滇票沿用老滇票版印制的10元纸币

老滇票背面的草体字后来变成了这样

5角纸钞背面的签字

老滇币拥护共和纪念币100元兑换券背面的签字

印局印制，纸质粗劣，印工不佳，容易损坏，后来交上海商务印书馆代印过5元和10元两种，印上了昆明标志性景物：5元纸币正面右为双塔寺，左为状元楼，背面为田野风景；10元纸币正面为太华山，左为金马坊，背面为翠湖风景，富于地方特色，用纸和印工都比较好。早期老滇票仅流通于昆明和滇越铁路沿线各县，因流通量少，准备金就显得较为充足，随时可兑现银圆，信用较好。

1921年，富滇银行又交由美国钞票公司印制纸币，票面上印有金马、碧鸡立于地球的图案。有意思的是，这些纸

富滇新银行发行钞票背面的草书是“其命维新”四字，出自《诗经》

币的背面印有手书草体“其命维新”四字，富滇新银行印制的“新滇币”也将其沿用，民间有人依字形解读为“二十八年打五折”，竟广而传之。后来一语成谶，到民国二十八年（1939年），新滇币果然大为贬值，又成为云南货币史上的一桩奇事。

○“金圆券”

1935年后，全国统一的法币逐渐取代新滇币。1948年8月，国民党政权为挽救财政经济危机，维持不断扩大的内战军费开支，决定废弃法币，改发金圆券，强制民众把黄金、白银和外币兑换为金圆券。但由于滥发金圆券，造成恶性通货膨胀，于是币值暴跌、物价暴涨，引发了严重的金融危机和社会矛盾。金圆券面额初期最高为100元，最后竟出现50万元、100万元一张的巨额大票，形同废纸。

民国时期发行的1元金圆券

民国时期发行的50元金圆券

当时市面上流通有两种50元面额的金圆券，分别由上海和香港印制，二者部分花色和印章笔画有别，昆明发行的是其中的上海版。1949年2月初，香港版50元面额金圆券流入昆明，一个小贩拿到南屏街中央银行昆明分行兑换，被认为是假币，盖上“伪钞作废”图章。消息传开，昆明民众担心手上的金圆券不能兑换，都涌到中央银行昆明分行挤兑。这天是12日，正好是星期六，银行下午不营业，大门紧闭。大家焦躁不安，打开银行侧门，一拥而入，有人乘机哄抢。后来宪兵、警察赶到，抓捕了200多人，关在近日楼。后发生“元宵血案”。

民国时期发行的1000元金圆券

民国时期发行的50000元金圆券

○“复辟”的“光绪元宝”和“袁大头”

民国初期，当局通令以银币为本位，银币成为云南真正的法币。1935 年以后，银币的地位逐渐被纸币取代。1948 年后物价飞涨，纸币迅速贬值，昆明市面交易又恢复使用银币，于是银圆“复辟”，成为金融市场上的一大景观。

清光绪年间云南铸银币“龙元”正面

民国三年（1914 年）袁世凯一元银圆正面

1933 年孙中山头像银圆正面

清光绪年间云南铸银币“龙元”背面，环铸英语

民国三年（1914 年）袁世凯一元银圆背面

1933 年孙中山头像银圆背面

“复辟”后的银圆套用的是清末民初的老模子。1949 年 7 月，云南银币铸造所用旧存模子赶铸“光绪元宝”团龙版半开银币，以应市场需要。又从香港新购祖模，在昆明铸造袁头（袁世凯）、孙头（孙中山）银币。“光绪”的清王朝是辛亥重九起义革命的对象，袁世凯是云南护国运动战争的对头，这时都饥不择食，拿来“以应市场需要”，而“拥护共和纪念”的“老唐银币”却被冷落在一边，这多少有点

儿时空倒错的讽刺意味。唯一可为当时的民国挣面子的是同时铸造的“胜利堂”贰角银币，背景是昆明图案抗战胜利纪念堂。

即便如此，市面的银币还是供不应求，省政府又指定云南银币铸造所铸造金条，投入流通。直到 1950 年 1 月 15 日，共铸五市两金条 2040 条，总重 10200 市两，成色为 99%。

○境外流入货币：“板椿钱”和“站板椿钱”

从越南流入昆明的法国“板椿钱”正面

从越南流入昆明的法国“板椿钱”背面

从香港流入昆明的英国“站椿钱”正面

从香港流入昆明的英国“站椿钱”背面

民国初期，昆明市面上普遍流通境外货币。据统计，当时从越南输入云南的法币就占到云南全省年经济收入的一半。这些法币由法国东方汇理银行发行，在香港和内地叫“西贡纸”，昆明人叫“法纸”。

从越南沿滇越铁路进入昆明的还有越南银圆，正面铸有自由神扶杖坐像，在中国内陆和长江沿岸城市叫“法国杖洋”，在昆明叫“公仔钱”，又叫“板椿钱”，都有点“象形”的意味。

清光绪三十四年（1908 年）云南禁烟，白银缺乏，一些做大锡生意的商人从香港购来不少墨西哥银圆，先流通在昆明和蒙自一带，后来全省通用。其正面铸有一只鹰，叼蛇展翅，站在仙人掌上，昆明人叫“飞鹰钱”。从 1909 年到 1919 年，从香港、东京运进的墨西哥银圆达 733 万元。这段时期还从香港运入了大量香港银圆，达 525 万元之多。其正面铸有英国海军武士立像，右手扶矛，左手扶盾，粤、港一带称其为“站仔洋”，昆明人叫“站仔”，又叫“站板椿钱”，还是有点儿“象形”。

此外，在滇缅边境做生意的商人、赶马人和到康藏经商的人还会把印度卢比带到昆明来，其正面铸有英国国王像，昆明人叫“小洋”。

如此多的境外货币在云南的市场上泛滥，比价混乱，变动频繁，常常导致物价波动，刺激投机贸易，扰乱金融市场，到头来最吃亏的是普通昆明人，最大的赢家则是外国银行。

老工商

昆明的近代工业肇始于19世纪70年代清同治末年的“洋务”。那时的云南巡抚岑毓英在昆明三圣宫(今武成小学)建立军火局，用新式机器和技术制造火药枪炮、叉杆、刀矛等——昆明近代工业从此起步。

清光绪年间，以军事工业为开端，昆明先后举办采矿、玻璃、造币、火柴、鞋帽、制革、卷烟、食品、机具等产业，并创办了电报、电话、邮政等公用事业，而后者的掌控者竟全为外国人。到1911年，昆明共有官办、官督商办、官商合办工业20家，近代工业从此在昆明落地生根。同时，以昆明为中心的云南电报、电话、邮政网络也有了一定的规模，大大方便了昆明内外信息沟通和联系，缩短了与外界的时间距离，进一步改变了昆明对外封闭的状况，为昆明近代经济发展提供了有利的环境，标志着昆明在城市近代化道路上迈出了重要的一步。

○“行帮”陋规：“做马皮者，不得私买牛皮做”

昆明城墙下的小肉摊

行帮是行业帮会，有按行业划分的，也有按行业和地域划分的。清末昆明行帮不少，如茶帮、土药帮、杂货帮、海味行帮、清酒行帮、红白纸行帮、川丝行帮、棉花行帮、盐铺帮、红糖行帮、洋纱行帮、丝绵铺帮、绸缎铺帮、芦茶铺帮、布匹铺帮、京果铺帮、清油行帮、杉板行帮、蜜食行帮、土纸行帮、川土烟行帮、羊牙行帮、药材行帮、棉线铺帮、瓷盅铺帮、斗笠铺帮、当铺帮、酒席铺帮、旧衣铺帮、京货铺帮、米铺帮、土黄烟行帮、青靛行帮、白布行帮、猪牙行帮、颜料行帮、书籍行帮、棉絮铺帮、租碗铺帮、笔墨铺帮、纸张铺帮等等，这些都是以行业分的，多半由本地商家组成。以商人原籍分的行帮有川帮、广帮、四川药材客帮、湖南土药客帮、广东土药杂货客帮、三迤骡马行帮、迤东川烟杂货帮、贵州客帮、安徽瓷器客帮、浙江杂货客帮、常德土药客帮、四川土药杂货客帮、迤西土药帮等。这些行帮的商家数目不一，或多或少，从十多家到一百多家不等。

昆明行帮都设有会馆。财势大的行帮，如布业建有孚佑宫，每年春秋二季，同行相聚，弹奏洞经，且要“随心功德”，三月又作财神会，同行聚餐一次。财势弱的行帮则合建会馆，如药材、银首饰、翠花等八业行帮合建三皇宫，每年分行业各自聚集一次，举行财神会。有的行帮会馆还有铺面或房屋租赁，收取租金作为行帮费用。不少行帮会馆都会取名“寺”“庙”“宫”“殿”，或者就设在寺、庙、宫、殿里，以祭行业神，以图吉利。如书林街财神宫有煎销钱号会馆，吴井桥（今民航路）杨泗庙有菜油行会馆，武庙街（今武成路）补天寺（普天寺）有丝行会馆，翠湖边轩辕宫有缨帽会馆，南城外土桥的香海庵有猪行会馆，城南西岳庙有五金行会馆，城东拓东路普照寺有香油会馆，城东拓东路盐隆祠有盐业会馆，拓东路三元宫有棉花会馆，南昌街老郎宫有梨园会馆，南询寺有金属行业会馆，东城埂的三官殿有首饰行会馆，顺城街的吕祖庵有布行会馆，东门外的临江里有鲁班庙，太和街的药王庙有医药行业会馆等。此外，城东门内有铜活会馆，东寺街有芙蓉会馆，黄河巷有纸行会馆，小东城脚有金漆会馆等。

行帮的作用，主要是限制同行之间的竞争，新开铺子、应在地段、招收学徒、经营品种、数量多少、营业时间等等，都得按照行帮的规矩行事——正所谓“虽微细之行道，莫不规条林立，行次之内，未有不遵守行规者”。（《昆明市志长编》）

限制新人插手本行“争地盘”是行帮最重要功能。如按丝绦帮之规章，凡内行摆摊，外行摆摊、开铺，内行与外行合伙开铺摆摊，外人投本行打工，还有徒弟入行拜师及出师之时，都要上“功德钱”，从几两到几十两银子不等，意在用经济手段限制竞争，“使有所限制，不至滥乱行规，妄想开设，为害市面”。煎销帮还规定必有业师担保才准开业。油蜡行帮则规定：“一帮工若欲自行开铺，不得与铺主同街，庶不致碍铺主生理。”油价将跌之时，还不得“挑担零油沿门槛估价，有碍他铺主顾之感情”。成衣行的规定更细，凡先辈过户后，须以儿孙顶替经营，若外人顶替，也要照章上纳“功德钱”。

最不可思议的是，成衣行甚至还限制女性从事本行业。其规定曰：“女工开铺，实夺吾行之利权，且朝廷初兴女界，由当可变，只是要有家属支务，亦可开设。可是行人不许相帮，底金照章加倍，但行人帮女工者，则自轻行，罚银一元，以重自爱。”——岂有此理！

在经营地段的限制上，也以成衣行的“七上八下”之规最为有名，即同行业店铺的开设，铺面相隔以“上七间、下八间”为规，否则不许开铺。此外，昆明的布业、

融官府治理和行会管理为一体的昆明屠宰税务碑

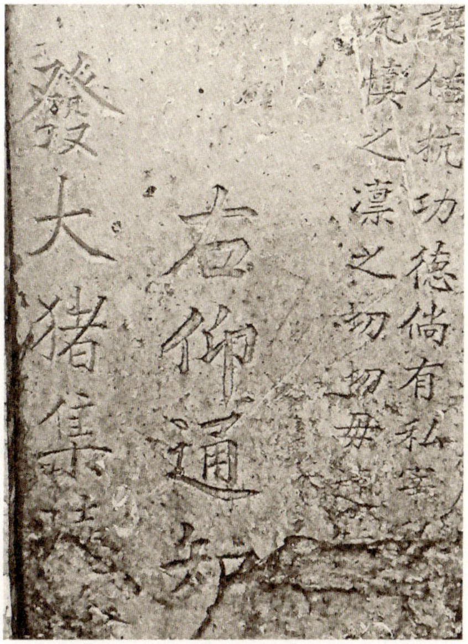

税务碑上有“慎之凛之，切切毋违”及“发大猪集”之语

药材业、理发业都有这种陋规。

清末昆明皮革业称“熟皮业”，而且做牛皮和做马皮是分开的，二皮不能混淆，其行会规定：“熟皮业为衣食所关，先辈既分牛、马皮为两行，凡做牛皮者，不得私买马皮，雇工私做；做马皮者，亦不得私买牛皮做。谋夺衣食，有坏旧规，违者议罚。”

有的行规还得到官府支持，官府也通过行会对行业实行管理。在今盘龙江溥润桥北侧西岸，还立着一块清代税务告示碑。立碑者是“云南府昆明县正堂”，立碑时间是清光绪十五年（1889年）三月二十八日，告示的是生猪屠宰行业的行规，体现的是官府的政策：一是要照章纳税，这是给官府的；二是要资助功德——杀猪也是害命，非捐功德不可，这是给行会的。告示要求，所有屠宰户均须“遵公会立定条规办理，不得隐瞒税课功德”，“倘有私宰乱行规，定予查究不贷”，并警告“慎之懔之，切切勿违”。石碑的上端横刻“永垂不朽”四个大字，意思大概是此告示永远有效，屠宰户不得心存幻想。这里旧为猪集街，北邻屠宰场，立碑于此，当然是精心算计的结果。

清代末年和民国初期，昆明行帮势力仍然很大，但一些有钱有势的大商户却不受行帮行规的限制。当时一些新兴商业，如光绪十五年（1889年）出现的百货业，还有一些轻工业，如云丰面粉公司等，也废除了行帮限制，他们的说法是“各人头上有块天”，意思就是自由竞争。这时大量出现的洋行自然更不理会那行帮之规。受此冲击，昆明行帮逐渐衰退。

○“牙行”和“堆栈”：“下行售卖，百弊丛生难述”

老昆明人经商做买卖，常常要通过一个有组织的第三者，这就是牙行。牙行掌握商货行情，凡是外地运来的货物，还有本地外运的货物，先要“下行”，由牙行介绍买卖，成交与否仍由买卖双方决定，而过秤、运货、送款全由牙行代办。小的批发交易，买主直接按牙行所议价格购买，不再和卖主直接商谈。若买家资金短少，牙行可先行垫款，并由牙行介绍卖给铺家。经牙行成交的商品一般都有赊期，时间长短不一，多为四天到一个月，按期交款不计利息，过期利息就高了，大约是市面利息的一倍。当然，买卖之间，自有佣金可赚。

清代经营牙行要领官贴（即牌照），叫作牙贴。请领牙贴有种种限制，每张牙贴要根据业务种类和资本大小，上缴数十两到数百两银子的牙贴费，每年还要按业务大小交纳牙税，“转牙”也要缴纳300两银子。可见，牙行收入，实在不低。

据民国《昆明市志》记载，民国初期纸行、药行、干果及冰白糖素菜行、丝行、茶行、清油行、皮行、羊行、靛青行、磁行、火腿白油行、棉花行、斗笠行、木行、铁行、猪行都有牙行，从一家到五家不等。由于牙行过滥，居间操纵勒索，流弊甚多，当时的市政公所还进行过整顿。

篆塘码头集市

在买卖中充当第三者的还有堆栈。当时有的小行当没有牙行，或者有牙行而卖主不“投行”的，就把运来的商品投到宝善街的堆栈。买主直接找到堆栈购买，手续由堆栈代办。成交之后，卖主不付佣金，但若经堆栈介绍卖出，则要付佣金。当时有规定，凡设有牙行的行业，都不许在外卖货，堆栈代客卖货，一经牙行查出，就要打官司。因此堆栈很少替客卖货，没有牙行的行业，都由买卖双方自行接头交易。

牙行具有封建垄断性质，束缚商业发展。外地行商对其无奈其何，但本地商家大为不满，率先造反，认为牙行本应“专以代沽远商之货”，“今释江帮川帮不问，而惟注意于滇帮。岂滇帮商人生长本地而犹不知何人可卖，何人不可卖，何货应得何值，何货又应得何值，而必赖行中代沽，方免误国坑商耶？”又指责牙行“希图三四家之私利而不顾敝帮数十家资金之折阅”，“下行售卖，百弊丛生难述”。声讨之余，昆明商家绕过牙行，自行买卖，牙行亦无可奈何，一时“空执行贴，上纳贴课，下无衣食”，逐渐衰败（见《昆明市志长编》等）。

○畸形“芙蓉”业：“土药”抵制“洋药”

鸦片战争失败之后，中国禁烟“空转”，后为解决国库空虚，清廷竟开放云、贵、川等省种烟，云南鸦片质量上乘，号称“云土”，更成鸦片生产大省。云南邻近印度、缅甸，英国人贩入鸦片不少。清光绪二十年（1894年），清廷以“土药”抵制“洋药”，鸦片进出口贸易十分兴旺，贩运鸦片成为每年数千万两白银的大行当。据相关资料，清光绪十九年（1893年），“云土”外销价值为1000万两白银，

早年昆明城里的鸦片会馆，在今东寺街

而到清光绪二十七年（1901年），“云土”外销价值就到了2000万两以上，超过了云南第一出口大宗产品大锡。当时的昆明成了全省鸦片最大的集散地，数万贩运者把“云土”运进昆明，再转售给商号和外省行商，绝大多数再转销省外，内销的不到百分之一二。

民国年间，云南各路军阀穷兵黩武，无以财用，竟开烟禁，到处设“禁烟局”。按鸦片种植面积每亩征收“罚金”3元。烟禁一开，祸及全省，昆明也种了好几万亩鸦片。由于烟地过滥，挤占粮地，以致烟价下跌，粮价上涨，农民欲种粮食，当局竟也不准。就是农民不种大烟，也要强制照纳“禁烟罚金”，再加上“禁运罚金”，当局年收入可达千万滇币之多。

在这种情况下，从事鸦片贸易的“芙蓉”业就不能不发达。清末民初昆明水、电、路条件局限，官僚、商人、土绅资本要进入工业，难以迈过现代设备、技术、管理这几道坎。滇越铁路开通后，昆明逐步成为土、洋货物集散地和消费城市，洋货倾销，工业受阻，民族资本大多投向商业，重点就是“芙蓉业”。清末昆明商业中，就以“芙蓉业”资本最多、经营范围最广、赢利最多。1906年向云南商务总会登记的烟号就有41家，1907年在昆明经营鸦片的商号为52家，都是收购大宗烟土的屯户。这些商号多以家族经营，由亲戚、同乡、朋友合伙，按地区组成帮别，分为广帮、两湖帮、常德帮、川帮、本省帮、迤西帮等六大帮，并在东寺街今省滇剧院址建立了芙蓉会馆。

经过激烈竞争，到民国初期，形成本地的迤西帮和省外的广帮两大竞争对手，资本累至数千万两白银之多。据1924年云南禁烟公所统计，当时昆明经营“特货”（鸦片）的商号就有40多家。主要销路是我国两广、四川、贵州地区及私运越南、缅甸，每年销量达2700万担，总值达2200万元。有的商号两三年间资本竟翻到数百倍之巨，不少大商号、大票号，如有名的同庆丰等，都靠“芙蓉业”捞到了自己的“第一桶金”。暴利如此，官方也卷入了“芙蓉业”，以官商合办的形式开办商号，并试图进行垄断。为抽取“罚金”，当局还对“芙蓉业”进行扶持，如在税收上提供便利，对“私运”出口睁只眼，闭只眼等。与此同时，金融业也卷了进来，向“芙蓉”商提供汇兑便利、抵押贷款，从中分利。昆明“芙蓉”业畸形发展，形成投机，给整个社会带来了严重的后果。

1930年前后，市场投机制造了虚假繁荣，云南“支柱产业”大烟业商人买空卖空，反复抵押，当铺、银行听之任之，大量贷款。1931年的世界经济危机一来，省外烟价暴跌，金融恐慌，昆明70多家商号和不少当铺受到牵连，先后倒闭，引发银行、当铺挤兑风潮。当时有地方“央行”之称的富滇新银行刚重组不久，也组成“出口部”和“新记滇庄”商号，投入鸦片投机。官商竞相投机，导致市场崩溃，“烟号”倒闭，让这家拥有数千万两白银为基金的官办大银行也陷入困境，引来挤兑，危及全省金融。结果行长被迫辞职，新任行长以大锡外销换来外汇，才逐步恢复信用，初步稳定了银行经营和云南金融市场。

○捐官经商的“红顶商人”

清末之时，行业内外的竞争十分激烈。在云南总商会的档案中，“公断卷”几乎占全部卷宗的三分之一，当时同业互相排斥、争夺地盘等已经成风。据老人回忆，当时商铺常有同行互相拉客引起争吵之事。又有欺骗顾客、以劣货充好货的事发生，而且越来越多。相传有农民进城买旧衣，试在身上，嫌衣稍短，店老板竟按着这农民的头，让他仔细看。农民头一低，那旧衣往下垂，当然就不显得短了——坑蒙之法，这是一种。

王炽老家虹溪镇的“三代一品”坊

早年昆明最大的“红顶商人”“钱王”王炽的塑像

为了在激烈的商业竞争中胜出，官商勾结是一大狠招。据老人们回忆，那时做生意不捐官就吃不开。捐了官以后，身份就大大提高，见了大官甚至总督、巡抚都可以不叩头，更不用受胥吏衙役的欺负和骚扰。当时商人捐官，一般都在赈灾“捐纳”募款之时，花上一笔钱，就可以捐个“功名”，当个“红顶商人”了。清末捐官的价钱是“府同知”银700两、“知州”银500两、“州同知”银300两。这也是一种竞争，即民商、官商、半官商之争，三者之胜数与败数，不言而喻。

清代后期，昆明光华街上的灯笼铺“聚升号”老板陈华彰是位书法家，以书法加灯笼，自是出众，生意自然好做，后又捐了个七品官衔，得了一顶花翎“东帽”，更胜人一筹，产品遍销全省，而以官府为多，号称“陈灯笼”。有“钱王”之称的云南同庆丰老板王炽更先后花钱获封“资政大夫二品顶戴候选道员”、特赏“三代一品封典”，其父至曾祖父三代皆赏赠荣禄大夫，其母氏三代皆赏赠一品夫人。有此前无古人、后无来者的“红顶”，商场之上，何愁无往而不胜也。就连昆明名医翟玉六，也请封了个奉议大夫、正五品、头戴花翎，赏赐黄马褂和鹦鹉绿八人大轿，恩准自由出入朝廷衙门，成为昆明显赫一时的“五品红顶中医”。

○“街头制造”：打草鞋、编篾器、箍木桶、“黑白铁”

清末昆明街头的草鞋作坊

行走街巷的木匠

老昆明街头的手工业者不少，多半是为居民生活服务的，如草编、篾编、箍木、敲铁皮等，他们或者租房开铺，或者游走街巷，摆摊揽活。

旧时编草是一大手艺活。把草铺在地下可以编成草席，握在手上可以搓成草绳，把草绳卷成一堆，就是可以坐的草墩，卷成锥形，就是草锅盖，“云南十八怪”之一的“草帽当锅盖”，就出自这里。把糯草捶软，搓成细绳，再穿在木架上，还可以编成草鞋。早年城乡贫民穿草鞋的不少，草鞋算是一大“草产品”。草鞋匠也有自己崇拜的偶像，那就是《三国演义》中卖草鞋出身的刘备。

草可以编，竹篾更可以编。凭着篾匠的巧手，剖竹为条，上

刻瓷

箍桶匠

穿下压，可以编出各种样的篾器，如日常生活用的篾帽、篾席、提箩、筲箕、篾筛，农业生产用的簸箕、箩筐、背篓等等。而竹刀一挥，又可制成竹凳、竹椅、竹桌、竹床、竹扁担、竹扫把等。旧时水缸加固要上几道箍，叫“打缸箍”；甑子蒸饭要做块蒸板，叫“编甑板儿”——都是用竹子编的。竹器美观大方，牢固结实，经久耐用，竹编业至今不衰。

木匠也是一大技术活儿。大到起房子、做屋架，小到做门窗、打家具，小到刻木、雕木，常盛不衰，直至今日。如今少见的是棺材匠和箍桶匠。棺材业衰退和现代葬俗的改变有关，而箍桶匠的活路则因塑料制品的兴起而越走越窄。早年的昆明，打水、挑粪的木桶，出恭的马桶、洗脸的脸盆、洗脚的脚盆、洗菜的菜盆、洗澡的澡盆、蒸饭的甑子，都出自箍桶匠之手。老昆明人要木桶木盆，多到店铺去买。用上一段时间后，漏水了，板条烂了，也舍不得丢。听见有人喊“箍桶啰”，

早年昆明街头裹卷烟的小摊子

草鞋匠

刻章刻木

就提着木桶木盆出门请箍桶匠修理。箍桶匠放下担子，支好刨木长凳和备好的木板、竹条，拆开待修的木桶或木盆，能用的板条打理一下，不能用的换新的，再拼接起来，套上竹箍收紧，敲打结实，涂上桐油，不一会木桶或木盆就修旧如新，又可以用几年了。

20 世纪三四十年代，昆明街头还出现过“白铁匠”，专门加工“白铁”——镀锌薄铁板。“白铁”制品有箱、桶、壶、盒、铲等，全靠敲打成型，以手工折压，相互扣接，敲打紧密而成，无须胶粘焊接。早年的喷壶，也大多是白铁制品。如今则多用白铁制造小水箱、大风管之类。白铁匠渐渐从人们视野中消失了。

○“街头修补”：磨刀、补锅、补碗

老昆明人讲求节俭，有“新三年，旧三年，缝缝补补又三年”之说，那说的是穿衣。“缝缝补补”属于“女红”，是家中妇女的活计。“民以食为天”，和吃有关的用具不少，都属于耐用消费品，大多新三年，旧三年，修修补补又三年。早年锅、碗都是要用一辈子的，甚至要传代。锅碗坏了，能补就补，能用就用。锅还是一个家庭财产的底线。“揭锅”是最狠的逼抢，而“砸锅卖铁”则是最后的求钱方式。至于菜刀，也是磨了又磨，用了又用，剩下一半甚至三分之一也舍不得丢。唯菜刀之磨，锅碗之“补”，都是技术活儿，多半还得请“专业人士”代劳，于是就有了磨刀、补锅、补碗的行当，有了走街串巷的磨刀匠、补锅匠、补碗匠。

街头补鞋匠

早年昆明街头深巷，只要听见有人吆喝：“起刀——磨剪子——”就有家庭主妇翻出钝刀、锈剪，出门喊一声：“磨刀的。”磨刀人闻声放下肩上的长凳，那是一个工作台，一头捆着两块磨刀石，一块粗一块细，凳腿上绑有铁罐，装着磨刀水，凳子另一头绑着坐垫，挂一个小木箱，装着锤子、抢刀、水刷、水布等。磨刀人骑坐在凳上干活儿。磨刀一般有三道工序。最难的是第一道，用“工”字形的抢刀推削菜刀的刃部，那抢刀又硬又锋利，削铁如泥。把菜刀削薄后再粗磨、细磨，一把菜刀就修旧如新了。相对之下，磨剪刀是个细致活儿，也要粗磨、细磨，但磨得更细致，还要调整剪口，磨好后要找破布来试剪一下，剪得轻松，剪得干净利落才算完工。

磨斧子的木匠

手拉金刚钻的补碗匠

补锅师傅，男女协作，为锑锅换底

补锅匠走街串巷也要吆喝：“补锅啰——补锅——”有人拎着破洞的锅送来，如果漏洞小，敲上颗铆钉就行了，这叫“冷补”。如果漏洞有点大，就得“热补”。补锅匠支起小火炉，拉起风箱，用小坩埚化上铁水。这边将铁锅的小洞清理好，从里面堵上一块放有木屑或谷糠的湿布，然后把烧化的铁水滴在毡子上，再压进洞里，里外压住。待铁水凝固，锅洞就补上了。最后打磨平整，并盛水一试，不漏不渗，则大功告成。

老修补行最难的大概是补碗。如今常说“没有金刚钻，别揽瓷器活”，这“瓷器活”就是补碗。操持家务的妇女会把开裂甚至摔成几瓣的碗送来，补碗匠手有金刚钻，一钻一补，全不在话下。补碗匠的担子一头是木箱，一头是筐，“金刚钻”在箱里，牵钻和拉杆在筐里。接过破碗，补碗匠先把碗箍起来，让“破碗重圆”，然后取出牵钻，装上金刚钻，找准位置，一手扶住牵钻，一手反复拉动拉杆，架势似拉二胡，在碗缝两侧对称地钻出几对小孔，然后用小锤把自制的“冂”形铜钉敲入孔内，拉

抢刀

紧裂缝，外面涂上用盐酸调制的腻子，将裂缝填实，最后试水，滴水不漏，才可以收工钱。补碗的功夫全在钻孔上，那孔最好不要钻穿，但要稳得住铜钉，深了浅了都不行。有的瓷碗太薄，也有钻穿孔的。对应钻孔的距离要比铜钉的长度稍短，这样才拉得紧裂缝，但距离太长，铜钉又扣不进去，要做到不长不短，全靠补碗匠的经验。敲铜钉的力量要适中，用力轻了敲不实，堵不严，用力重了会敲破碗，就得当“赔匠”了。同样的技术还可以补缸、补盆、补杯，只要是陶瓷，都可以补。

有的补碗匠还会凿碗字，用小小的钢錾子把主人的姓名或吉祥语凿在碗盘上，更有本事的还会在碗盘里凿上鱼鸭牛羊等吉祥图案，以应大户人家之需，也可以赚更多的钱。后来的瓷刻字画工艺，就是从这里发展起来的。

○街头“面子工程”：剃头、洗脸

中国人要面子，昆明人爱面子。老昆明的街巷也有自己的“面子工程”，一个延续至今，叫剃头；一个已经失传，就是洗脸摊，叫“卖洗脸水”。

在早年的昆明，摆洗脸摊很简单，大都支一个火炉，架一口大锅，烧上热水，再放一大桶冷水在旁，前面摆一两条高脚长凳，再放上几个铜盘，凳上支一个木架，挂

街头洗脸摊

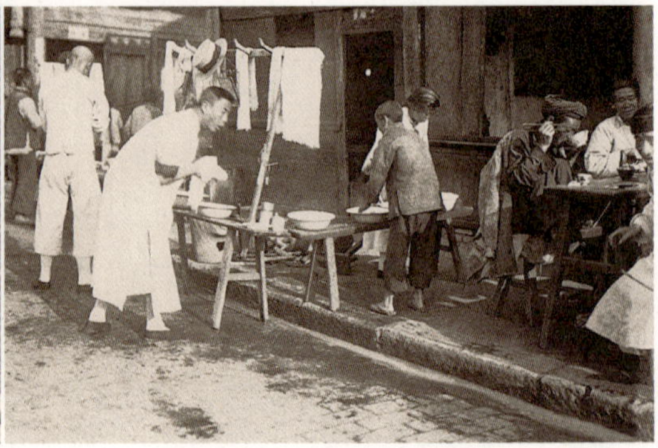
民国初年昆明街头的洗脸摊

上几块洗脸帕，讲究的还有衣帽钩。客人来了，挂上帽子，摊主用水瓢往脸盆里舀水，半瓢热水，半瓢冷水，兑个温和，客人自取脸帕洗脸。洗脸摊的顾客多是外地人，早期多是赶马的、歇店的、清早进城打工或做小买卖的，后来还有乘长途汽车、火车来的人。当时车上、店里都没有洗脸水，大家只好到街上"自助洗尘"，既清爽，又解乏。就是家住在附近的，早上懒得生火热水，也会跑到洗脸摊上解决问题，甚至还带着娃娃来洗脸。虽然收费便宜，一两分钱而已，但也有人会感到划不来，于是在摊前摆开架势，摘帽泡脸，脱衣擦身，最后搓手，直到把一盆水洗黑，"水尽其用"而后已。摊主也不管，把一盆黑水往地下一倒了事，随手打点清水涮涮盆，往长凳上一放，就等下一个顾客了。

洗脸摊上擦澡塑像

"卖洗脸水"的脸盆、脸帕都是公用的，后来又加卖"漱口水"，牙刷、口缸也公用，甚至还有公用香皂、雪花膏，卫生成了大问题。于是洗脸摊也与时俱进，支一个小炉子，放上一个脸盆，脸盆里的水总是烧开的，热气腾腾，客人用过的毛巾都扔进去煮，新客来了捞一块出来用。刷牙则鼓励你用手指蘸盐巴当牙刷，也可以应急。

直到20世纪60年代初，昆明街头还能见到洗脸摊。

○军火局：昆明最早的"洋务工厂"

中国的"洋务运动"始于19世纪50年代的清咸丰末年，但昆明风气晚开，直到19世纪70年代的同治末年才有了一点"洋务"的苗头。那时的云南巡抚岑毓英

从清代讲武堂操场遥望军火局的烟囱

民国初年在早期洋务工厂基础上建立的市立机械厂，当时的《昆明市志》如是说："昆明市机械工厂，市立，建在商埠盐行街万寿宫。出品为石印机、切面机、碾米机及其他日用器具，民国十二年一月开设，有技师三，男工三十，使用大小机器八件，资本一万二千元"

在昆明三圣宫（今武成小学）建立军火局，用新式机器和技术制造火药枪炮、叉杆、刀矛，用来镇压回民起义。到光绪元年（1875年），又在咸宁寺（今昆明二十八中址）和圆通寺设军械分所，制造军火。光绪十三年（1887年）中法战争期间，还在五华山后今省卫校一带建立军械所，宣统元年（1909年）改为军械局。此外，还在北城墙内外的北仓坡、圆通山西部、小菜园西边设立火药局，制造、储存火药，归属军械局管辖。这些军火工厂就是昆明最早的"洋务"工厂，它有明显的双重功能：一是镇压人民反抗，一是抵御外来侵略，清楚地表明了"洋务运动"的性质。

清宣统二年（1910年）印刷局建成，又叫官印厂，设在报国寺（今报国街）。当年清政府发行彩票集资，彩票售完后就在报国寺开彩，请两位盲人"拈阄"，以示公正。官印厂主要为衙门机关印制文件表册等，有工人上百，印刷设备主要从德国、英国和中国上海买来，分铅印、石印两种，后来还印过纸钞。

○腐败洋务："开支浮冒""终不及外购者"

清末开办于昆明的云南机器局，是昆明也是云南的第一家近代企业。为官办，初期聘法国人为技师，工人不满百，却是昆明最早的一批产业工人。一说云南机器局主要生产火炮，清同治十二年（1873年）清军围攻大理城时，就使用了云南机器局制造的大炮，重创起义军，攻克大理。此说出自澳大利亚人莫里逊的《中国纪游》，但有学者质疑此说，认为直到清末，云南也没有造出合格的枪支，后来以造子弹为主，要说此前就能造出攻城大炮，似不可能。

据《新纂云南通志》记载，云南机器局开办于清光绪十年（1884年），募工试制新式快枪和子弹，开始时厂无定所，后来小有规模，才在承华浦宝云钱局（今钱局街）空地建盖厂房，耗巨资向洋行购来机器，扩大生产。但开工后每天仅能生产子弹七百多发，而且不适用，原因是钢铁炼制纯度不高，生产出来的单响毛瑟快枪也"终不及外购者"。清光绪三十四年（1908年），当局又从上海购来制造快枪、子弹的机器17部，新建大厂房15间，小厂房13间，工人增至两百余人，一时“器具略备，厂房闳阔”，每月可生产子弹十二三万发，“并能搭造军刀军械等件”云云。

清军的腐败之风也被带进了洋务工厂

老昆明的洋务工厂都是清政府官办的，自然而然沾染了清政府的腐败和无能。当时办洋务耗费惊人，开办人、买办、外国洋行都在机器订货中捞了一把。

云南机器局开办时由绿营武官管理，后来才任用文职官员。工厂里甚至设有供这些官员和来访大员使用的鸦片室。这些官员搬来清军中“吃空额”的办法，大“捞”好处：在花名册上领工资的人有100人，实际工人数不到60，那四十多个“册上工人”的工资就由官员“代领”了。有的人做得太过分，还露出了马脚。清光绪三十年（1904年）七月，机器局总办莫道楷就因“开支浮冒”被撤了职（《新纂云南通志》）。当时的洋务工厂里管理极差，尽管到处是外国机器，但到处都是铁锈和尘土，工人缺乏训练，有的还被上司派去为上司的上司制作精美的纯银鸦片烟盘（〔澳大利亚〕莫里逊《中国纪游》）——如此“国营企业”，效能可想而知。

○“风水”战烟囱

清末云南当局花14万两银子办起了“云南机器局”，搞了十几年，“屡试屡更”，还只能造些子弹、打些军刀，常常还用不了。本来是要造单响毛瑟快枪备件的，“嗣因滇中钢铁提炼未纯，造出之枪终不及外购者”，无奈之下，云贵总督锡良遂“饬令停止，专造子弹”（《新纂云南通志》）。

清末官军火枪队的“洋务火枪”不好使

说来有趣，从技术上说，不能造枪，是因为钢铁质劣；钢铁质劣，却是因为烟囱太短，仅25尺，熔铁炉很难使用。此事并不难办，加高烟囱便可。岂知老昆明的“风水”观念极重，此议一出，昆明全城哗然，不少人认为，烟囱加高之时，就是昆明坏“风水”之日，若不阻止，附近大街小巷有灾不论，连抚台衙门也难脱干系，前程多险。于是烟囱照旧，一切照旧。几年之后，辛亥重九起义就推翻了占尽“风水”的清王朝在云南的统治。

○官办“宝云钱局”：“风飘水浮，而钱法大坏”

老昆明最早的官办工厂，在钱局街铸钱的“宝云钱局”也算一个。这个钱局“官办”得如何，看看它出产的铜钱就知道了。《新纂云南通志》说，宝云钱局所铸同治、光绪铜钱越来越轻，成分竟为“铜四铅六”，铅比铜还多，导致质量低下，用手都能捏碎。这些铜钱的外形又小又薄，轮廓不定，文字不明，容易和私钱混淆，又导致盗铸蜂起，甚至掺杂假钱、锡钱，官府都无法禁止。到庚子年（1900年）后，由于“劣币”不断“驱逐良币”，市面上流通的铜钱堪比汉代声名狼藉的鹅眼钱和綖环钱，假到风能吹走，水能浮起。“钱法”坏到这个地步，民间谁还敢用，于是“钱荒”就来了。如果追究“劣钱”出现的原因，铸币厂工艺落后算是一个，但主要的还是办厂的官僚偷工减料，中饱私囊。

由于铜钱的质量已经影响了全省的经济和清朝的统治，光绪三十年（1904年），总督丁振铎任命严庆祺为宝云钱局总办，以图“整顿改良”。严庆祺改良的思路是完善官铸钱币，使私铸劣质钱币混杂不进来，用“良币驱逐劣币”。他又认为，要完善官铸，就不要顾虑“官”从中渔利，这就有问题了。严庆祺为此“多拨铜斤”，就是成倍加大投入，也在所不惜，要求只有一个：“严禁减料”。说穿了就是加大

宝云局所铸“光绪通宝”铜钱正面

宝云局所铸“光绪通宝”铜钱的背面

铸钱成本，让官们偷工减料、填满腰包后还能让“铸出之钱，铜质多而较为完美”。于是，官们饱了，好钱有了，“民间鼓舞称便”，称之为“严官钱”，以纪念严庆祺的政绩——所谓“改良”，如此而已。

光绪三十二年（1906年），当局在宝云钱局空地开办造币厂，耗银38.8万两，从上海定购所需机器，职工达百余人，两年间铸银币四百多万枚、铜钱近三百万枚。

○最早的制革厂和城市工业污染

染布污染洗马河

云南山区利于畜牧，野生动物繁多，皮毛出产丰富，有皮革制作的传统。清光绪十年（1884年），在洋务运动中，云南当局开办了制革厂。光绪三十四年（1908年），当局更以10万银圆购买器材，在昆明东城外鲁班庙后开办陆军制革厂，分制革、包鞍、军靴、鞋铜器四科，聘请日本人任经理和技师，采用师徒制，有学徒工人两百余名，制造军用皮货。到民国初期，陆军制革厂业务发展，每月生产军品价值万元，同时制售民品，价值约2000元。

民国初年，皮革成为昆明大宗出口货物，经营商户多达58户，熟皮业（皮革业）有45户，主要集中在陆军制革厂以北的金牛街上。陆军制革厂停业后，民间皮革作坊更发展到80多户，每年生产烟熏熟羊皮20多万张，成品有皮鞍、皮包、皮带、皮箱等等，远销广州、海防等地。由于皮革业畸形发展，污染空气，异味弥漫，这一带被称为“臭皮街”。这大概是昆明最早的城市工业污染了。

○最早的有线电报和电报局

昆明电报的出现与清末的中法战争有关。这场战争主要在中国云南、广西与越南边境展开，中国军民在谅山、临洮大胜法军，法国茹费理内阁因之垮台，法国人被迫求和。最后的结果却是中国不败而败，反与法国签订了丧权辱国的中法新约。其中原因，一说就是通讯不灵，被法国人欺骗，待捷报传到北京，条约已签，无可更改。此说无法证实，但当时中国通讯落后，影响军事能力，却是事实。

早期云南电报学校的师生

无论如何，中法战争之后，昆明算是有了电报。清光绪十二年（1886年），从昆明到蒙自的单铁人工电报线路架通，这是昆明第一条电报线路。同年十二月二十六日，云贵电报总局在昆明开局通报，后来改名云南电政总局，地址在东城埂脚的迎恩街（今兴华街北段和报国街之间）。此后又陆续架设单铁人工电报线路，逐步形成以昆明为中心的滇东、滇南、滇西3条干线，并与邻省四川、贵州、广西电报线路相连，还开通了到越南、缅甸的国际电报电路。

云南电政总局在全省四十多个县设有分局，主要线路有广西、滇东南线；贵州、滇东线；四川、滇东北线；缅甸、中甸，滇西线；越南、滇南线；泰国、滇西南线等。到1924年，全省电报线路总长达10009公里。从1886年到1936年，只能在单铁线上通报话，采用莫尔斯人工机收发电报，通过磁石交换机人工接转。

○最早的无线电报：机房“华人免进”

1918年，由于有线通信常遭破坏，当局决定兴建无线通信，台址选在昆明交三桥外的五谷庙，以高价从向法国东方汇理银行买来一台二手长波电台，盖起了机房和报房，立起了一座150米高的大铁塔和六座50米小铁塔，这是昆明最早的钢结构工程，在当时的昆明城鹤立鸡群，耀眼夺目。早期无线电台业务全由法国人和越南人负责，中方工作人员不得进入机房。购进的是法国里昂淘汰的二手火花式长波无线电台，还只能与法国设在天津、香港、河内、巴黎的电台联络，再中转各地。1925年8月，云南无线电台建成，昆明和北京、上海、沈阳等一起成为中国少数拥有无线电台的城市之一。

1928年云南无线电台改设短波机，安装法国设备，开通了昆明到江西南昌的电路，但通报效果较差。1930年，电报局改从上海购进短波无线电台，除五谷庙外，又在五华山武侯祠再建一台，并在省内河口、宁洱、通海、下关、昭通建立分台。设备经滇越铁路运进时，又被法国人扣留，后来不得不允许法国人在滇越铁路昆明车站设立电台，以此作为交换，短波无线电台才得以放行。此后，法国电台又与云南电报局竞争，和昆明奸商勾结，干了不少坏事。但昆明终于可以直接与上海、南京、四川、贵州直接收发无线电报，并与香港彼此电报互通，原来由河内经转的电报，也改由上海经转。与此同时，无线电报局在省内多处设立分台，开办省内外电报业务。

护国路上的无线电营业处

早期昆明开办的电报种类有：官、军及商务电报。军报优先传递，官报分一等官报（军事官报）、二等官报（寻常官报）；商报分加急商报、寻常商报。局内公务业务称“公报”，也有加急和寻常之分。又据需要开办报灾电报，按一等官报提前处理，还有报馆电报、赈务电报等。后来还开办了选举（筹办国大代表选举）电报、防空电报、物价电报、粮情电报、粮食生产情况电报、特快电报、夜间电报、交际电报、旅行电报等，都可以折射出当时的历史状况。电报拍到昆明，投送范围是东到金马寺、南到螺蛳湾、西到黄土坡，主要靠步行投送，后来增加了少量自行车。

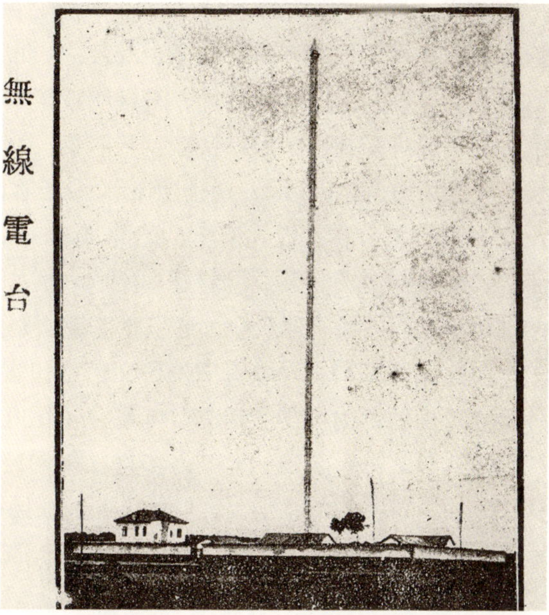

1921 年 9 月始建于大东门外五谷庙的无线电发射塔，高达 150 米

早期云南电报局设有洋总管，业务被洋人控制，他们常常利用管理线路的职权干涉中国内政。如云南辛亥重九起义爆发后，革命军重要军政电报被丹麦人纳尔扣压下来，而先发外国领事的电报等等。

○最早的邮政局：“大清邮政局”

明清两代，昆明对外信息交往主要靠驿站，凡有官方捷报、文书，全靠专差驿夫传送，数百年如此。至于民间信件，有钱则雇人递送，无钱就只好托人了。清末

早年昆明邮递员塑像

开始有人建立民信局，开通从昆明到昭通的邮路，每封信收费约80文或180文，限期20日或50日送到，每月寄送三次、六次或九次不等，开办多年，市民称便。

光绪二十七年（1901年），清政府“喻各省撤驿站，设邮政”。云南遂自办邮政，起初附设于海关之内，总局在蒙自，称为“大清邮政局”，以海关的外籍税务司兼任邮务长，这样，邮政之权也落入外国人手中。蒙自邮政总局在昆明设分局，称云南府邮政分局，是昆明设置最早的邮政营业机构，地址最早在五华山下的翊灵寺矿神庙，后来又搬到兴隆街公房，并在东院街（今光华街东段）、卖线街（今华山西路南段）、东门正街（今长春路东段）、城隍庙街（今武成路中段）设立4个分局，在街头设立信柜8个，信箱14个，以利市民投寄信件。清宣统二年（1910年），邮政与海关分开，总局迁到昆明，成立云南邮政总局，设在巡津街北口一座两层砖混结构的法式建筑中，这里距滇越铁路总车站不远，邮运很方便。

早年昆明邮局主要收寄中外公文信件包裹，寄一封信贴两文钱邮票，还办理对外汇兑，主要是为留学生送款。邮局业务很旺，年处理邮件达150万封，其中明信片约占六分之一，包裹约有7万多件。邮局还办理汇兑业务，与国内、国外联网，快捷方便，价格较低，很快就取代了此前在昆明盛行的票号汇兑业务。

昆明邮政局建立之初的40多年，总办都是外国人，如英国人西米士、法国人戈德兰等，其工资为中国员工的百倍之多。这些总办还利用职权，动用邮车大做走私生意，甚至贩卖鸦片，大发其财。光绪二十六年（1900年），法国人还借口修筑滇越铁路需要，在今华山南路自设法国邮电局，开办所谓“客邮”，公开收寄中外邮件，与中国邮电争夺利益，破坏中国邮权统一。后来几经交涉，直到1923年1月，法国邮局才被迫撤销。

○“邮转电报”：“邮政骑马，电报骑牛”

20世纪二三十年代，云南军阀混战不已，省内土匪横行，有线电报线路设施多被破坏，电杆、电线被盗，甚至随修随砍随盗。由于时局混乱，无法维持，许多有线电报线路名存实亡，滇东仅通曲靖、宣威，滇西仅通楚雄，滇南仅通宜良、通海，其余线路或者中断，或者时通时断，不能保证，实际上已处于半瘫痪状态。为应付这种局面，电报局只好开办“邮转电报”业务——将电报拍发到尚能通达之地，然后转交邮政传递到目的地。

早年昆明邮递员

“邮转电报”开通，省内电报只能拍发到曲靖、楚雄、宜良，然后交邮局转运投递。而拍往内地和国外的电报就更费周折，省内部分通过滇越铁路的火车邮送到越南的河内，再由河内的法国、英国、丹麦、挪威电报公司通过海底电缆转发香港、上海。反过来，省外、国外电报也得先发到河内，再通过滇越铁路邮送昆明，由电报局抄送收报人。由于抄寄等环节常常出现延误，有时信都寄到了，电报还没有到，受到社会的责难，被讽刺为：“邮政骑马，电报骑牛。”（杨润苍《云南电信的发生和发展》）

○“写字公公”：代写书信

古话说“秀才没落，下乡教学”，过去读书人家道中落，出路之一是下乡做塾师，教私塾。还有就是到寺庙附近做卦师，算卦命，清代昆明有名的布衣文人孙髯，老来贫困，身无分文，就到圆通寺后的咒蛟台卖卦为生。因为早年能断字识文的人实在不多，“秀才”们还可以在街子上、大道口摆个摊子，竖起一块招牌，上书“代写书信”之类，坐等有求者上门，赚几个“写字”钱。

其实，这些“秀才”的业务不止于代写书信，早年还代写打官司的状子，告状应状，无所不能，收费也高些。旧时“秀才”们的字大多写得不错，少不了还满腹文墨，为客人写过年的对联、办白事的悼联、办红事的喜联，都不是问题。因此，人们又把他们称为“写字公公”。

昆明某寺庙前的算卦摊

早年昆明街头代写书信的老者

年轻人也在街头代写书信

书信摊上的公告

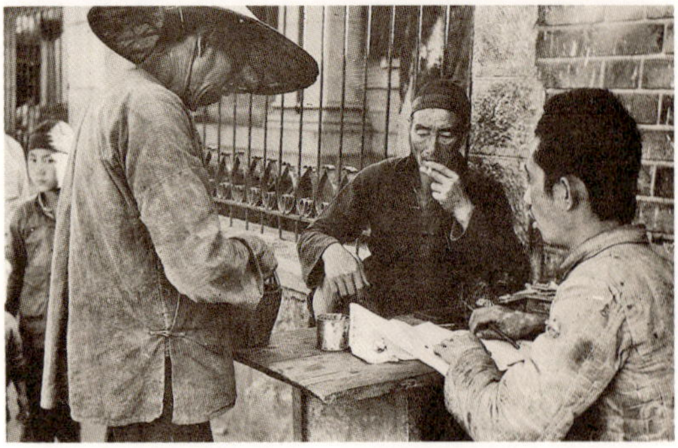
抗日战争时期的青年“写字公公”

“写字公公”们早先写的都是毛笔字，摊桌上总摆着墨盒、笔筒，插着几支毛笔，信封、信笺都压在“镇纸”下边，自己则正襟危坐，有规有矩，有模有样。顾客来了，坐在桌前，有的先把亲朋来信交给“写字公公”，先请他读过讲过，思量之后，便可回信。“写字公公”乃从容沾墨，挥毫书来。有人口述让“写字公公”逐字记录，有人讲上几句，让“写字公公”“看着写”，这就让“写字公公”有了发挥的余地书。信开头总是“敬启者见字如面”，结尾总是“余容后禀，善自珍摄”。最后“写字公公”还要逐句念一遍，客人让改让补充，“写字公公”有求必应，直到客人点头说“好”，这单生意才算做完。小钱到手，也为人做了善事，社会信息还由此得到沟通。

后来有了邮局，又时兴用钢笔，“写字公公”也与时俱进，把书信摊摆到了邮局门口，放下毛笔，拿起钢笔，继续“代写书信”。直到现当代，虽然大家基本上都识字能文了，但“写字公公”仍有更高层次的事要做。他们曾经为“文革”中的受害者代写检查，如今则为学子代写论文，经营内容、方式大变，但“写字公公”仍然少不了。

○最早的“衙门电话”和公共电话

昆明市内电话始通于清光绪三十二年（1906年），当时在清总督府督练公所（今胜利堂址）和提学司署学务公所（今华山西路翠湖小学址）两处各设20门磁石式电话总机一部，在各衙门、军队、学堂安装分机，以联络各官府、官军和学校。

当年近日楼上就是昆明电话局。

清宣统二年（1910年），滇越铁路通车，昆明商业兴旺，云贵电报总局奉令在昆明增设营业性质的市话，在云贵电报总局内安装磁石电话交换机，并与督练公所、学务公所两个总机相接，称为“总机关”，由电报局管理，同时安装商用电话，共有政、警、商用户约100户。

昆明街头的电话线杆标志着昆明城市建设又推进了一大步

直到清政府垮台前，昆明市内电话还是“衙门电话”，多为官府、军队、学堂、官办洋务工厂使用。全市只有20个电话号码、10个分机号码，绝大多数要靠人工转接。而所有军政要害部门的电话，不久就被日本特务学校同文书院派人刺探得一清二楚。1914年7月27日，当时的《滇声报》评论“电话总机关之可恶”称：“电话租赁与人，则电话之办理人，即应尽心其事，随到随接。此三尺童子亦知其然也。乃者，电话总机关之司事，于接受电话时，屡屡不理，或通电后亦即置之。此等情况，在他处之电机，本报不得而知，若以本报之电机言之，则实屡不爽矣。夫电话总机关，一交通界之商店也。其性质非如各公署之尊严。而办事之人，竟有如此可恶，勿感乎一般少揽官权者之擅作威福也，以小喻大，吾不得不为小百姓苦矣！”

1926年，昆明安装公私电话达240部，多数用户仍然是军政机关和要人公馆。设备简陋陈旧，只有人工磁石交换机两部，为单线制，通话经常受阻。

1930年整顿市话，分为南北两局，南局设于近日楼上，以工商用户为主，北局设于五华山省府内学山楼上，多为军政部门使用。设备总容量541门，实装发展到400户，并开始装设公用电话，在东南西北城楼各设一部，专供公务及报警（火警、匪警）用，由警察管理，不收费。

昆明长途电话始办于1935年，整整晚于电报49年，先后架设了从昆明通往滇东寻甸，滇北武定，滇南通海，滇西楚雄、姚安、永仁等地的电话线路。

昆明自动电话出现于1940年6月20日。早在1937年，当局就投资50万银圆，由云南电话局向德国西门子洋行订购自动电话设备和千部电话机，时值抗日战争，敌机轰炸昆明，设在五华山上的电话北分局机房被炸毁，施工大受影响，直到两年之后，昆明才有了自动电话。到1943年，各种电话容量为1065门。

○最初的“洋行”：从“歌胪士”到“保田”

“歌胪士”洋行首先在滇南的蒙自立足，再向昆明发展

用今天的话来说，“洋行”就是外国公司。昆明最早的洋行是“安兴”洋行，是法国商人合资兴办的，经营各国洋货，地点在登仕街（今庆云街），成立的时间大约是1901年。

更多的洋行在昆明出现还是清光绪三十一年（1905年）以后，那年云贵总督丁振铎奏请光绪帝批准，在昆明自开商埠，“以扩利权”。商埠以滇越铁路在昆明的尽头——火车南站为中心，包括今天的得胜桥、塘子巷、双龙桥一带，周围约12华里，允许各国商人在这里租地居住，不少洋行陆续在昆明开办起来。

希腊人开办了“歌胪士”洋行，设于金碧街，光绪三十二年（1906年）开张，经营机械、铁杂、食品、酒类、布匹、杂货等。后来赢利颇丰，在巡津街盖起了“歌胪士”酒店，还没开张就被法国领事馆买下，办起了“甘美医院”，那是后话了。

法国人开办了“帮沙为利”公司、“续沙利耶”洋行，设在广聚街（今天得胜桥到塘子巷的一段街道），也在1906年前后开张，经营铁杂、匹头等。

日本人开办了“保田”洋行，设在广聚街，清宣统元年（1909年）十二月开张，经营各种杂货。

英国人开办了英美烟草公司，设在得胜桥，清宣统二年（1910年）开张，主要经营外国香烟。

希腊人的“若利玛”洋行，设在广聚街，清宣统三年（1911年）开张，经营各种洋货。

还有美国人1912年开的胜家公司，设在金马坊；法国人1913年开的商务酒店，设在巡津街；日本人1913年开的府上洋行，设在三市街；英国人1913年开的英美烟草分公司，设在巡津街；法国人1917年开的徐璧雅洋行，设在巡津街；英国人1917年开的永年人寿保险公司，设在团城脚；英国人1920年开的卜内门洋枧公司，设在广聚街等。

○最早的“洋相”：包工头和清快丸

洋行开张的钱也并不干净。如希腊人若利玛原来是滇越铁路的包工，先在蒙自摆摊卖货，后来借口遭土匪抢劫，打伤了脚，通过法国领事馆要求赔偿。清政府得罪不起，赔了5000块大洋，若利玛就用这笔钱在昆明开办洋行，并用自己的名字命名。

1911年，日本清快丸的平面广告

据老人回忆，日本人的保田洋行还在广聚街（今金碧路）非法生产吗啡，每次装箱两三百箱，运销中外各地。三市街上的日本府上洋行卖一种“清快丸”，妇女吃了绝经，不能生育，经过化验检查有毒，被禁止出售。民间传说，“清快丸”读起来就是“清快亡”，把慈禧太后气得掉泪，下旨严禁。清快丸急忙到处做广告，声称“平常一二粒入口中含味，即芳香馥郁，立刻神清气爽，故名‘清快丸’，诚不诬也。”除此之外，昆明府上洋行又卖玻璃咖啡杯，薄得像蛋壳，一捏就碎。此外还卖像纸一样的衣服，欺诈骗钱，昆明人恨之入骨。五四运动时，昆明大中学生游行响应，砸了这两家日本洋行，掀起了声势浩大的抵制日货运动。

洋行大量在昆明出现前，昆明商人要到云南最早开放的商埠蒙自去采购洋杂货品，后来就可以直接从昆明洋行进货，既缩短了流通环节，又丰富了市场商品。洋商品为打开市场，采用了赊销、代销、半送半卖等营销手段，冲击了昆明传统的懒散、保守营销方式，促使昆明商人认真应对，营销手段也趋于积极主动。

○最初的买办："华经理"

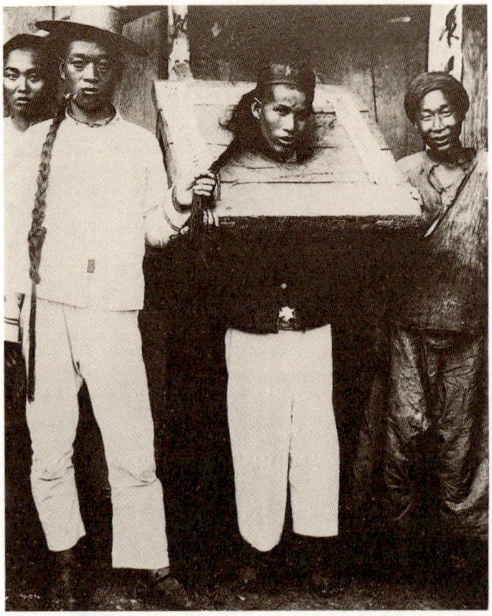
晚清狱卒的"华经理"扮相折射出那个时代的"气数"

昆明洋行初创的时候生意并不怎么好，后来还是依靠一批买办才打开了局面。这种买办有两种：一是洋行雇来做事的中国人，民间叫"华经理"，如金碧路上的希腊"歌胪士"洋行经理是云南人马瑞卿，崇仁街上的法国"英仕的"洋行经理则为广东人马云龙等；一是洋行在一个地方的推销代理商，如财盛巷法国"普利"洋行就由顺成号代理，经营洋纱。

英美烟草公司于1913年就在广聚街设立代理处，同时由一些香烟业商号合组同济号为代理商，正代理是同泰祥、铨盛祥、东兴隆、鸿庆号，轮流担任同济号经理，又有鸿盛祥、义兴号、盛宝祥、云茂祥、宝兴号、元和昌为副代理。代理商号交纳押金三万元后，从英美烟草公司趸批纸烟，再批给其他零售商店，从中收取5%的佣金。英美烟草公司的代理商还扩展到滇南的蒙自和思茅、滇西的腾冲和大理、滇东北的昭通等地，形成了一个巨大的"洋烟"销售网络。前面提到的日本保田洋行也委托在金碧路大街口的八面风店铺代销"清快丸"、仁丹、薄荷水，并打出广告，到处宣传，风行一时。

○"水月轩""二我轩""存真相馆"：早期"个性"老相馆

清末民初，西风东渐，照相技术传入昆明，出现了水月轩（在今翠湖公园内）、春影阁（在正义路大银柜巷口）、留青阁（在青云街一丘田）、二我轩（在今翠湖南路）等四大照相馆，到1924年，昆明已有十多家照相馆了。其中水月轩照相馆是昆明第一家照相馆，开设于清光绪三十年（1904年），是建水县曲江人蒋楦来昆明开办的。蒋楦通过劝业道买下翠湖莲华寺东南的空地，建起了水月轩。在相馆周围建起园林，亭台曲径，花木扶疏，相馆设在中西式结合的两层楼房内，楼上为照相室，楼下为陈列室。蒋楦迎合当时昆明人耍滇池的风尚，以滇池湖光山色、渔船帆影为主题，制作背景画，招揽顾客，果然营业有成。蒋楦又趁势而上，兼营照相机、冲相化学药品、留声机和测绘仪器等，后来还经营电影放映。

今天的翠湖水月轩

“二我轩”的商标

由于当时还没有电力，早期相馆照相全靠自然光，相馆屋顶建有玻璃天窗，下面用铁丝吊起白色幕布，能左右移动；阳光太强，就用长竹竿把幕布挑拢遮光；光线不足，就把幕布挑开采光；遇到阴天，幕布完全挑开光线也不够，就只好请顾客晴天再来。开始用的是玻璃底片，既笨重又易碎，还不好保管，就是洗照片，也得利用日光操作。——“那时的照相馆真是靠天吃饭”（何炳荣《人像摄影及其在昆明的发展概况》）。

蒋楦专注于其他项目后，又嘱弟弟蒋朴开了家“二我轩”相馆，地址距水月轩不远，就在翠湖东南的尽忠寺坡脚。据说“二我轩”是昆明第一家用电灯照明拍摄照片的相馆，它的独门绝技是一张相片上印出两个影像，所以称“二我”。今天看来，这不过是一个简单的暗房技术而已，但当年确实让人感到新奇。昆明老人还记得“二我轩”利用相机的折光原理拍摄出了“鸡脚神”（煞神）形象，曾轰动一时，“二我轩”也由此成名。据说它的招牌“二我轩照相”还是请昆明名士陈昌荣题写的。近年发现了不少“二我轩”拍摄的照片，有木质相框，有纸质压纹底板，还有五六种不同的徽标，设计都很精致。有的照片底板上还盖有红色的“洗印师”印章，有名有姓，以示对质量负责，更让人刮目相看。

昆明另一家照相名店也和蒋氏兄弟有关。当时蒋朴到外地寻找照相人才，从

早年相馆的照相机造像

早年相馆拍照者造像

名气很大的广州艳芬照相馆请来了黄恪存。后来黄恪存在正义路自立门户，开了间相馆，借老东家的名号称“艳芬”。这家“广味”相馆的绝技是为照片上色，变“黑白照”为“彩照”。

1938年，抗日战争把南京的老牌国际艺术人相馆赶到了昆明，在正义路北端、五华山南坡扎下根来，从南京老字号变成了昆明老字号。这家“苏派”照相馆带给老昆明人的是“灯光照相”，让照相摆脱了自然光的种种限制，能随心所欲地安排，打造光与影的绝作。它的“苏派”手工修图也称绝昆明，成就了一大批昆明俊男美女，也成就了“国际艺术影楼”的盛名。

不过，本土照相馆也不乏创意。弥勒张氏兄弟学的是园林设计，却跑到昆明双塔寺下的大绿水河开起了“存真”照相馆。这是一个园林式的“照相场”，全部建在小岛之上，四面环水，岛上有小桥流水，有假山亭榭，有竹木花草，顾客可随意选景拍照，取法天然，自成一派。为吸引客人，张氏兄弟还自撰上联，向社会广征下联。其撰上联为：“绿水河，河水绿，绿映双塔，塔映绿水存真相。”据说当时应征者众多，存真相馆的生意也兴隆一时。

○最早的广播电台：一县一台收音机

民国初期，昆明仍然十分闭塞，没有广播，也没有通讯社，了解外部新闻主要靠从滇越铁路运来的上海等地的报纸，本地报纸的国内外新闻也是从这些报纸上摘录来的，刊出时已经是十天半个月前的旧闻了。昆明尚且如此，边远县区更是“鲜知国情”。1931 年九一八事变后，时局紧张，为唤起民众，这种“鲜知国情”的状况就必须改变了。当时南京建起了“东亚第一大广播电台”，昆明也能收听到，但收音机极少，仅少数达官贵人从国外买来几台，被视为稀宝，就连报社和一般机关厂矿也没有收音机，市场上更没有销售。“云南王”龙云了解外部形势，靠的就是家中一台落地式收音机。他让人来家抄收广播，记录新闻，供其参考。后来当局在无线电局设立收报机和收音机，由专职报务员分别抄收南京广播电台的纪录新闻和电码新闻，整理为“每日新闻”，通过有线、无线电报转发省内各电报分局和无线电台，再送当地教育部门重印，四乡张贴，以传递新闻。直到 1932 年，昆明的《云南日报》等才有了收电部门，可以直接抄收中央社播发的电码新闻。也就是这一年，云南开始筹办自己的广播电台。

早年在近日楼上安装喇叭，让行人收听电台广播

早期广播电台称为“播音机”和“无线电”。昆明报纸刊登文章说，办广播对“交通不便，民智低落”的云南非常重要，可以“提高民智，宣传党义，教授学理，引导社会正当娱乐”，“对不识字之民众亦得同受实惠，又不荒废正业，其功甚伟”（《民生日报》）。官方为迅速传达政令、新闻，便计划在昆明建广播电台，而在边防重地设收音机，“以期消息灵敏”。

据当时的“可行性研究”，直到 1930 年底，昆明仅有真空管交流电收音机 14 台，全在社会高层，如五华山省政府、龙云公馆、建设厅、电政管理局局长公馆、耀龙电灯公司、邮政总局、逸乐电影院等，还有铁路、海关、教堂的法国人和英国人。好的收音机每晚可以收到日本、菲律宾、泰国、越南、印度等国外广播，国内的南京台也能收到。

承建广播电台的是经营电报的云南无线电局，核心设备是从上海购来的一部 250 瓦晶体控制主振式广播发射机，台址设在交三桥外的无线电报基地五谷庙（今人民东路昆明十五中对面），称云南广播无线电台。与此同时，当局举办各县收音员训练班，教授基础无线电学、收音机应用与维修、电码抄收、译电、防空常识等，又垫款为各县购置收音机，由学员结业后领取，回县成立收音台。

1934 年云南广播电台建成，并于 7 月 3 日正式开播。全天分两个时段播出：第一次从午后 3 时至 4 时，以电码播送政令及重要新闻，供各地收音台抄收后送当地机关或通讯刊物；第二次从午后 6 时到 8 时 30 分，播出新闻、党义、政令、音乐、文艺、戏剧、气象、商情，还有医学常识、科学演讲等。开播之日，“云南王”龙云主持了揭幕典礼。

此时虽然已经有电料行闻风而动，购进收音机销售，但民间收音机仍然稀少。为扩大影响，当局特别在绣衣街（今护国路）无线电局营业处、文庙街教育馆和近日楼设置扩音器，让不少普通市民首次听到了无线广播（万揆一《滇云旧闻录》）。

就省域而言，由于电台功率太小，能收到广播信号的地方，除昆明城区之外，仅有附近的昆阳、呈贡、晋宁、宜良、嵩明、寻甸、富民、武定等地。直到 1937 年，云南实现每县一台收音机，一个收音台，状况才有所改观，不过 16 个设治局等“特区”仍处于封闭状态。

尽管如此，云南的无线广播毕竟开了个头。对于昆明人来说，印象深刻的是电台每个月一两次的特别节目，由昆明京剧、滇剧票友登台演播戏曲，很受欢迎。不过当时到五谷庙交通不便，每到雨季，大东门交三桥外就要淹水，票友们还得坐船摆渡到五谷庙演播，后来在城里另寻演唱之地，节目才有了保证（杨润苍《云南电信的发生和发展》）。

○抗战时期昆明企业创造的“中国第一”

抗日战争时期，中国沿海国土大量沦陷，昆明成为后方重镇，成为中国联系海外的重要交通枢纽。中国一线、二线工业被迫向三线内迁。原本被边缘化的云南走上了前台，成为一、二线新老工业企业的重要选择，成为中国现代工业战略大转移

茨坝中央机器厂的大门

的重要接替地、“避风港”和“孵化器”。

早在九一八事变后，当局就考虑把沿海工业内迁到西南，实现经济战略大转移，以为长远之计。1937年初，国民党政府的资源委员会主要官员和专家几次飞到昆明进行周密考察，最后得出结论：

中国电力制钢厂建成的三辊横列式小轧机

南迁昆明的五十三兵工厂老厂区

一、昆明地处高原，崇山险阻，自然屏垒，扼滇越、滇缅、滇川、滇黔几条战略要道之中枢，山水合适，风景如画，四季春天，实为理想的大后方之重镇。

二、昆明有中国最早的电力供给基础，利于各项军事、民用产业的发展，特别是具有滇越铁路这条著名的国际通道，便于大量、快速地迁移工厂设备、器材等战略物资及职员，若有意外，还有正拟建的滇缅公路可以利用。

三、昆明已有四十余家外国洋行、商号、银行、公司经营多年，并有多家外资医院、学校，开放程度较高，与国际往来密切。

四、云南省当局也抓住机遇，热诚欢迎内地工厂迁来昆明。

有此四条，资源委员会决定把一批军工、航空、重工业要害工厂迁到昆明。

这一决策改变了昆明，也改变了云南。

此后数年之间，内迁到云南和在云南新建的重要军工和民用企业共有八十多个。不少“中央”级工厂在昆明落户，如中央机器厂、中央炼铜厂、中央电工器材厂、

海口22兵工厂生产的中国第一台望远镜

1943年，云南省第一座小高炉在安宁螳螂川畔（今昆钢）建成

抗日战争时期建设的昆明水泥厂遗址，这是中国人自行设计建设的第一座水泥窑

中央飞机制造厂、中央无线电厂等等，创立了光学、航空、兵器、矿业、钢铁、机械、电器、纺织、化工等新兴产业，形成了海口、安宁、茨坝、马街四大工业区。

抗日战争以前，昆明工业基础薄弱，仅有一些面粉加工、火柴制造等轻工业，重工业几乎是一片空白。大批内迁企业到达昆明后，云南也抓住人才、技术、资金大量涌入的机遇，建立了一批现代工业企业，如云南钢铁厂、中国电力制钢厂、华兴水泥厂、云丰造纸厂等，大大提高了本土企业的生产能力和水平。

据统计，1940年昆明地区主要的工厂企业已达80个，其中兵工行业6家，机器行业11家，冶炼业6家，电器业7家，化工业25家，纺织业15家，工业人口由抗战前的2000多人激增至3万多人，城市人口由10多万增加到30多万。昆明工业的崛起又促进了金融业和商业的发展，南屏街迅速发展成金融商业中心，进出口贸易暴涨

128倍，昆明经济一度空前繁荣，纯消费城市的面貌完全改变，成为当时大后方仅次于重庆、成都的第三大工业区，成为当时中国重要的战时工业基地和军工基地，生产了大量军事装备和军用物资，有力地支援了全国抗战。

抗日战争时期，昆明内迁企业和本土企业实现了许多技术上的突破，创造了中国工业史上的许多“第一”，体现了当时中国科学技术发展的最高水平。如安家昆明茨坝的中央机器厂生产出了中国第一台2000千瓦发电机、第一台500匹马力发动机、第一台40吨水管式锅炉、第一台精密块规，自制了第一台煤气车、第一台万能机床、第一台龙门刨床等等。由著名的光学专家周自新任厂长的22军工厂于1939年生产出中国的第一台光学望远镜——6×30双眼三棱军事望远镜，后来又生产出中国第一台炮兵用80cm倒影测远镜，其第一号产品被送给蒋介石。中央电工器材厂生产出了中国第一根电线，云南自办的中国电力制钢厂则生产了中国的第一根拉磁钢……

这种“第一”现象还不止于工业领域。当时在昆明还第一次成功试种从美国引进的烤烟，创建了云南第一个生物研究所等等。

抗战时期内地迁昆企业和云南企业创造的许多“第一”不仅为抗日战争做出了巨大的贡献，还为昆明工业的发展奠定了基础。

老房产

昆明近代房地产开发始于“官办”，可以追溯到清光绪初年。当时的云贵总督岑毓英开发新城铺以筹措兵饷，钱是赚到了，但效果并不好，新城铺后来成为藏污纳垢之地，其开篇之作成了绝笔之作。

辛亥革命以后，昆明的第一个官方房地产项目初衷似乎并非为钱，而是为了破除迷信。1912年，当局砸了城隍庙，将庙前两廊和戏台改建为模范市场，叫作劝业场，

这是民国官方开发的第一个昆明近代市场。护国起义胜利，云南财政紧迫，1917年，当局拆除原粮储署衙门，兴建文明街，分段出卖土地，这又是民国首次街区房地产开发。

接下来的新市场开发不少。1919年当局在南教场分街划巷，开辟市场，并由官府统一建房出售。同时还开工兴建云津市场，原想办成模范市场，但因人气不足，并不成功。1920年，玉溪旅省同乡会集资兴建玉溪商业场，这回是民办，建成后商业繁盛一时，玉溪街也由此得名。1922年，当局拆除南门瓮城，建近日公园和环形马路，路旁兴建楼房，作为模范市场。这又是一个成功之作。1930年，当局决定拆除昆明南城墙，修筑新马路，兴建新市场，历时多年建成，就是抗战时期繁华一时的南屏街。

1938年，当局在小西门外建设篆塘新村，这是昆明第一个新型居民住宅小区，统一集资、征地、规划、设计、施工、出售、经营、管理。后来当局又在篆塘新村旁先后开发了靖国新村高档居住小区和复兴村商住综合小区，都很见效。

○新城铺：近代昆明最早的官办开发街区

开发新城铺地产的清代云贵总督岑毓英

清末的昆明城内外几乎全是平房，楼房极少。即便地处市中心的轴线上，“从马市口至南城门前两廊铺面，直无一间楼房”，而在围绕市中心的长春坊（今长春路一段）、文庙街、卖线街（今华山西路一段）、书院街（今华山南路一段）、武庙街（今武成路一段）、西院街（今福照街）等，也“无一间楼房”，罗养儒在《纪我所知集》（《云南掌故》）中解释说，之所以如此，是因为“这些街上的铺面为往昔所有者也”——都是先前的老房子。

老房子多为平房，一方面因为昆明冬春风大，高楼当风，不适合居住。民间又说昆明四围有山，白岩累累，悬岩倒立，楼房会“兜煞”引祸。实则清王朝不许平民建楼，只有读书人中了举，才可以在平房上加盖小阁楼作为书房，否则就是“僭越”违制，后果严重。一般居民想扩大住房面积，也只敢在平房上藏着盖点暗楼而已。

不过也有例外，当时南城外新城铺（今金碧路东段）一带成为昆明极为少见的楼房集中地，这里的临街铺面“又十间有九间是楼房”，“多是一楼一底之铺子”。提起此中原因，罗养儒说，清光绪八九年间（1882~1883年间），经过多年战乱，昆明经济萧条，当时的云贵总督岑毓英兵饷无着，已有拖欠，又面临中法战争，正

金碧路东段原称新城铺，是清代后期开发房地产以充军费的产物，后因滇越铁路通车、商埠设立而繁华起来

是用兵之际，于是筹借钱款，在南教场以南、从金马坊到得胜桥路段“修复不少住屋”，“称为新成（城）铺”。大概是在城外，所以网开一面，建成一楼一底的两层铺面百余间，“售与人民，受其银价以给欠饷”——即由政府出资开发街区，然后将铺面出售，以所得钱款充做兵饷，以解燃眉之急。

这是近代昆明最早的官府开发街区，开发貌似成功，但“大乱初平后，昆明实无商业可言，居于新成（城）铺者，什有五六为卖淫者流。在光绪十年至二十年间（1884年到1894年间），一新成（城）铺，一杀鸡巷，都为污浊已极之地”〔《纪我所知集》（《云南掌故》）〕。

○劝业市场：民国最早由政府开发的市场

民国初新建的劝业市场

清末民初，昆明城隍庙（今五一电影院址）大门前两廊“七十二司殿”十分热闹，有茶馆，有艺人说书，有小吃摊等，人称城隍庙街。辛亥重九起义后不久，1912年3月，警察当局就派员拆毁城隍庙部分泥像，准备把城隍庙改建为“于公祠”，后来省府又派兵将城隍庙里的泥像全部打碎，将庙前两廊“七十二司殿”和万年台改建为新型市场，建起砖木结构的两层青瓦铺房一百多间，准备租给商户营业，办成一个模范市场，为昆明和全省市场建设树立一个样板，当时被称为劝业场。这是民国时期昆明官方开发的第一个近代市场，有一些茶馆、饭馆、小吃铺、书铺、阅览室、杂货铺等，后来还成为昆明第二大菜市，仅次于威远街的藩台衙门菜市。

开始时，这个市场也不太成功。据民国《昆明市志》说，因为这里“地势较僻，于商业不甚适宜”，商铺建好后，招租受阻，后来就把特别难于出租的二楼改为商品陈列所和实业改进会阅书报社——仍然有“劝业”之意。后来还在劝业场楼上开办了昆明市拍卖场，“凡市内有应拍卖之物，无论公私，皆可先期寄入”，每到星期天开场拍卖，成交后照价提取10%的手续费。

1925年秋，著名作家艾芜漂泊到昆明，在饥饿中“走到城隍庙街”，“在这条街漫步徘徊，忽然发现了通俗阅报社的招牌，挂在商业场的楼上，同时还想给脑筋一点粮食，就完全不顾及由污旧衣衫表现出的身份了”。这是“一间临街的小楼屋做的阅报室，桌上放些杂志，放些书，放些报纸。窗外射进一两线阳光，满室都浮着通明的微笑”。“翻看报，华安机器厂招收学徒的大字广告，跳到我眼里来了”，“这是一线生机，我记好街名厂名，就去了”（《人生哲学的第一课》）。

1932 年 11 月 7 日，当局再次组织人马，捣毁城隍庙中偶像，将大殿改建为大众电影场，虽然上映的多是二轮片，但也为劝业场带来了人气，使这一带的商业兴旺起来。1941 年 4 月，日寇飞机空袭昆明，城隍庙街中弹起火而毁，后于 1943 年重建，劝业场又在废墟中站了起来。

○文明街：民国最早的政府开发街区

文明街的中式临街建筑

1916 年，护国起义在昆明爆发，不过半年，窃国称帝的袁世凯垮台而死。昆明人也为此付出了巨大的代价，巨额军费让省财政为之一空，一时无法恢复。为扭转财政局面，当局决定拍卖部分公有房地产，以补救财政状况。被选中的是清代的粮储道公署，这个衙门纵深数层，从景星街东段向北直抵光华街，占地面积很大，加上其东邻昆明中轴线上的南大街，东北是当时昆明最热闹的三牌坊，北面是商业正在兴起的光华街，商业区位优势明显。辛亥重九起义后，省图书馆曾迁入原粮储道署，1917 年，当局又将省图书馆迁到翠湖，拆除原粮储署衙门，新建街道，自南而北，连接景星街和光华街，因新街北端有“南国文明”牌坊得名文明街，民间又称“文明新街”。

这条新街的土地被分段出卖，由买主按规定的形式建造临街铺房。不久，街道两旁就建起了两三层楼的中式土木结构铺面各三十多间，中间为小条青石镶砌的街道，风格独特，形式统一而又有变化，成为民国最早的政府开发街区。文明街北端有福林堂和大安堂药店东西相对，药铺后面有两层楼的四合院，可供居住和制药。街上开有瓷器庄、租碗铺、茶馆、书店、土杂铺、照相馆、布店和报社等。此后 30 年间，以夜市、书市和春节儿童玩具“年货街”等“三市”著称。

1920 年，当局还利用拍卖粮道公署的部分收入来兴建翠湖公园，可见文明街商区的开发，确实为缓解护国战争后的财政问题发挥了作用。

○南教场市场：民国官方第一次炒房地产

南教场市场的建设和护国门的开辟密切相关。1919 年，由于昆明南城内外交通严重拥堵，当局决定在老城东南方向开辟小南门（护国门），所需资金靠“拍卖公产”解决——这“公产”就是护国门外南教场公有土地。

清末的昆明南教场

南教场位于今宝善街东段两侧，是明清时期昆明一大演武场，到清末废弃，成为处决犯人的法场，平时则是底层民众会集之所。其东邻护国路，西到南华街，南到南强街（南教街），北近南屏街，出口位于教场南面，在今祥云街口，这里原来就叫“教场口”，早年还有一座“宣威万里”牌坊，建于清康熙三十年（1691 年）。

南教场西面有珠市口（今宝善街西段）、三市街（今正义路南段），都是商业繁盛之区，东南方向距滇越铁路总车站（昆明站）不远，开辟小南门后，更是从城区通商埠的必经之处，土地潜在价值很高。据初步估算，拍卖南教场公地，可收入 30 多万元，以 10 万元建护国门，还可有不少剩余。但又有官员提出，如果将南教场规划为市场，由官方建设商铺出售，可建商铺 1000 间，住房 80 幢，收入更可达 150 多万，更有利于商业发展，并统一市政建设，以壮观瞻。后来大体按此方案实行。当局把刑场迁到北教场（后再迁到大西门外），利用南教场公有土地，并收购界内私产，统一分街划巷，辟为市场，由官府统一建房，于 1919 年 4 月动工，边建造边售房，滚动建设，进展顺利。整个工程于 1921 年 7 月完工，不但为修建小南门筹集了资金，还为当局积累下一笔巨款，缓解了财政窘迫的局面。

南教场市场建成后，出现的是一条条新街道，如今的南华街、祥云街、鼎新街、南强街等，虽然没有以市场命名，但不少就是民国初期所建市场的一部分。此后南教场还剩下不大的一块，地在宝善街东端以南，东接护国路，南邻鼎新街，西到大逸乐电影院（今星火剧院址），全成了小商小贩、杂耍艺人、江湖郎中聚集之地。1942 年后，当局又在此建盖简易房屋，供人居住，并开设食馆、茶室、书场等，面貌有所改变。20 世纪 50 年代后，这里建成菜市，后又改建为宝善大酒店和商业大楼。

○云津市场：民国最失败的政府开发的市场

如今的云津市场街区

南教场正在开发，已有初步成效，当局大受鼓舞，又趁热打铁开发云津市场。这次开发总结了南教场市场的经验和城隍庙劝业场的教训，认为南教场成功在于靠近滇越铁路车站，城隍庙劝业场失败之处在于距火车站太远——“近站则昌，远站则衰”。出此考虑，决定在距车站不远的云津铺再建新的模范市场。

云津市场由当时主持市政工作的省会警察厅负责，在其建设规划中，这个市场中不但要设立茶园，还要设立官办的妓院。这马上引起了舆论的反弹，但当局为解决财政所需，折中处理，敷衍了事。

云津市场于1919年10月开工，建有“横二竖三”五条街道，交叉如棋盘之状：“横二”是中横街、南横街；“竖三”为云津正街、景云街和崇善街。各街两廊兴建楼房铺面共140多间，铺房后面多建有偏厦，并建围墙两段、公厕两座、泄水阴沟10条，1921年8月竣工。出乎主事者预料，因新市场地点僻静，无法汇聚人气，入场营业者太少，留下不少空屋，只好将其中不少房子租给市民居住，后来还设立过临时军营、临时医院等。

云津市场的主事者还为官办妓院留了一手。在云津正街两侧各辟出一条巷道，东巷称康和里，西巷叫敦厚里，巷名很有雅致，却是为官办妓院“集园”预留的位置。1923年6月，昆明市政公所筹建的云津市场官妓集园的东、西两院就在这里开业。集园两院大门相对，以西院为“上等”。抗日战争时西院被日本飞机炸毁，集园再度萧条，但仍苟延残喘。直到1948年底云南当局再次禁娼，集园才被正式解散。

○玉溪街市场：昆明最早的民间开发市场

清代末年和民国初期，不少玉溪（当时称新兴）商贩在昆明大南门（今近日公园以南）经营土布和风味食品，仅玉溪口味的饭食摊点就有一二十个，形成了别具一格的市场。

近日楼前玉溪街市场

1920年，玉溪旅省同乡会集资在昆明大南门外忠爱坊东侧建起了玉溪商业场。大概是总结了劝业场和云津市场的教训，玉溪市场建在南门下，这里是进出城市的交通要冲，本来就是商业繁华之地，市场建成后，商业环境更好，备受商家青睐，上下共140多间商铺全部租出经营，商业繁盛一时。玉溪街也由此得名。

○篆塘新村：昆明最早的商住小区

抗日战争期间，大量企业、机关、学校从内地涌进地处大后方的昆明，一时人口膨胀，住房紧缺。1938年，市政府在小西门外征用农田菜地1050亩，在今环城西路以东建设篆塘新村。

这是昆明第一个新型居民住宅小区，由“昆明建筑师联合事务所”承办建设。这个事务所的创办者为徐敬直，其早年留学美国密歇根大学，回国后参加设计过南京中央博物院，抗战初期到昆明创办建筑师事务所。在篆塘新村建设中，他突破分散经营的传统模式，统一征地之后，又统一平整土地，统一修筑道路及上、下水道，并划分宅地，按统一形式修建住宅和配套服务设施。这样，从集资、征地、规划、设计、施工到出售、管理，全程实行统一经营，使篆塘新村成为昆明最早采用“六统一”方式建成的居民区——篆塘原为“转塘”，为航船调头之地和水陆转运之地，篆塘新村也是“转塘新村”，为昆明住宅建设创新“调头”的标志。

篆塘新村计有住宅数百幢，总建筑面积为11130平方米，全部按小住宅布置平面，为两到三层单体式平房，传统木排架结构，筒板瓦坡屋面，毛石基础，土墼砌墙，局部毛石墙面，每户自成院落，留有适当的庭院及空地，较为经济实用，很有地方特色。小区还配套建设公共建筑，如新村俱乐部、商店等，还有较完善的道路和下水道。由于设计合理，方便实用，造价低廉，售价公道，很受当时的中产家庭欢迎，建成后不久就销售一空，经济效益较好，并很快聚集人气。后来又建起了“志舟体育场”（在今昆都商城址），内设足球场、篮球场、网球场、旱冰场等等，还建成了新村小学（后为昆明第27中学址）。经多年改造重建，篆塘新村的原有的住宅

早年篆塘旁的村子和住房

已很少见了。

这个新区建设也招来了一些批评的声音。1939年，昆明学者周光倬发表文章说："最近小西门外环城马路的新住宅，形式已改变，布置亦采西式。然嫌间架太小，租金所定过昂。如何而能解决本市住的问题，亦不能平租价。若再继续营造第二或第三住宅区，如吴井桥一带，应就该地自然风景，另行设计，使所取材料及建造模型要经济化合理化艺术化，切莫再蹈一般都市畸形发展的恶劣影响。市府所投资的，注重平民化，使都市上多数的平民，不致感受住宅的恐慌，与不合理不卫生，变为真正的贫民窟，有伤都市的观瞻和政府施政的本旨违背。中上等的住宅，亦应规定的束缚，非经市府的审查不许起盖。一般包工建筑公司打样师均须经市府严密的检定，不能听其随便地营业，牟利是图，以致本市建筑的前途，发生坏的结局。"（《扩大昆明市区的一种建议》）

○靖国新村、复兴新村和吴井新村

受到篆塘新村成功开发的鼓舞，当局接着又在篆塘新村旁的靖国村开发新的居住小区，称"靖国新村"，在今金碧路西端以北，东起今沿河路，西到今国防路，北抵今顺城巷。清代金碧路西段有三节桥（在今靖国小学附近，后拆除），1917年唐继尧起兵响应孙中山，组建靖国军反击张勋复辟，后改三节桥名为靖国桥，以纪念此事，靖国新村也由此得名。

靖国新村开发吸取了篆塘新村的经验，定位是高端客户，针对富户需要，宅地范围由买主决定，并分别委托设计。靖国新村住宅建筑标准较高，一般都是两层砖混结构的别墅式建筑，不少院落至今仍在使用。

1940年，当时的云南省财政厅又对复兴村一带进行规划整理，建设商住小区，仍称复兴村。新的商住区建在金碧路西段以南，与靖国新村隔路相对，东起玉带河，西至环城西路，南邻柿花桥，北抵金碧路。征地后进行统一规划，分三个等级按单元地块出售，要求金碧路临街商铺建成楼房，以求整齐美观，住宅区则以庭院式高档住宅为主，建筑图纸必须经当局认可后方能施工。复兴村工程于1940年开工，1945年竣工，开发时间长达5年之久，建筑面积共51万多平方米，成为官商共同开发的商住综合小区。

如今的靖国新村是机关、宾馆林立之地

还是在1940年，昆明市工务局也着手在东南郊吴井桥一带开发“吴井新村”，并进行了平整地基、修建道路、划分宅地出售等工作，但由于时局影响，未能按计划继续建设，成了烂尾工程。20世纪50年代后，利用当时平整的土地，重新规划建设为昆明的仓储区。

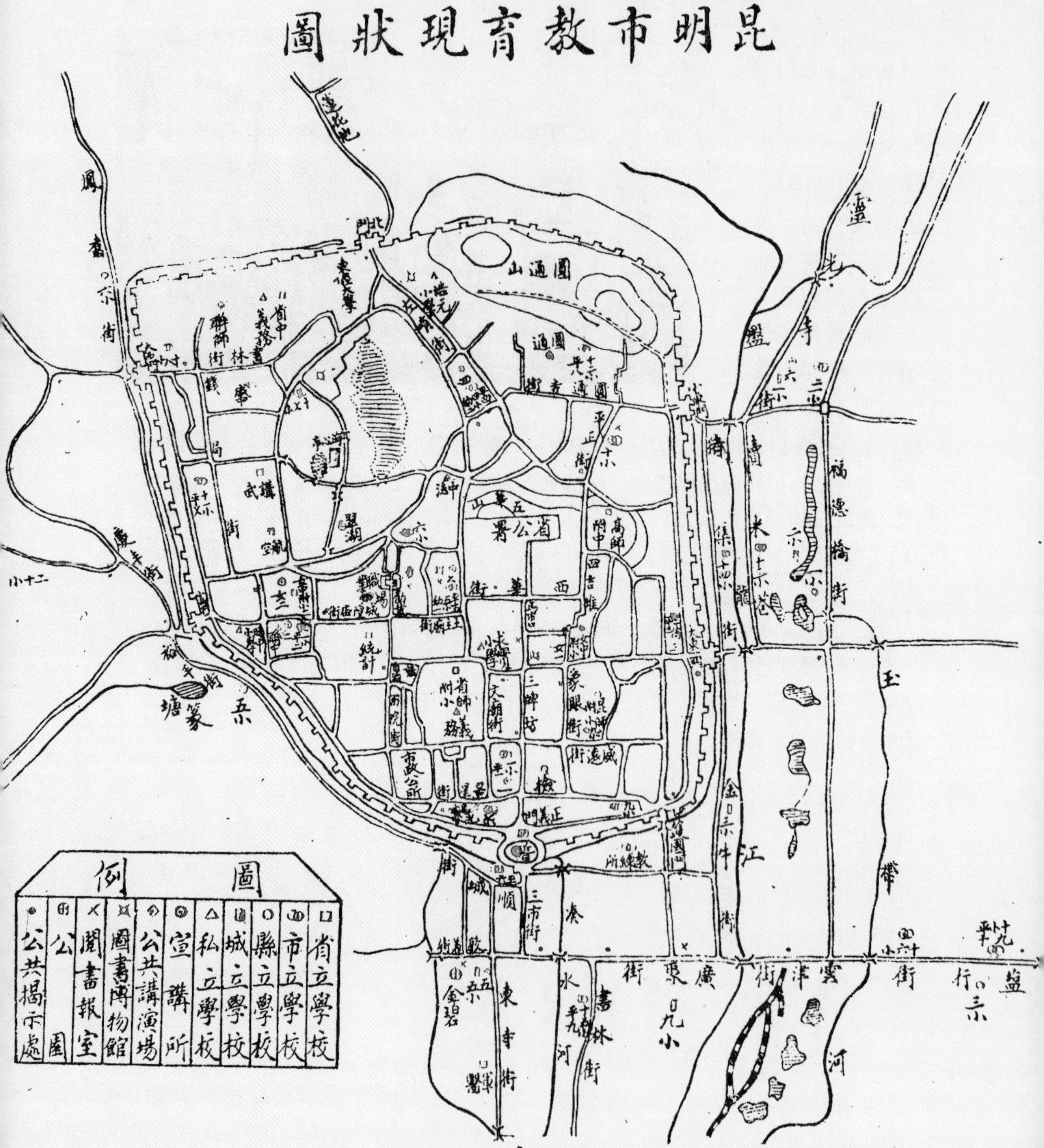

民国初期《昆明市志》中的“昆明市教育现状图”

老文教

清末朝廷推行“新政”，废科举，兴学校，“派游学”（留学），并出报印书，展览博物，开发民智，昆明近代文化教育从此起步，城市近代化由此提速。

清光绪二十八年（1902年），昆明开始举办新学，对五华书院“改制”，开办高等学堂，并先后办起了方言学堂、东文学堂、法政学堂、工矿学堂、农业学堂、商业学堂、速成铁道学堂等，同时大办师范学校，为小学培养师资。清光绪二十九年（1903年）创办小学11所，招收33班学生，但因没有教材，这些新式小学教的仍然是“四书五经”。直到光绪三十一年（1905年），各校才按学部所颁学堂章程教学。到宣统三年（1911年），昆明城内外已有121所学校，其中小学90多所，入学儿童5000人。光绪三十二年（1906年），隋唐以来在中国实行了1000多年的科举制度被废除。光绪三十四年（1908年），昆明出现了女子学堂、女子师范和女子职业学校等，为昆明女子教育之始。

到民国初期，昆明已有图书馆3处，博物馆2处，陈列馆1处，阅书报室14处，巡回文库2处，讲演场院4处，宣讲所9处。（民国《昆明市志》）新式学校的兴办，为更多的平民子弟提供了开学智、受教育的机会。新学适应新的社会需要，注重实用，培养了不少新型专门人才。而早期派到内地、国外“游学”的学生陆续学成归来任教，更带回了大量新知识、新思想，在校园内外广泛传播，更促进了昆明人的“思想近代化”。

○从“五华书院”到“经正书院”

翠湖旁的经正书院

古代的书院近似高等学校，有官办的，也有民办的。据相关资料，明代昆明兴建了7所书院，到清朝增加到20所，其中最成功的有两所：一是明嘉靖三年（1524年）创办的五华书院，二是清光绪十七年（1891年）创办的经正书院。这两所书院都很有成就，并一直办到清末，转型为新式学堂，十分难得。

五华书院位于昆明的五华山，从明代到清代，经过多次重修扩建，规模越来越大。前门面临今天的华山南路，书院内古柏森森，穿过一条甬道，两旁是斋舍，中间是大讲堂，再进去有藏书楼，楼中藏有清初颁赐的《四库全书》等，加上历代购置的、本院刊印的、官绅士民捐赠的，藏书达数万册之多。书院有东园、有西园，都是学生宿舍。

五华书院是云南第一个全省性的官办书院，是明代大移民之后，为传播中原文化兴建的，最现实的目标是培养士子参加科举考试。他们千方百计把云南最优秀的人才纳入科举、纳入官僚体制，以维护封建王朝在云南的统治。清雍正年间，总督鄂尔泰重修五华书院，大书《征滇士入书院教》称：“国家最重者唯人才，人臣最急者亦惟人才。”而书院就是“储才之区”。他对入院生员寄予厚望，更是为了云南，“为国家得人才”。他说，得人才于天下不难，而得人才于滇，而且“得奇才异能者于滇”，这才是“滇之荣，国之光”。

清嘉庆年间的《滇系》一书中有《五华书院山长志》，称雍正年间修复五华书院后，云南才智出众的士子“无不招而纳之院中”：从全省各府、州、县的岁考、科考士子中择优录取一批，从乡试落榜的士子中选拔一批，还允许有才学的士子自费前来学习。

五华书院的师资也首屈一指，历任山长（即院长兼主讲）都由总督、巡抚从本省饱学之士中挑选，大多出身举人、进士，学术造诣甚高，仅清乾隆年间就有三个进士、著名学者担任过五华书院山长：一是参加过《四库全书》编校工作的翰林院编修、御史谷际岐，一是当过嘉庆皇帝老师的内阁学士、吏部侍郎尹壮图，一是在山东做了十多年县令的刘大绅。这些山长都是科场、官场的过来人，满腹经纶，历练老成，教学严谨，很受士子爱戴和欢迎。

五华书院的教学内容主要是经史子集，以应科举。由于名师传授，学规严格，生员基础好，学问扎实，每逢乡试，榜上有名者常常有一半出自五华书院，一般有30人，最少也有20人（清《滇系》），而五华书院生员不过百人，参加乡试的士子有数千人之多。谷际岐主讲五华书院时，有54个学子在连续两届乡试中上榜，时人称“滇中名流大半出其门下”。清代从五华书院走出来的名人，有乾隆年间进士、刚正不阿、勇斗权臣和珅、诗书画三绝的“瘦马御史”钱沣，有科场失意而以一部《诗经原始》名噪全国的方玉润，还有世称“五华五子”的戴䌹孙、杨国翰、池生春、李於阳、戴淳等。

清光绪二十九年（1903年），旧学被废止，五华书院结束，存世明清两代，共计379年，是云南办学时间最长、培养学子最多的书院。当年尹壮图曾为五华书院题联曰：

鱼跃鸢飞活泼泼地；

日华云烂纠缦缦天。

相比之下，经正书院的开办比五华书院晚了367年，是昆明成立最晚、办学最短的书院，但办学思想却走在五华书院之前，“开南中未有之风”，成为清末最有特色、最有成绩的著名书院之一。

清光绪十七年（1891年），经正书院在翠湖东北的报恩寺旧址（原昆明业余体校一带）开办。书院建筑风格模仿五华书院，两旁斋舍都以“经”“正”二字取名，如“传经”“拜经”“守正”等。经历了两次鸦片战争的失败，国门已被打开，云南也透进了些许“西风”。与五华书院培养科举人才不同，主持办学的云贵总督王文韶、巡抚谭均培在奏折中宣称，经正书院培养的是“通经致用”之才（民国《新纂云南通志》），倡导士子研习经史古文和时务等“实学”。为表示赞同，光绪皇帝亲笔题写了一块“滇池植秀”大匾，高悬在经正书院门头。

经正书院全省招生，由提学使巡视各地，挑选品学兼优的学子，再会同总督、巡抚，从中考核选拔高才生，入经正书院学习。经正书院实行分层教学，因材施教，考试严格，赏罚分明。总督和巡抚特聘两任山长：一个是许印芳，一个是陈荣昌。两先生都是学界大儒，不但治学严谨，而且思想开明。由于时势推动，在“致用”的前提下，书院对新学也有所包容，主张与时俱进，“开卷有益”，添置了不少沿海地区著译的新书，如《万国史记》《海国图志》及大量丛书等，鼓励博览世界各国书籍，让学子们大开眼界，又倡议送学生赴日留学，把新鲜空气送进书院。

经正书院结束于光绪二十九年（1903年），办学仅13年，培养高才生97人，云南学者秦光玉、钱用中、李坤都出自其中。更有意思的是，清光绪二十七年（1901年），朝廷开考经济特科，选拔“经邦济世”人才，正好暗合经正书院“通经致用”的办学宗旨，而经正书院才子、石屏进士袁嘉穀也被举荐参加考试，被录取为一等第一名，称为“特元”，民间称“状元”，堪称“云南唯一”。

当年经正书院筹办者之一、云南府知府兼护盐法道陈灿曾为经正书院题联道：

地接龙祠，盼风起云腾，诸君快慰为霖愿；

门临翠海，看水流花放，随处都生悟道心。

○最初的新学堂：“双向学历通道”

清末云南武备学堂师生

清末“新学”相对于“旧学”而言，“新学堂”又相对于旧式的私塾、书院而言。昆明最初的一批新学堂都建立于20世纪初。清光绪二十八年（1902年）五月，清政府决定在各省城设大学堂，各府、厅、直隶州设中学堂，各州、县设小学堂等。昆明也从此开始创办新学堂。

最早创办的是高等学堂（大学），以原来的五华书院（在今华山南路）改置而成，于清光绪二十九年（1903年）二月开学。由于当时还没有中学毕业生，高等学堂的首届学生是从全省的举人、贡生中经考试或由地方官员保送来的，初期只能开出理财、兵学、交涉三门课。

清末的新学堂还拖着一条旧学的尾巴。根据光绪二十九年（1903年）颁布的《钦定学堂章程》，新学堂分六级：蒙学堂、寻常小学堂、高等小学堂，这是初等教育；中学堂是中等教育；高等学堂、大学堂、通儒院是高等教育。合计要学25年，一个人7岁入学，到30岁出头才能从通儒院毕业。

不管怎么样，昆明那几年一下子就冒出了不少新学堂。计有11所小学堂、两所中学堂，还有两级师范学堂、方言学堂、东文学堂、法政学堂、工矿学堂、农业学堂、商业学堂、速成铁道学堂等专科学堂。军事新学堂的发展也特别快，先后有

建在圆通寺旁的法文学堂的师生

武备学堂、新操学堂、讲武堂、陆军小学堂、陆军速成学堂、体育学校、测绘学堂、军医学堂等等，主要还是为了满足当时“新军”建设的需要。

清光绪三十一年(1905年)科举废除之前，新学和旧学之间还有个“双向学历通道”：按当时的规定，举人可以进高等学堂、贡生可以进中学堂、附生可以进小学堂，让科举出身人员也能得到“新学”学历。另一方面，小学毕业者，复试合格，给予附生文凭，并送官立中学就读；中学卒业，复试合格，给予贡生文凭，并可参加乡试；高等学堂卒业，复试合格，赏给举人文凭；京师大学分科卒业，复试合格，赏给进士文凭——所谓“相似学历”，早在清末的“新学”和“旧学”之间就有过了。

○最早的小学堂：“昆明三十三馆”

护国游行队伍中的陆军小学学生

昆明的小学始建于光绪二十九年（1903年）六月，一建就是一批，计有初级小学11所，叫作省会小学堂。校址有的设在旧书院，如育才书院，而多半设在寺庙、祠堂里，如文庙内的崇圣殿和仓圣祠，还有咸宁寺、土主庙、岑公祠、麒麟寺、昭忠祠、龙神祠和钱局街上的谭公祠等。

当时昆明11所小学各招生3个班，一个班为一馆，故当时有“昆明三十三馆”之称。小学初建，新式学章还没有制定，教科书还没有出版，仍以“四书五经”为教材，名为学堂，实则义塾而已。直到光绪三十一年（1905年），学章正式颁布，又将学生中成绩较好的另入高等班，成为高等小学，改称两级小学堂。

至于课程设置，新学早先把“四书五经”列为“必修科目”，“不过利用之以消磨全国青年之心思才力，以巩固其百世不替之皇基，中外有识之士，莫不同声非笑，视之为愚民之教育”。而新式学堂建立后，采用了新教材，“把一般小学生从消磨灵性、束缚思想的地狱里解放出来，使他们如鸟脱笼，高飞天空，如鱼脱网，畅游九渊，自由活泼，发展其天才，这样功劳，可算不小了”（《云南教育杂志》）。

○劝学所和“劝学狗”

民国初年的昆明私塾先生

民国初年的私塾先生和弟子

清光绪三十四年（1908 年），为推广新学，当局成立了昆明劝学公所（相当于教育局），开始时借文致斋筹办，后又在象眼街裁缺守备旧署址（后长春小学处）修建讲堂、斋舍、操场、食堂以及办公室等，并添置器具，将劝学所迁入。劝学所大门开在鹦哥花首府巷（又称大树巷）与象眼街的交会口，此巷也由此改名劝学巷。

劝学所以开风气、去阻力、推广学务为己任，从事筹款、劝学、兴学等具体工作。所中设若干“劝学员”，挨户劝学，查有学龄儿童，随时登记，并介绍进入学堂。据老人回忆，这些“劝学员”还负责乡村的“劝学”工作，下乡时都要骑马，为确保安全，还带一只狗跟在后面，被称为“劝学狗”。

昆明劝学所还设有初等师范传习所和劝学员讲习所，又有附属初等小学，以便学生实习。1910 年，劝学所增设初级师范学堂。从这里毕业的学生多被派去担任郊区五乡学校的教员。当时各小学堂的教科书、教学图画等，都由劝学所发放，教室课桌椅和学习用具的规格，也由劝学所规定，并下发标准桌椅，让各学校仿制。时人称其“改旧从新，力排众议，克矫积习”，对昆明新式教育，颇有贡献。当年的劝学巷也热闹一时，后来长春小学也建于此。

○最早的女子学堂："女学"与"女红"

被束缚成小脚的四代昆明妇女

小脚加"女红"：早年的昆明"淑女"

昆明最早的新学都是男学，女性被排除在学校门外。清末国将不国，西风东渐，不少人痛陈利害，大呼"女学不兴，学校终无完全之日"。当时的《云南杂志》就刊登文章，历数女学不兴带来的"三害"：其一，"女子无学，不能自养，男子终岁勤劳，恒忧妻孥子冻馁。女子对于男子，全属分利矣"；其二，"妇宜有妇德，若既无学，所谓妇德者，已茫然莫能解其意"；其三，"作育人才，必自蒙养以立其基，女学既无，母教失矣"。反之，兴女学则有三利：一、"女学兴则女子有常业，有常业则不仰望男子，亦可以自给"；二、"陶镕多则气质自化"，"所谓妇德讲之有素"，"家庭和融之象，推之为国家祥瑞之徽"；三、"女子有学，则其子之所成就者大"。世风前进如此，清光绪三十四年（1908 年）昆明终于开办了女学。

开办女学又有特殊之处。首先办的是女子师范学堂，地址在长春坊街咸宁寺（今昆二十八中址），就中医学堂原有经费和地址开办。当时学校男女有别，兴女学得有女教师，有女教师就得先办师范，而办师范又无女生生源，于是女子师范先办初等小学，接着办高等小学，再办师范预科，最后才进行师范本科教育。这也是几年以后的事了。只不知那最早的女子师范，是不是有男教师授课，只知道这些女校对女生入学、女生请假和外客来访参观等，都有严格规定，不容随便进出。

女子师范学堂的宗旨是"养成女子学堂教习（教师），并讲习幼儿保育方法，期于裨补家计，有益家庭教育"，开有修身、教育、国文、历史、地理、算学、格致、图画、家事、裁缝手艺、音乐、体操等课程。1919 年创办的育贤女校，还有乒乓球等体育项目。女子小学堂则"以养成女子之德操与必需之知识技能，并留意使身体发育为宗旨”，所开“女学”课程，除了普通的国文、算术、历史、地理外，还有女红、家事、裁缝等课程。女子师范还办了个保姆讲习所。再看当时军阀、达官、贵人都热衷从女校毕业生中选太太和姨太太，原来都是有道理的。

当时还开办了女子职业学堂，教授裁缝、织布、刺绣、编物、蚕桑五科，后又在敬节堂附设女子职业学堂，组织堂内“节妇”及其年岁较大的女孩学裁缝、织布、织草帽等，每天做工6个小时，另外讲2个小时的修身、国文、算术等（民国《新纂云南通志》）。从这里也可以看出当时妇女的地位，带有那个时代的特点。

○学堂兴隆街：从法政学堂到同济医学院

云南省立英语专科学校校长教授暨1948级全体毕业同学留影

清末近代学堂骤然兴起，昆明一些街巷从此成了学堂街。

早年光华街西段有一小街，往北上坡近200米后又折向西，通向福照街。这一带原为总督署的西箭道，北端有关王庙，占地很大，清代后期在此设立考核基层官吏的课吏馆，馆前逐渐形成街道，两侧为土木结构两层楼铺面，中小商户不少，为求生意兴隆，特意取名“兴隆街”。清末昆明设立云南府邮政分局，是昆明最早的邮政营业机构，地址原在五华山麓的翊灵寺矿神庙，后来也搬进了兴隆街公房。这里还是清末革命党人“兴隆革命”的基地。留越学生徐廉回昆后创办《云南旬报》，“往往于旁敲侧击中输入革命主义”，报纸的发行所就设在兴隆街，他还开办义务学堂，抵制法国人在昆明设立的中法学堂。到清光绪三十二年（1906年），兴隆街还真“兴隆”起来了——兴隆街北端的课吏馆办起了云南法政学堂，大批师生入住此地，当地商户的生意不兴隆也难。

民国初期，法政学堂改称政法学校，并附办云南高等商科和英语专科、军官法政速成班等，1928年首次招收女生，在昆明名气很大。法政学堂于1932年撤销，至此共开办20多年，毕业学生1800多人，培养了大量行政、司法中下级官员，给兴隆街带来了很旺的人气。

法政学堂结束后，昆师附小又于1933年迁到法政学堂校址办学，改名省立昆华小学。1938年昆华小学停办，抗战时内迁的上海同济大学医学院又搬了进来，在此教学两年，兴隆街继续“兴隆”。1940年，同济大学医学院迁走后，这里又开办了云南省立昆华高级商校。

1942年，兴隆街南端还迁来了云南省立英语专科学校，聘来不少西南联大、云大教授兼课，培养了不少英语人才，有“茅屋出公卿”之说。1949年，省立英专并入云大外文系。

1943年，省立英专对面迁来了中华职业教育社昆明分社，办起了昆明中华业余学校和中华小学，这两个学校教学质量高，社会声誉好，办得很红火。20世纪50年代初，因发展需要，中华小学迁到南城脚通城巷隔壁，如今又迁到呈贡去了。

1953年，昆华商校改称云南省财经学校，后来迁到西坝，这里才成了昆明市糖业烟酒公司酒类采购站——得名半个多世纪后，兴隆街的商业又“兴隆”起来了。

不到200米长的一条背街，大、中、小学名校汇聚一堂，可谓“兴隆”，可称“学街”。而今被拆除，已踪迹难寻了。

○最早的出省、出国留学生

清末昆明兴办新学的一个重要成果就是一批学生出外留学。那时出国求学叫留学，出省到内地求学也叫留学。昆明最早有学生出省国内留学是在光绪二十七年（1901年），最早有学生出国留学是光绪二十八年（1902年）。国内留学的中心是北京，国外留学的中心是日本，还有比利时、法国占领下的越南以及英国占领下的缅甸等。当时出国留学的有官费生近百人，自费生数百人，其中昆明人最多，主要

民国初期的“云南王”唐继尧

清末革命党人杨振鸿

云南讲武堂总办李根源

滇军名将顾品珍

东陆大学校长董泽

学军事、师范、法政、实业、警察等，学成归来后多在昆明就职。在以后的几十年里，这些人都成了昆明政治、经济、文化舞台上的风云人物。

据统计，在最早的昆明留学生中，代理过省长的有2人，当过市长的有2人，在省级重要机关当过首长的有37人之多。而在日本军校学习的一批留学生，如唐继尧、李根源、李鸿祥、顾品珍、杨振鸿、谢汝翼、叶荃、赵钟奇、秦光玉、周钟岳、董泽等，都在昆明上演过一出出大剧，对全省甚至全国的历史都产生过重要的影响。

○戊戌变法中的昆明“公车上书”举人

时任翰林院编修，在“公车上书”之年的会试中力荐梁启超的昆明进士陈荣昌

戊戌变法始于清光绪二十一年（1895年）的“公车上书”运动。当时正值甲午战争之后，丧权辱国的《马关条约》签订之后，广东举人康有为、梁启超借赴京会试之机，上书痛陈变法之务，各省举人一千三百多人相继联署，以为声援。云南举人也“书”上有名，其中有三个昆明人：一为白嘉澍；一为段荣嘉；一为张锴。

“公车上书”之后，会试在京城如期举行。试前清廷密谕，凡立论尖锐、文字犀利，疑为康、梁之卷的，概不录取。此次会试的房考官之一是时任翰林院编修的昆明人陈荣昌，其细审一卷，详赡博雅，议论正大，虽担心为“康、梁之卷”，但觉得通才难得，仍然批注后上呈主考，被主考退回，原因仍然是“恐系康、梁之卷”。陈荣昌犟脾气一来，又两次批注补荐，均无结果。后来才知道此“通才”确实是梁启超。会试结束，“陈房官三荐梁启超”之事传遍京城。据说梁启超离京时，以“陈先生非需人谢者”，让人把一纸名帖塞入陈宅门缝，悄然而去。

晚清云南三进士：从左起为李坤、施汝钦、袁嘉穀

这一年“公车上书”有名的三个昆明举子都考中了进士。白嘉澍任过贵州安南（今属晴隆）知县。段荣嘉后来做到四川巴县知县，辛亥革命中被迫立誓剪发，向革命党人缴印投降，以布衣度过下半生。张锴官至吏部郎中、内阁铨叙局长，“名震都下”，辛亥革命中做过清朝廷与南京政府谈判的代表（《昆明市志长编》）。

清光绪二十四年（1898年），在北京的云南学人还响应康有为，先后在北京云南新馆成立了“滇学会”和“保滇会”，以“保国、保种、保教”为宗旨，力主保护本省领土完整、发展本省经济，会员有在京本省同乡上百人之多，这是云南昆明人自组的第一个政治团体。后来“保滇会”被当局以“私借洋款，贻害国家”的罪名“严禁”（《清实录》），更随着戊戌变法失败而销声匿迹。

戊戌变法失败，八国联军攻陷北京。当时滇中谣言四起，有人说慈禧太后与列强议和，已将云南割让给外国。昆明官绅士民，无不愤慨，商谋自卫，筹办团练，准备与列强决一死战，不当亡国奴，这是后话。

○昆明最早的学生运动：罢课抗议无理开除学生

清光绪二十七年（1901年），五华书院改为高等学堂，这是昆明最早的学堂，也是昆明最早的学生运动发生之地。

高等学堂建立不到5年，昆明大旱，天气奇热，学校伙房卫生太差，学生杨忆祖看不下去，跑去质问总务课，校方不但不改进卫生，反将杨忆祖开除。同学们愤愤不平，纷纷要求校方收回成命。校方置之不理，全校同学愤而罢课抗议。消息传开，东文学堂和法政学堂的同学也相继罢课响应，酿成昆明最早的学生运动。

就在此期间，东文学堂学生集会返校时，路遇昆明县令有瑞乘轿回衙，衙役们狐假虎威，吆喝开道。学生队伍来了，衙役们挡在路中，持棒乱打。同学们激愤不已，

高等学堂所在的五华书院

要求县令惩办衙役。县令推说回衙后再行处置。同学们当然不上这个当，围住县令不放。县令无奈，只好下轿，进了圆通寺大门，就近从居民家借来板凳，权充太师椅坐下，喝令手下把那衙役按倒，抽了一顿鞭子。同学们这才罢休，整队而归。这算是学生运动中的一段插曲。

同年八月，昆明高等学堂等几个学校的日本“教习”无理要求提高报酬，中国师生强烈不满。学校当局竟瞒过中国师生，暗中给日本“教习”大加工资。这些日本人自以为得势，更不得了，在学校内外胡作非为，乘绿呢大轿，置亲兵，添轿马，耀武扬威，冶游逞凶，又侮辱中国学生，无恶不作。于是有革命党人领头，同学们又群起请愿，要求校方斥退日本“教习”。校方不得不将合同期满的日本“教习”辞退，合同期未满的发给路费，退送回国。学生运动又取得一次胜利。

○最早的日报：光绪《滇南钞报》和宣统《云南日报》

昆明最早的日报不叫“日报”，叫《滇南钞报》，光绪二十九年（1903 年）十月创办于华国寺巷（今华山南路华国巷内），是清末“新政”的产物，由总督署官报局编辑，“省城式局”出版。《滇南钞报》以本地毛边土纸印刷，铅印直排，四开大小，每天一期，主要在省内各府、厅、州、县衙门出售，报价十分便宜，每份“大钱五文”而已，订阅每月银一钱四分，一年银一两六钱。

《滇南钞报》自称以“开启民智”为目的，内容主要有谕旨恭录、宫门钞（朝廷政令和人事动态）、奏折照录、论说摘要、时事汇记、京师新闻、各国新闻、本省辕门钞（督署政令）、文牍等栏目，并不时发布“省城市价”，包括金银、粮食、油盐、布匹、鸦片的价格，银子与铜钱的比价等市场行情，柴米油盐的价格通常登在醒目位置，以吸引一般读者。同时刊登一些商业广告。光绪二十九年（1903 年）十一月初一的《滇南钞报》首页标有广告价格：“代商号登招牌价目表”：“第一日，每字钱三文。第二日至第十日，每字每日大钱二文。第十一日起，每字每日大钱交半”——刊登广告的时间越长，收取的费用越少，以此吸引长期广告客户。

《滇南钞报》几乎每期都刊出“论说摘要”栏目，摘登北京、上海等地和西方报刊的国内外要闻和评论，内容多涉及实行新政、变法图强，论及戒鸦片、禁缠足等。《滇南钞报》没有记者，由衙门的文吏、科员汇集官方文件、剪辑外地报纸，送主管批准后交印刷局排印，然后由报局向社会销售，各府、厅、州、县的发行则由各地衙门负责。清光绪三十三年（1907年）底，《滇南钞报》停刊，随后由《云南政治官报》取而代之，成为官方唯一的报纸。

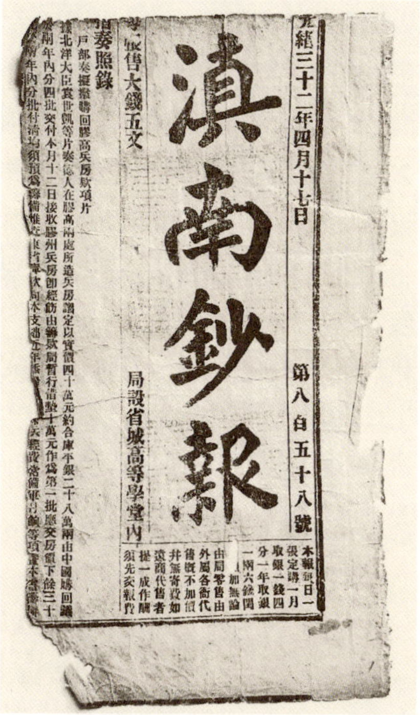

清光绪年间的《滇南钞报》

昆明最早叫“日报”的报纸出现于清宣统二年（1910年），名称就是《云南日报》，由昆明士绅共同发起，云南教育总会、自治总局、自治公所、商务总会共同经办出版，社址设在南城脚万钟街马家宅中。宣统《云南日报》规模较大，每天出版光纸单面印一张，相当于今天的对开报纸，省内外发行，直到辛亥革命为止。

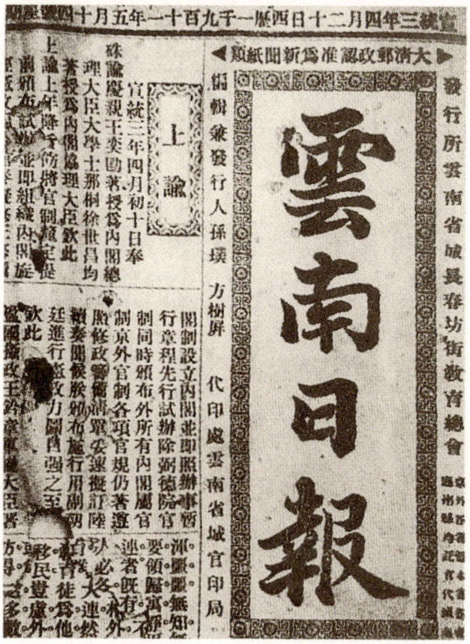

清宣统年间的铅印《云南日报》

宣统《云南日报》内容有电传、上谕、论说、时评、宦迹、本省和外省新闻、紧要（奏折、文牍）、教育、军事、实业（农、工、商、矿）、学术、自治、译述、选稿、文苑、小说等等，每天至少要刊登八门，稿件都要送警察厅审查后才可以发表。报纸在昆明的发行由省教育总会办理，总督、巡抚、司道、道府各衙门和教育总会的会员都免费“送看”一份。其他各厅、州、县的发行则由当地劝学所代办，主要是已经通邮的州县，每天邮寄，如富民、宜良、晋宁、呈贡、安宁、昆阳等等。由于内容较为丰富，发行渠道畅通，宣统《云南日报》出刊后不久，销量就从几百份增加到1800份。

辛亥昆明重九起义后，军政府接管《云南日报》，改出《大汉滇报》，后改名为《云南政治公报》，再改为《云南政报》，以发布政策、法令、法规为主要内容。护国运动时期，云南都督府又创办《义声报》，一直出版到1939年8月。

民国初期昆明报纸不少。据民国《昆明市志》记载，当时公开发行的就有《云南公报》《民治时报》《义声报》《复旦报》《滇市新报》《云南商报》《均报》《金碧日刊》《午报》《社会新报》《振亚日报》《云南新闻》《信谊商报》《微言报》《民生日报》《云南教育公报》《云南实业公报》《昆明市政月刊》《昆明市教育周报》等，达59种之多，“可谓一时之盛”。而经营纸张业的店铺也达到了45家，算是一个“配套产业”吧。

○五四运动在昆明：“还我青岛”、抵制“仇货”

1919年，五四运动在北京爆发。当时一无广播，二无汽车，三无飞机，昆明人了解外界新闻主要靠从滇越铁路运来的上海等地的报纸，一般从上海寄到昆明，总要十天半个月，在此期间，一般昆明人竟不知其事，虽有一些滇籍北京学生拍来电报，但过于简略，难以了解详情。直到5月中旬，上海《申报》寄到，头版头条消息就是五四学生运动的情况。省立第一中学的几个学生根据报纸内容，写成传单，自己掏钱印刷之后，散发到各个学校。各校学生群情激愤，立即起来响应，四处宣传，呼吁市民起来救国。5月的昆明，到处是学生宣传队，有的在街头慷慨激昂地演讲，有的利用民间“莲花落”的形式，自编自演爱国节目，还有不少同学到戏院作幕间演讲。学生们的爱国热忱，激起了昆明市民的强烈共鸣。

6月4日，由省教育会、省总商会、省议会、报界联合会、实业改进会、救国团体等发起，在金碧公园（今省第一人民医院址）召开万人国民大会，声援北京学生。当时还没有学生组织，但昆明中学生全都参加了会议。会场门口贴着“人心不死，事尚可为”八个大字，场内挂有胶州及青岛详图及“救青岛即所以救中国”等标语。各校学生队伍之前，均有一大旗，上书大字，有“还我青岛”，有“勿忘国耻”等等。

国民大会上，一些团体的代表在会上发表了激昂的演说，通过了抵制日货的决定，并通电全国和中国赴巴黎和会专使，力争青岛，挽回权益，誓惩国贼。会

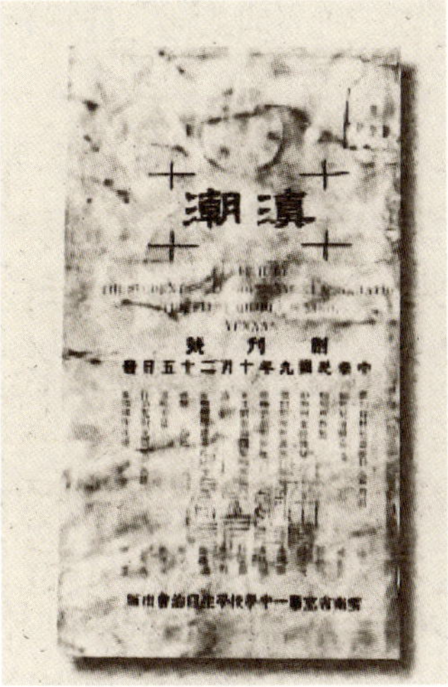

五四运动后昆明出现了不少宣传新思想的刊物，这是昆一中学生会1920年创刊的《滇潮》杂志

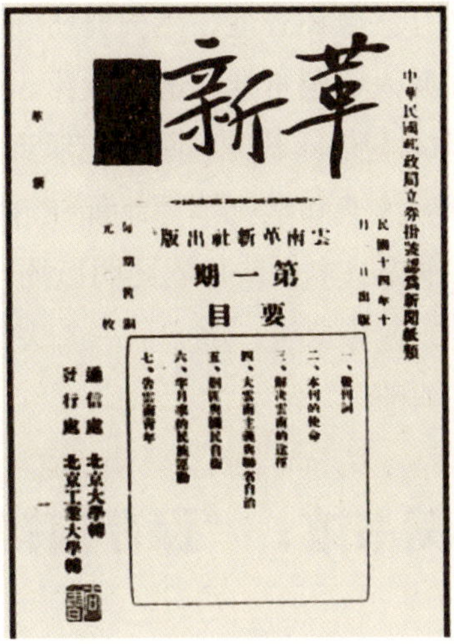

1925年创刊的《革新》杂志

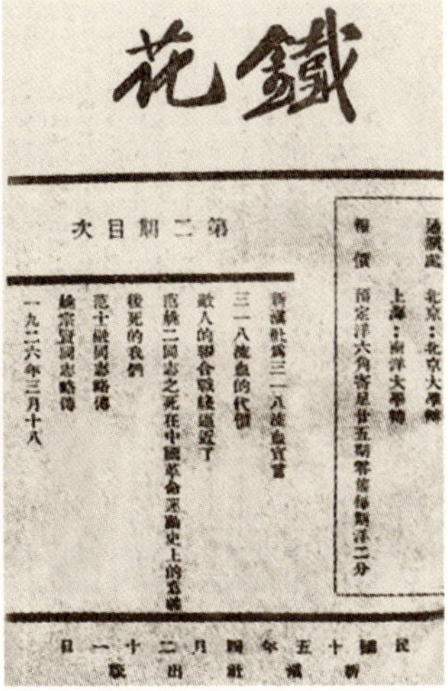

1926年创刊的《铁花》杂志

后，全体学生三呼“还我青岛”，列队上街示威游行。他们先上广聚街（今金碧路），过得胜桥，转太和街，入大东门，然后分头回校。在日本领事馆门前，他们高呼口号，抗议示威。路过广聚街日本保田洋行和车站前日本人开的理发店和镶牙诊所，同学们禁不住一腔义愤，将手中小旗扔过去，还砸坏了一些玻璃，但没有发生大的事故。后来日本洋行报告日本领事馆向当局交涉，当局畏惧外国势力，一面下令追查爱国学生，一面屈辱地向日商赔偿损失20万元。但日商也无法经营，只好停业回国。

国民大会后，成德中学学生马上以实际行动抵制日货。刚刚归校，他们马上把自己使用的日货如瓷盆、茶杯、茶壶和牙粉之类全部扔到天井中砸毁，表示抵制日货的决心。校园里到处是震耳的掌声、欢呼声。

昆明各界人民也纷纷响应学生的爱国行动。有一个商人在国民大会上主动登台，发表了激昂的演说。后昆明商界举行罢市，声援学生。一些商店、药房、书店主动抵制日货，宣布停止销售。但也有商人唯利是图，仍在进口日货，或以日货冒充他国之货，在市场上偷卖。更有甚者，一些奸商还乘机廉价收购日货，待抵制风头一过，又以高价抛出，大发其财。于是，昆明人又在街头轰轰烈烈地抵制日货。各校学生巡查街市，一些学徒也参加了进来。他们查出日货就当街烧毁，许多市民甚至把自己身上穿的日货衣物也当众脱下，扔进火堆。铁路工人则在货运处组成“仇货检查处”，认真进行检查，每一节车厢都不放过。当时的商会也参加了查处日货的行动，他们将查出的日货送到后来成立的学生爱国会，再运到南门外教场或金碧公园，当众烧毁。

随后，全省各地的商会，甚至在香港、越南海防经办进口商品的滇商，都宣布停办、停运、停售日货，并派人以国货样品遍告商家，以便采办代用。当时香港日货虽然价廉，云南商家都坚决不办、不售。原来充斥市场的大宗日货，如棉花、印花布、搪瓷器、洋灯、洋伞、火柴和电石等等，都在云南省内绝迹，外国洋行运来的少量日货，也无人购买。早先日本火柴称霸昆明市场，遭遇抵制后，不得不退出，昆明本土火柴企业抓住机会，趁势发展，拿下了一大块市场份额，为最后把“洋火”赶出昆明和云南市场打下了基础。

○最早的公共图书馆：“保存国粹，输入文明”

早年的云南图书馆设在翠湖经正书院，经正书院的藏书也是当时省图书馆馆藏图书的一个重要来源

清宣统元年（1909 年），昆明最早的公共图书馆建立，当时叫云南图书馆，地址在翠湖东北原经正书院内。

云南图书馆最早的图书来自两级师范学堂保存的原经正、五华、育材三大书院的藏书，再加上学务公所藏书，集中之后，整理为经史子集丛书、科学六部等，又通过添购省内外报刊、征集本省出版物、致函各省官书局捐赠新书、与外省互换图书等办法，集书共 15 万多卷，下设阅书室、阅报室、特别阅览室、妇女阅览室、儿童阅览室等，全部开放，任人阅览，但不外借。除附设博物馆外，云南图书馆还在景星街、南城外公园、小东门外的龙王庙设立了三个分馆。

云南图书馆还兼有出版功能，收集保存了不少本地新、旧各种图书木刻版片，包括原来官印局的书版。后来云南图书馆出版《云南丛书》计 1500 卷，保留了大量地方文献资料，这些版片都派上了用场。

民国初期，云南图书馆在章程中把宗旨定为：“保存国粹，输入文明。”有新学、旧学并举的意思。章程中还规定：“凡经史子集及新出图书报纸等广为储藏，惟所藏书报择持论平正，不干国宪，不背公理。如有稍涉谬妄，煽惑人心者，皆屏斥弗取。”后来有人借此排斥新学藏书，标榜“尊孔复古”，反对“邪说污民，洪水猛兽”，反对收藏和开放阅读五四运动以后出版的新书和报刊，但遭到有识之士的抵制，未形成气候。

云南图书馆开馆当年，阅读人次不满两千，到辛亥革命爆发的1911年新思潮冲击昆明，阅读人次增加到近两万，到抗战时的1938年更增加到近13万人次，以当时昆明的人口而论，实属不易。

○最早的私人图书、博物馆

唐家花园今已不存，其牌坊式大门迁到了北门街南侧

1923年，唐继尧把家藏的书籍、古玩、字画和祖传书物陈列在唐家花园，成立东陆图书馆，聘请前清云南“状元”袁嘉穀任馆长。东陆图书馆“专以促进文明、裨助社会为宗旨”，设有图书、古玩、书画、家藏、金石、纪念品等部，并一律标签注明。开始时入馆要买票，且票价不低，参观、读书者极少。袁嘉穀对此不满，当时他正在东陆大学任教，放学后便带着一班学生前来读书，全部免票。后来东陆图书馆才“许人参观，概不征费，但以星期三六及星期日为限”（民国《昆明市志》）。不久后，图书馆迁出了唐园。

1924年以后，唐继尧忙于事务，常住五华山省政府，又让闲置的唐家花园每周六免费对外开放，市民可以自由参观，漫步唐家花园，出入唐家私宅，甚至可以在客厅驻足，仅书房、卧室不能进入，但可隔玻璃窗参观。这在当时的昆明，也算是一件“与民同乐”之事。

○最早的博物馆：教育与科普

稻田旁的经正书院，昆明最早的图书博物馆就设在这里

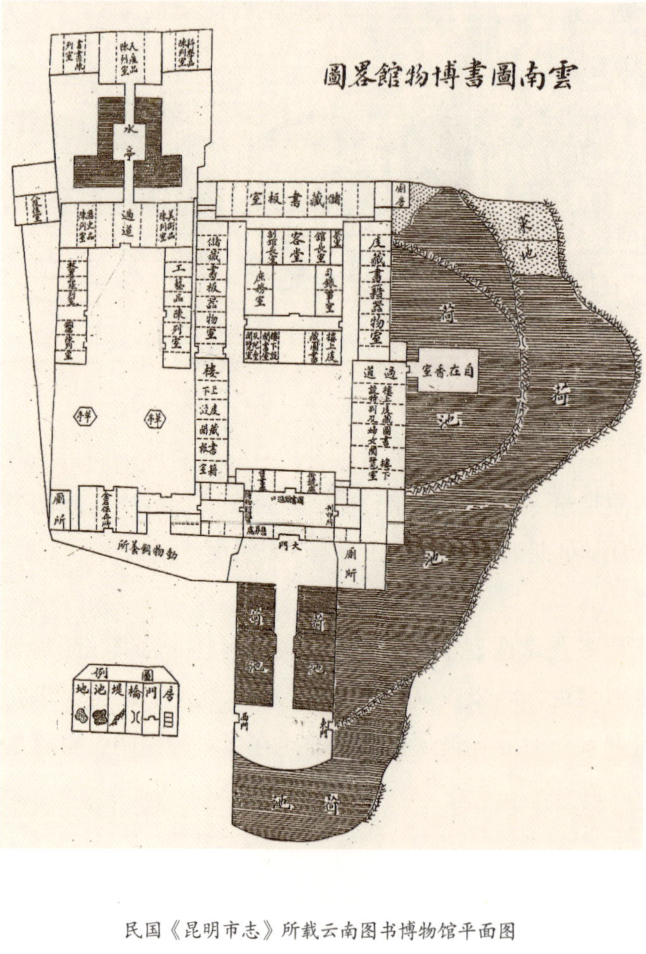

民国《昆明市志》所载云南图书博物馆平面图

云南博物馆早先是云南图书馆的博物陈列所，由图书馆招收人员，学习制造标本、模型、图画等，并向各方征集物品。清宣统三年（1911年）七月，博物馆正式成立，这是昆明最早的博物馆，馆长由图书馆长兼任。

早年的云南博物馆有天产、历史、工艺、教育、美术、科学六部。相关的概念有的和今天不太一样：天产部展示本省、外省和各国的动物、植物、矿物、岩石、化石等标本和模型；历史部陈列有本省、本国历史上的风俗、宗教、武器、战利品等；美术部陈列本省及他处建筑、雕刻、绘画、器物以及古今名人字画、金石古玩等；工艺部陈列本省及外省、外国的陶瓷器、漆品、铸金、木工、染织、刺绣等；

教育部陈列本省各学校学生成绩品及各种教授用具等；科学部陈列物理、化学、地质、天文、地文、数学、农学、工学、医学器械制品和图画等。此外还有特品陈列室、金石保存所、动物饲养所等。从整体上看，博物馆承担的科普、教育功能还是不少的。

○最早的商品陈列所："以供观摩"

昆明最早的商品陈列所设在老城隍庙前（今五一电影院前）的劝业场二楼。劝业场于1913年建成，因地方偏僻，进场商户不多。1919年10月，当局在商场二楼开办商品陈列所，1921年迁到金碧公园（今昆华医院址），定名为云南省商品陈列所。其章程所定宗旨为"以陈列本省商品样本及原料，暨国内外与改良工商有关之参考品，以供观摩，以促进工商业"。

民国初年新建的劝业市场二楼为商品陈列所

云南省商品陈列所展品来源有四条：一、由省行政当局下令省内各县征集；二、由省行政当局咨请各省征集；三、由省行政当局照会各国领事馆购送；四、由陈列所派人自行征集、采购。展品共分银类、铜类、铁类、锡类、竹类、漆类、木类、藤类、丝织类、布类、麻织类、毛织类、骨类、皮革类、石类、陶瓷类、纸类、化学类、各学校手工成绩等，还有各省参考物品类、各国参考物品类、外国外省输入品类等。主要是昆明各机关、学校、团体及各洋行、工厂、商号的产品，各种商品都附有名称、品质、数量、产地、价格、制造人或出品人等文字说明，任人自由参观，概不取费。

据民国《昆明市志》记载，在当时的金碧公园内，除了商品陈列室外，还有矿产陈列室。陈列有本省锡、铜、煤、铁、金、银、铅、锌、锑、石、硫黄、石膏、岩盐等矿物及制品和外国相关标本，由全省各县征集和调查员随时采集。同时还开展矿物鉴定工作。

○最早的书店："务本堂"和"崇正书局"

昆明最早的书店出现在今天的华山南路，这里至今还有一股书卷气

清代中期，昆明的书店比较集中，主要在五华山前的几条街道上，以马市口、三牌坊为最多。据老人们回忆，当时比较著名而规模比较大的书堂有马市口的务本堂，有华山南路的鸿文堂、文雅堂、文渊堂，有庆云街的荣焕堂等。当时昆明各书堂多翻印出版"四书五经"等，还有科举考试所需书籍等。清同治年以后，昆明一些书堂又翻印各种唱本和戏本，还出版、售卖本省和外地传来的针灸、医学及农田水利的书刊。早年的出版物为木板雕刻，既没有石印，也没有铅印。

此时昆明已出现了租书铺，叫"崇文堂"，开在五华山南（今华山南路），出租四川出版的各种说部、唱本等。每到春节，有男士去借些小说念给妻子听。每本书收二文制钱，可出租三天，交纳押金后就可以把书租回去了。

清光绪年间，书店称局而不称堂，如翠湖边的一丘田的设时书局等。这时一些书局开始刻印新学书籍，并出售译史纲目、各省时务书籍等，只是刻书要呈请农工商务局立案。昆明高等学堂建立之初，其对门就开了一家崇正书局，他们特地派人常驻上海，与上海各大书坊及各仪器馆联络，按照学部奏定的学堂章程，采办各种应用教科书籍、图画、仪器、标本、模型和其他教育用品，又得到旅日学界的帮助，日本新译之书，都采办到昆发售，以适应新学需要，算得上是特色经营。

○从明清“宣讲圣谕”到民国“宣讲所”

清代城隍庙街旁的城隍庙，也是“宣讲圣谕”之所。

明清两代，朝廷在全国“宣讲圣谕”，用通俗的语言对文化知识不多的下层民众宣讲封建道德理念，主题无非是两个：一个是“忠”，一个是“孝”。清康熙《云南府志·学校志》中收有“圣谕注解”十六条，即为当时“宣讲圣谕”的底本。其一为“敦孝悌以重人伦”；二为“笃宗族以昭雍睦”；三为“和乡党以息争讼”；四为“重农桑以足衣食”；五为“尚节俭以惜财用”；六为“隆学校以端士习”；七为“黜异端以崇正学”；八为“讲法律以儆愚顽”；九为“明礼让以厚风俗”；十为“务本业以定民志”；十一为“训子弟以禁非为”；十二为“息诬告以全良善”；十三为“诫窝逃以免株连”；十四为“完钱粮以省催科”；十五为“联保甲以弭盗贼”；十六为“解仇忿以重身命”。其“上谕第十四条”之“完钱粮以省催科”曰：

国家最要紧的莫过钱粮。是怎么缘故？只因官有俸禄，兵有粮饷，衙役有工食，廪生有廪粭，其他驿站、祭祀、文武乡会等项，俱有额设银两，朝廷何曾用了多少？可见这钱粮俱是为百姓用的。你们户内置有田宅，应该早完正课。每见你们不肯完纳，到征此钱粮之时，若官府差人下乡，不是酒钱，定是脚钱，及至带到公庭，自己受打，还要杖钱，雇人代打，又要雇钱，正项未完分毫，闲钱已用许多，且上限不清，下限又比，越拖越重，牵亲累族，放了田地不得安心耕种，舍归何用？在殷实之家，何不将无益之费暂时节省，把钱粮照数全完。在贫乏之家，就是措处艰难，也要晓得公事难缓，东挪西措，把钱粮依限凑纳。若能如此急公，则殷实者安乐无事，鸡犬不惊。贫乏者放出身子，可图活计。官府不消见面，衙门不消伺候，还有甚么追呼之扰，鞭扑之苦？到了身上，饮食坐卧，何等安然？岂不是完钱粮以省催科么？至于绅衿欠粮，定例甚严，尤当自保身家，争先输纳，庶为兵民表率，不然参革立至，名行俱隳，各宜自省，不可负了皇上告诫至意。

清初之时，就连云南粮储道大员张允随也说，天下“百姓之穷，莫穷于滇；土地之瘠，莫瘠于滇；徭役之重，莫重于滇”（清 倪蜕《滇云历年传》）。而此之“圣谕注解”，仍以催粮逼款为事，大言不惭，软硬兼施，连哄带吓，夫复何言哉。

城隍庙里的图，讲究的是礼义忠孝，似乎是无言的“宣讲圣谕”

旧时昆明城隍庙大殿的右厢房就是讲“圣谕”之地。因为“圣谕注解”之类实在听不下去，后来演变成说“善书”，平时这里总挤着一些听讲者。开讲者多半是四川人，许愿者出够了钱，他就摆上一桌一椅，桌上再放香炉一个、茶壶一把、“善书”一本，便开讲了。其宣讲如同说评书，哼哼哈哈，讲的多是一些因果报应的“劝善”大本故事，内容近似神话，如《木莲传》《观音传》《火轮传》等“十大善书”之类，也算另类“圣谕注解”。每讲一部，常常要耗用成月的时间，有听众临时赠些功德钱，讲演者也来者不拒。

到清代后期，“宣讲圣谕”逐渐衰落，清末又强调每月初一、十五必“宣讲圣谕”，并于清宣统二年（1910 年）在各地设立固定的宣讲所，此举虽然没有能挽救大清帝国灭亡的命运，但却被后来的民国当局利用，以“通俗讲演”来“启迪民智”，进行思想文化启蒙及社会教育。

1921 年，当局在昆明四区小学开办通俗讲演，到 1923 年增加到七处。据民国《昆明市志》记载，这七处宣讲所设在当时景星街的第一小学、小富春街的第二小学、迎恩街（今兴华街北段和报国街之间）的第三小学、学院坡（今大兴坡）的第四小学、小东门外的灵光寺、土主庙街的第五小学，还在咸宁寺巷女子师范附属小学和武庙街女子师范附属第二小学内设立了两个妇女宣讲所。此外，省教育会、实业改进会和巡回讲演团也开展定点讲演，并在公园、剧场、通衢开展巡回讲演。

当时的讲演员多是小学教员，主讲公民须知、国民浅注和公益事件之类，具体内容则鼓励爱国、培养公德、普及法律、振兴实业、发展教育、革除陋习、灌输常识等。主管此事的劝学所每周编印《通俗白话周刊》，除供讲演员参考外，还贴满城乡通衢，供人阅读。

当时的讲演活动延伸到昆明郊区各县，为保证听讲效果，当局采取了一些行政强制手段。在富民县，每周演讲日一到，教员就要会同学校的董事、村长等召集附近群众到学校听讲。在晋宁（今晋城），每逢教育观摩会日，更由县署派出法警，勒令绅董听讲，违者要进行处罚。

从积极的方面说，不少通俗讲演适应救亡图存、启蒙求新的时代潮流，向民众大力灌输新观念、新文化、新知识，是有成绩的。在云南护国起义、学生运动和后来的抗日战争中，不少有识之士借鉴宣讲演说方式进行宣传，以唤起民众救亡意识，发挥了重要的作用。

1907年，留学越南回昆的徐廉成立了演说总会，面对普通民众，“痛陈安南（越南）、印度、缅甸亡国惨状”，以唤起大众的民族救亡意识。到1909年，昆明城内外“下至妇孺，亦多有知云南之危及亡国之惨”，对各方“救亡之策”很感兴趣（清《云南》杂志）。

○早期的现代体育和运动场

昆明现代体育发轫于20世纪初，当时的清政府废除科举，兴办学堂，并在学堂中开设体育（当时称体操）课。苦于没有体育教师，又于清光绪三十二年（1906年）在贡院开办体操专修科，从全省各府、州、县选录文理清通、身体强健的学生，到此学习五个月后，回原籍担任中、小学堂体育教员。这个体操专修科的首任校长是昆明小街人杨振鸿，当时他刚从日本留学军事归来，在学校中大力鼓吹革命，不久就被调离，而仅仅一年之后，这个体操专修科也停办了。

民国时期省立一中学生练习新武术操

当年拓东体育场的大门是为迎接解放军入城修建的，如今是市级文物保护单位

举办现代体育最成功的是清宣统元年（1909年）成立的云南讲武堂。讲武堂以“坚忍刻苦”为校训，全力培养学员强健的体魄和坚韧顽强的“尚武”意志，把军事训练和军事体育密切结合起来，各兵种教学都安排有体育课程。如步兵科有步兵操法、体操、马术、枪剑术、教练射击、战斗射击等；骑兵科有骑兵操法、马术、军刀术、射击教练、体操等；炮兵科有马术、军刀术、手枪射击法、教练射击、战斗射击、体操等；

经过多次改建的早期拓东运动场

工兵科有工兵操法、体操教范、枪剑术、教练射击、战斗射击、游泳操艇术、马术等；辎重兵科有辎重兵操法、剑术、马术、体操、射击教练、军刀术等。

讲武堂规定学员生每天早上必须跑步、做体操。每天上课6小时、操练2小时。讲武堂内设置有铁杠、平台、木马、大小双杠、天桥、浪桥、吊绳以及跳高、跳远、撑竿跳等体育器械，既是教学教具，也是学员生平时体育锻炼用具。“讲武堂的操场”闻名全国，和学校成功的体育教学分不开。讲武堂不但通过留学归来的教员引进了现代体育项目，还通过毕业学员把现代体育带到各个社会领域，促进了云南、昆明现代体育事业的发展。

辛亥革命以后，昆明现代体育发展较快。到20世纪30年代，昆明各级学校体育课的设置、教学内容、教学方法逐步规范，课外体育活动、竞赛活动日趋活跃。这段时间曾6次举办全省性运动会，参加者主要是学校和军队，设有田径、足球、篮球、网球、游泳、自行车、炮兵放射、战斗教练和骑术等比赛和表演项目，有的项目就是平时的军事训练科目。抗日战争时期，各学校加强军事训练，内地许多学校迁到云南，带来了水平更高的体育教学和训练，推动了昆明学校体育的发展。

抗战以前，昆明还兴建了几个公共运动场。最早的是北门外的东陆大学运动场，后来改名云南大学体育场。全场周长800米，有一条400米的跑道，西面连有一条200米直跑道，设有足球、排球、篮球、网球及器械操设备。这个运动场虽然归属云南大学，但全省运动会、全市学生运动会也常在这里举办，成为一个公共运动场。

在今天胜利堂以西早年还有一个光华体育场，系沿用省立师范学校的体育场扩充而成，其中有一个足球场，一个排球场，一个网球场，两个篮球场，另有一条百米跑道，还有天桥、单杠、滑杠各一个，西北设有枪箭靶，可以开展球类、器械、国术、田径赛、舞蹈等体育项目。1938 年，光华体育场被改建为云瑞公园。

1931 年，在翠湖公园东北角建起了翠湖体育场，其独特之处是有一座游泳池。由于“该场位于风景区内，每日运动人数踊跃异常。昆明素无游泳场所，自该场成立以来，每届夏日，前往游泳者络绎不绝”。可惜到 1938 年，为修浚翠湖，翠湖运动场被还原为湖池，用开挖出来的土方移填潘家湾运动场，翠湖运动场结束。

潘家湾运动场在小西门外，由昆明市管理，又称昆明市运动场，可以开展田径、球类、器械操等体育项目，但因为“场地低洼，每易积水，且市府管理未妥善，一切设备日渐损坏，运动人数亦无形减少”。

1939年，因为光华、翠湖两个体育场停办，又在拓东路金汁河畔兴建拓东体育场，原计划体育设备十分完善，“继因抗战，不能如期完成，且敌机轰炸昆明，该场三度被炸，以前完在之大部工程，遭受损坏不少”，直到 1942 年 9 月才建成开放（见民国《新纂云南通志长编》等）。

1946 年 9 月，在昆明三合营以西的篆塘新村建起了一座新型综合运动场，并被命名为志舟体育场（后称国防体育场，在今“昆都”商业区一带），内设足球场、篮球场、网球场、旱冰场、游泳池等，成为昆明主要的体育比赛场地。

藥園
福林堂
地道藥材
精工脩合丸散膏丹
遵法炮製生熟飲片

老药堂

昆明中医多为本地医堂，清末城内外有百家之多，如春树堂、大安堂等。外省来昆中医以江西帮较大，有利济堂、六和堂等。湖北帮福林堂的名气不小。此外还有广帮、川帮等。

昆明中医多出自明、清随营军医、官医、僧医、道医、民医等。各方中医高手汇集昆明，相互竞争，相互切磋，相互融合，取长补短，中医水平得以提高，中医行业得以发展。据民国初年的《昆明市志》记载，到1924年，昆明登记在册的药店已达115家，其中“售中药者十分之九”，超过100家，以南城一带较多，而其中两成中药店还“专制丸散膏丹”出售，常有二三十种之多。当时的郑氏女金丹、阮氏上清丸、杨恒源各种丸药、王运通各种膏药“皆甚有名”，而福林堂、大宏堂、百寿堂等“货品真实”，声誉较好，“营业亦盛”。

○昆明中医源流：随营军医、官医、僧医、道医

道家宝物：指尘葫芦

昆明寺庙中的不少僧人和道人都懂中医，能行医治病

昆明中医以本地医堂为主，清末城内外有百家之多，如春树堂、大安堂等。外省来昆中医以江西帮较大，有利济堂、六和堂等。湖北帮多为走方郎中，往往还兼贩运药材，每年都有数十人来昆，在湖北帮药店赊药后分赴云南各地卖药行医，被称为“串铃派”。著名的福林堂就是湖北帮名店。此外还有广帮、川帮等。

随营军医是昆明中医一大来源。早在明初，朱元璋的征滇大军中就有个姓朱的随营医生，以制作小儿化风丹和专治跌打损伤、尿胆结石的水酒（药酒）著名，他的水酒按南京内府秘方配制而成，治病有奇效，在昆明一直销售到1930年，前后达五百多年之久。明末清初，大西军孙可望、李定国部入滇，也带来一个叫陈凤典的骨伤科医生，据说其有“接骨神术”，能易骨、缝肠、割肌、拔箭镞等。接着吴三桂率大批清军入滇，后来又有大批清军入滇平息吴氏叛乱，随军而来的名医都不少。清乾隆年间，姚方奇以武职从军西征，后得高人点拨，走上学医之路，成为昆明姚氏名医之祖。清光绪年间，随军来了位姚得彪，在书林街以草药专治跌打骨伤，“活人甚众”。

昆明还有一些做官或随官而来的“官医”。清代江浙世代名医周宏方到昆明来做道台，随行的邓樨远拜周宏方为师，也精于医术，与名医姚家齐名。当时上到督府，下到贫民，来请邓樨远看病的人很多，堂上座无虚席。至于清末，云南盐法道署

也有一个李先生，以治伤科出名，据说能把受伤掉落的牙齿重新装上，也是一绝。

旧时道观、寺庙也有行医高手。桃源街清帝宫道士刘品三善治内科疾患，另一位邵道人则以外伤科著名。清同治年间兵乱之后，昆明药材缺乏，西山三清阁道人张之养和师傅采集西山药材出售，兼治内外科各病，甚有疗效。翠湖海心亭僧人纯诚、纯葆精于内科，医术为人乐道。清代妙高寺有个僧人叫古镜，是新兴州（今玉溪）人。他不但精于禅理，善于吟诗，更长于医术，晚年道行愈高，“时显灵迹”。据说只要“以手抚病人”，病人就霍然而愈，“远近异之”（光绪《云南通志》）。

○比《本草纲目》还早百年的《滇南本草》

中国古代最有名的医药著作是李时珍的《本草纲目》，而昆明明代中医兰茂出了本《滇南本草》，比《本草纲目》早了137年。

兰茂画像

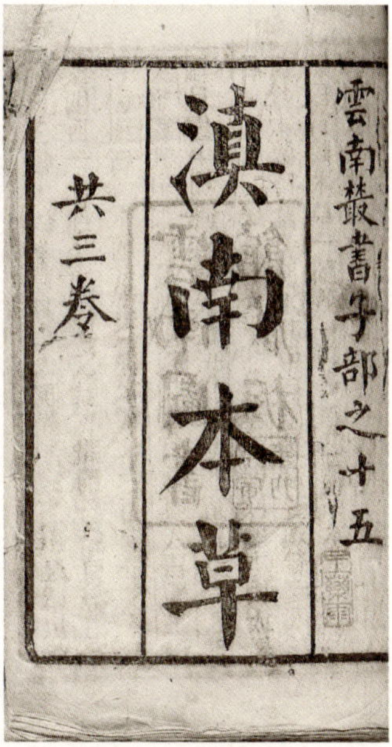

兰茂所著《滇南本草》

兰茂号芷庵，是嵩明县杨林人，不仅精通中医药学，还长于经史、理学、诗文、词律等。其富于才学，却不应科举，在家乡杨林隐居，设馆教学、采药行医为生。

兰茂穷尽数十年精力，遍访父老，四处考察，博采群方，于明正统元年（1436年）写成《滇南本草》《医门揽要》两部医著。《滇南本草》以图文对照的方式记载中医药物544种，占云南中草药半数以上，又列载中医药方710个，对前人的谬误多有订正，堪称云南历史上最有价值和影响的药典，在全国中医药史上也有重要的地位。兰茂《医门揽要》上卷述脉法，下卷述方症，总论自己的临床经验，记述常见病辨症和处方，扶正培本、防微杜渐，慎思明辨，亦为我国中医学名著。

数百年来，《滇南本草》和《医门揽要》被滇中医药界人士奉为至宝，互相传抄，广为传播，并据此利用云南地道药材，行医济世，创制成药，善莫大焉。

○昆明药堂“抓药”

如今福林堂也“抓药”

昆明老中药铺常用药材计有三百多种，大多从滇西而来，省外药材也不少。出自昆明的药材有五六十种，多出自昆明西北妙高寺山下的差村药农，他们按季节到昆明各处山中采集，送到昆明各家药店，世代以此为生。

旧日中药铺前有长柜台，后面是“顶天立地”的壁柜，全漆为黑色。壁柜上有一两百个小抽屉，还有大小瓷坛，分门别类装满中药。药铺无论大小，药材务求齐全，即使一些非常用药材，也要有所准备，以期按方配齐药、配好药。配药时师傅把药方放在桌上，一手拿秤，一手抓药，常常一抓就准。那秤是戥子秤，秤盘为撮箕形，称好倒在印有堂名的土纸上，有的药还要用铜臼捣碎、碾细。药配齐后，师傅对着药方逐一对过，这才从悬挂在头上的线团上抓过线头，包扎为立方形，药引子和药方包在外面，最后系个拎扣，递给顾客，再叮嘱一番——就因为这两“抓”，当时取药治病都叫“抓药”。

早年中药铺都是通宵服务，就是关门之后，夜半三更有人敲门买药，伙计都得起床，打开铺板，把药卖给来人，以救人急难。而逢年过节，如端午、中秋之时，各药店还会在铺前放一张方桌，摆上雄黄、银翘散、平胃散、糊药等节令药物，免费赠送，既方便了顾客，也为自己树立了品牌。

○药王会的“医考”

药王是中国古代民间医药界的行业神，为医生、药铺、药贩、药农、医师所敬奉。清乾隆年间，昆明东门外今拓东路上就建起了药王庙，供奉张仲景、孙思邈等历代名医。清末昆明中医药行帮称“药王会”，和其他行帮一起兴建了三皇宫（在今鱼课司街），作为行帮活动场所。每到“药王”生辰，要举办药王会。大概是因为药王多，生日也多，清末昆明药王会每年要办三次：一次在正月初三，一次在四月二十八，还有一次在九月初三。届时昆明中医药业界人士和乡下药农、省内外药帮会集一堂，祭祀药王，聚餐看戏，交流行情，互通有无，洽谈生意。“会”上学医者要向老医师出示所学医书，讲述要点，通过老医师考问后才可从事医生之职，否则就得当众拜师再学。江西帮在药王庙、川滇帮在三皇宫还各办药王会。

早年每逢端午节，福林堂等药房要免费向市民送平胃散

道光年间，昆明中医药业多集中于南城外东寺街，业务很盛。每逢药王诞辰，各药店也要为药王“庆寿”，摆酒席，吃寿面，宴请本地中医、亲朋好友和店中伙计、学徒。后来东寺街一带在战乱中被毁坏，医药业陆续迁入城内，分散在各条街道，“药王会”和行规无形中废弛。直到光绪末年，昆明才成立“神州医药会云南分会”，那是后话了。

○施药公会的“功德”

施药公会是个民间慈善机构，发起于清初，后来设在城内三牌坊的三丰祠（旧址在今正义路中段）内。其间随世事沉浮，曾几起几落。清同治初年，瘟疫流行，又有士绅向各街募捐功德钱，照旧配药施送。到清末的光绪年间，施药公会几次用剩余捐银购得房产铺房，收取年租为施药之资，勉强维持。

施药公会所施之药，先有普济散、红痧药，清道光年以后，又制造铁砂丸、冷水金丹、介极丸、七宝丹等，以治痢疾、疟疾、水泻、腹痛、瘴气等病。对于求医无门者来说，这些药虽然于病无可大补，但有小补，也是一好事。

○“前铺后坊”制造的名药名丸

早年昆明不少中药店都由名医开办，“医”“药”兼营：前为药铺，诊病卖药；后有药坊，熬药制丸，“毋减毋糙修精品，勤心勤力志康宁”，以祖传秘方和独家名药相互竞争。

在传统药坊里，主要工具是碾槽、土灶、铁锅、案板、切刀等。制药既是个技术活儿，又是个力气活儿，被戏称为“骑木马，耍大刀，脚蹬风火轮”。早年还有顺口溜唱道：

光华街上的老药房仍保持着“前铺后坊“的传统

最苦最累造药郎，
吃的都是灰灰饭，
睡的都是渣渣床。

不少药店讲求质量信誉，“选材优良，灰碎之杂质不敷；做工细腻，配方之斤两弗疏”，从而推出了不少名药名丸，以品牌打开市场，口碑甚好。据民国初年的《昆明市志》记载，当时一些中药店“专制丸散膏丹”，已经出现一批中成药名品，如体德堂的郑氏女金丹、阮氏长春坊的上清丸、杨恒源的各种丸药和王运通的各种膏药等。

○从“簸箕堂”到“福林堂”

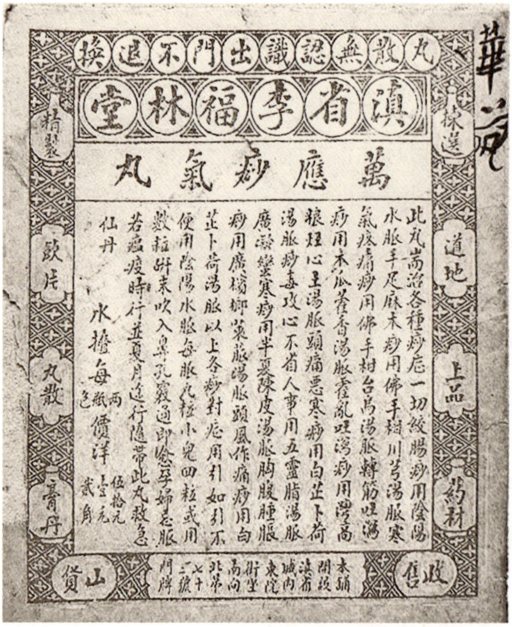

早年的福林堂丸药广告

光华街上的福林堂是云南现存最古老的药店，创建于清咸丰七年（1857 年），创办人是湖北人李玉卿，可归于湖北帮药店。李玉卿早年随父亲来到昆明东郊大板桥，四处采挖草药，走村串寨行医，到李玉卿时，稍有积蓄，便进入昆明城，开设福林堂药店。

福林堂初开张时，只有一间铺面，前面看病卖药，后面切药制药，因面积狭小，人称“簸箕堂”。李玉卿深谙医道，遵循三国名医董奉典故，为穷苦百姓治病不收诊费，只要求病愈者在后堂种植杏树，故将药店取名“福林堂”，意在“福泽杏林”，更请昆明书法家陈荣昌题写“福林堂”金字大匾，高悬店门之上。福林堂由此发轫，成为昆明最大的药房。

早年的福林堂

如今的福林堂

传说李玉卿去世时，母亲年迈、妻子瘫痪，三子尚幼，却能“反客为主”，请外人任掌柜，李家兄弟当学徒，以支撑药店经营。后李玉卿次子李复初继续经营福林堂，诚信不欺、服务周到、营销灵活，即便价格稍高，仍然顾客盈门，甚至一些东南亚国家的药商也前来购药。福林堂以“药真价实”为招牌，其门联称：“遵法炮制生熟饮片，精工修合丸散膏丹。”店堂中柱直匾又书：“本堂药料选办最精，参茸燕桂必择其尤，饮片丸散精益求精，药真价实包换来回。”——此中一个“真”字代代相传，百年不懈，终成大业。

福林堂配制回生再造丸、济世仙丹、银翘散、糊药等84种名药，为保证质量，福林堂第二代传人李复初亲自到竹子巷（今护国路南段）药材市场挑选过硬的上等货，甚至派人远赴川、藏、广、黔乃至南洋选购，务必购得真货。就是抓药，也要查看病历，问清病情，核对处方，然后配药。若发现有问题，就请病家重新诊断，否则拒绝配药。而无论是名贵的参茸燕窝，还是几分钱的甘草，都要在药方每一味药下面注明价码。当时昆明名医开药，总会交代病家到福林堂抓药，还会在处方上写下七个字：“请到福林堂配药。”

福林堂还根据节令气候变化，有针对性地配制推出时令药，如春季出售银翘散、平胃散，夏季出售附桂理中丸、百仙丹，秋冬季则侧重温补药。此类成药也要问清买家病情才慎重售出。贵重药材如鹿茸之类，福林堂特别注意货真价实，以取得顾客信任。每年的冬令进补季节，福林堂都要进一批上等鹿茸，事先在药店挂牌宣传，并在电影院做广告，同时展出样品，由顾客看货订购，然后定下日子，在顾客监督下当众开片碾茸，称为“开茸”。每逢此日，店堂顾客盈门，热闹非凡。昆明达官贵人如“云南王”龙云、卢汉两家，都会来福林堂购买冬令补药。

○“王运通的膏药——拔尽总毒”

今日光华街的王运通药房

老昆明有句歇后语：“王运通的膏药——拔尽总毒”。这是个双关语，“拔毒”在昆明方言中有“心狠”的意思，“拔总毒”是“心太狠”。清顺治元年（1644年），王运通在昆明辕门口（今光华街西段）开办“王运通药室”，其父王太和以创制“王太和膏药”著名，王运通改进祖方，再制膏药，专治跌打损伤、疮疡痈疾，效果奇好。他把“王太和膏药”改名为“拔毒膏”，以昆明方言立意，朗朗上口，通俗易记，耐人寻味，还通过歇后语的方式，在民间不胫而走，广为流传。“王运通”三字在昆明走红，老昆明人不仅知道了王运通的拔毒膏，还知道了王运通的各种丹、丸、散等等。这是一个极成功的营销案例。直到370年后的今天，仍然为人称道。

清道光年间，王运通药室为云贵总督林则徐治好疡疾之后，获林则徐亲笔赠联：“有沈宏博丽之作，以宽厚和平为心”。此联悬出，也是营销一招。只是名人品题历来为医界通用，比较传统，不如“拔毒”使用之奇巧。

○“气死名医”“张二神仙”和文盲神医

老昆明有一种治肚胀的特效草药，名“气死名医”。传说有一中医，素以医治肚胀有名，但对一奇胀病者百般无奈，便赌气说：“如有高明者将他医好，我从此不行医。”不料居然有一草药医生，仅用一味烟叶状之草药，竟将患者医好。名医竟自怨自艾，恨恨而死。后来此药就得名“气死名医”。身为“神医”而失手的还有一位李治堂。其曾到病家为一少妇治病，把脉之时，“神疲力倦，致心一静，神魂即入于梦乡”——睡着了。这少妇也是奇人，见此情状，也不声张，只轻轻将手退出，换上一把笤帚，让李神医继续“把脉”。神医竟浑然不知，待梦游归来，才发觉“指下作梗，张目一视，实一笤帚在指下也”。神医一惊，自知大事不好，抬脚就跑，被少妇一家举着笤帚和竹棍追得满街跑。神医至此“声名大挫”〔《纪我所知集》（《云南掌故》）〕。

清同治年间，昆明有名医叫张锐，号称“张二神仙”。民国《续修昆明县志》记有这位“神仙”的不少故事。一说当时有个总兵官驻兵督学署，请张锐去看病。刚走进大门，张锐就听见厅堂里传出呻吟之声，回头一看，是东门的一个医生，问是怎么回事，有人回答说：“军门服了他的药，没有效果，就把他捆起来治罪。”张锐听罢，掉头就走，大呼曰：“如此无礼，我岂能进此门？”那总兵官听说，急忙命人挽留张锐，一面将那东门医生释放，礼送回家。张锐这才折回来为那官看病。张锐还曾出诊为南门一居民看病，回家之后，思考再三，觉得所开药方稍有不当，就不顾夜深阴雨，召家人打灯笼，步行五六里之遥，赶到病家更正处方——说是“神仙”，功夫却全在神仙之外，信然。

清代昆明还有一位神医叫刘成琨。据清道光《昆明县志》记载，这个刘成琨出身秀才，在罗平州做过学正，因为性情慷慨狷洁，与同僚不和，称病回家行医。做官时刘成琨就“广施方药”，归里后更是“以济人为事”。他的过人之处是“闻声知病”。有一天，他到新草房为人治热证，要用瓜做药，问病家有没有瓜。病家还没有回答，隔壁就有人回应说：“这里有瓜。”刘成琨隔墙听见，大惊道：“此人肺上有大问题，恐怕性命难保。”第二天，病者吃过瓜后，热证消除，隔壁那人果然因肺病暴死（清道光《云南通志》）。

俗话说“高手在民间”。清代昆明一高官的弟弟得了肿病，请来名医诊治，多次服药之后，病症却越来越重，最后找来一个戴篾帽、穿草鞋的无名医生，脉也不诊，就要出药。那高官生疑，令其开方，草鞋医生推托不过，最后说：“我不识字，我说你写吧。”结果那药为“上天龙”“千头参”“着地鞭”之类，无人能识。唯治病要紧，只好听之任之。服药之后，病人腹痛大作，继而腹泻，而肿已全消，不可谓不神。也因为不识字之故，这些民间高手的神药妙招没有流传下来，非常可惜。

○独一无二的“红顶医师”

中国自古有“不为良相，则为良医”之说，清代昆明一些官员失意之后，退而行医，名重一时，可称半个“红顶医师”。如明末清初的晋宁人郝太极，明代为沾益守备，明亡后隐居，以行医卖药为生。清乾隆时还有个晋宁人唐文灼，以进士任县令时，县中瘟疫流行，他亲自当医生，救治了不少百姓。有人向他讨要药方，他也不保密，一一赠送。这个唐文灼最后积劳成疾，死于任上（《晋宁州乡土志》），算是一个以官行医，“既为‘良官’又为良医”的“七品红顶医师”。还有个昆明秀才周翩，因医术高明，能治危症，引起官府注意，后来竟步入官场，得了个花翎同知衔，选

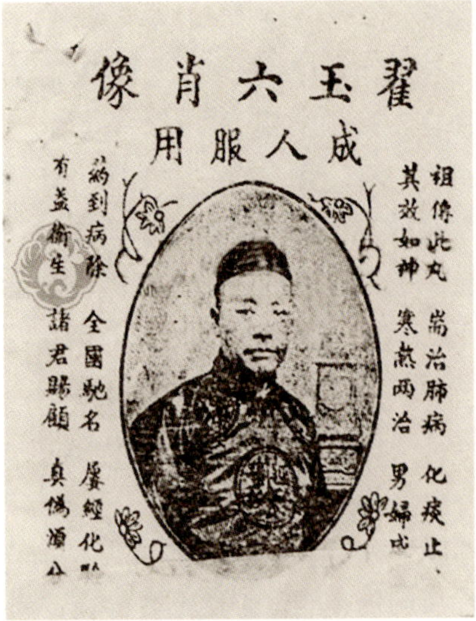

画有翟玉六肖像的药物广告

用知县，也是个“红顶医师”。

到了清末，昆明出过“一品红顶商人”王炽，又因王炽出了个“五品红顶医师”翟玉六，都是历史上的“独一无二”，值得一提。

翟玉六是四川人，出身于中医世家，早年在重庆一带行医，结识同庆丰老板、云南人王炽。光绪二十年（1894 年），王炽返回昆明，背部生痈，几不能活，请翟玉六到昆明为其治病。王炽病得不轻，翟玉六到昆后，为其医治半年之久，终于奏效。在此期间，翟玉六还治好了云南府（辖今昆明一带）知府的肺病，救其一命后，又婉拒知府的重金酬谢。后来王炽和知府干脆把翟玉六请来昆明，在藩台衙门（今威远街西端）附近，办起了“翟玉六堂”，成为昆明名医。

后来王炽走“红道”大有所成，深得慈禧太后赏识，成为中国封建社会唯一的“一品红顶商人”。王炽便和知府说动总督、巡抚，联名为翟玉六请封，翟玉六果然得封为奉议大夫、正五品、头戴花翎，赏赐黄马褂和鹦鹉绿八人大轿，恩准自由出入朝廷衙门。翟玉六由此成为昆明显赫一时的“五品红顶中医”。

翟玉六绝非浪得虚名。清光绪三十三年（1907 年）前后，他根据祖传秘方改进创制的翟玉六止咳丸，疗效显著，曾得清末云南状元袁嘉穀“良医也”三字盛赞。那止咳丸畅销至今，历百年之久，成为云南名药。

○“武生”“武举”名医

这里说的武生，一指戏台上的角色，一指旧时武科举中通过县试录取的“武秀才”和通过乡试录取的“武举人”。

戏台上的武生以舞枪弄棒为生，少不了伤筋动骨，求治于名医，有的自己也久病成医，有心者更成为名医。清末昆明滇剧第一名角李少白就是唱武生的，其外科医术也很了不起，善于用草药医治跌打损伤、接筋斗骨。戏班演员有人跌伤，李少白为之敷药，能马上治愈。他还用“十三太保”针灸为人治病，常不收费，为人称道。

据老人回忆，旧时拓东路上住着个唱戏的李花脸，精通跌打伤科，无论杀伤、打伤、跌伤，即便伤势严重，他都能治好，很有名气。早年在威远街开春元堂行医的李春宣也是唱过武生的老艺人，幼时习武功，后从师学习外伤正骨科、疮科等，中年设馆行医，兼教武术，也很有名气。

一些清军官卒学习中医，成为昆明中医一大来源

演戏的武生也多研究中医

早年的一些武生、武举人也因为习武受伤求医，进而学医、成医。清乾隆年间昆明武举人李观因“仕途偃蹇”，家道衰落，于是在昆明城南卖药，“问疾不辞劳，愈疾不计资”（《滇南诗略》），名声在外。还是乾隆年间，武生李裕采在顺城街开馆行医，擅长以食物入药，平淡之中而有奇效。据说当年大学士傅恒出征缅甸，遭瘴气侵袭，病情严重，李裕采用生萝卜汁制药，竟将傅恒治愈。李裕采行医之余，兼习气功，至老尚鹤发童颜。后世子孙行医，相传两百多年。

○“武功名医”兼职滇军武术教官

昆明外伤科中医名家黄良臣出身世代中医之家，自幼习武，曾从军担任新军军医。早年北教场军营疥疮传染，一时恐慌，黄良臣配制灭疥灵，每人发一包擦用，半个月后，疥疮消灭。

1911 年，昆明辛亥重九起义爆发，黄良臣随新军范石生、朱德部参加战斗，救治伤员。1915 年，袁世凯复辟帝制，昆明爆发护国起义，黄良臣又应召为军医，随军出征，入川讨袁。护国战争胜利后，黄良臣荣获护国勋章。1921 年，黄良臣随滇军回昆，在圆通街开办“敬心堂”医馆，继续行医，同时在滇军中任医官，还兼任武术教官，成为昆明绝无仅有的“武功名医”。

黄良臣武功了得。他坚持认为，外伤科医生必须有强健体力。行医期间，黄良臣鸡鸣即起，到圆通山练气功、练武术，毫不懈怠。昆明召开运动会，也请他出席表演武术。黄良臣到昆明城西南角的吕祖庵巷出诊时，突遭 8 名盗贼拦路抢劫，黄良臣施展身手，将盗贼击退，但自己也被刺成重伤，叫了顶轿子赶回家中，经夫人精心调治数日，才脱离危险。

黄良臣军医出身，行医不避危险。1929 年昆明北门街发生火药爆炸惨案，抗战期间日寇飞机轰炸昆明，他都赶到现场救死扶伤。滇军开赴抗日前线，黄良臣捐赠大量跌打膏药、疮科膏药、痧气丸，泻痢愈等，以明民族大义。

○真枪实弹“炼”成的白药

曲氏大药房匾牌

白药为云南第一名药，是通过真枪实弹“炼”成的。

白药的创始人为曲焕章，其少年学医，跋山涉水，历尽艰辛，苦心钻研，1902年在通海制成了后来被誉为“中华瑰宝，伤科圣药”的白药，主治刀枪伤和跌打伤，迭有奇效。当时滇中绿林强人吴学显胸部中枪，伤情严重，强请曲焕章医治，曲焕章以白药为其治愈，白药自此初获声誉。后来吴学显被当局招安，到昆明担任军职，便请曲焕章到昆明开店行医。1922年，曲焕章在昆明南强街开设伤科诊所，吴学显参加军阀混战，右腿骨被枪打断，当时几家西医院都认为必须截肢，却经曲焕章治愈，行走自如。吴学显感激不尽，送给曲焕章一块大匾，上书“效验如神”四个大字，唐继尧也送他一块“药冠南滇”的匾额，并委任曲焕章为东陆医院滇医部主任兼教导团一等军医正、云南讲武堂军医官等。曲焕章和白药由此声名大振，成为时人心目中的“神医”，求医者不绝于途。

20世纪30年代，曲焕章将其白药定名为“曲焕章万应百宝丹”，并用自己的肖像进行商标注册。新的云南当权者龙云为他题匾“针膏起废”，胡汉民也题了块“白药如神”匾，杨杰则题“百宝丹系百药之王”。有意思的是，1935年蒋介石赶到昆明指挥围剿长征中的红军，抽空召见曲焕章，为他题写了“功效十全”四个大字。当时龙云向追赶红军的中央军赠送了一批白药，却在途中被红军缴获——蒋介石刚刚为白药题写了“功效十全”四个字，大批白药就成了红军的“雪中之炭”。

抗日战争爆发后，滇军60军北上抗日，曲焕章向滇军官兵捐献了3万瓶“曲焕章万应百宝丹”。在台儿庄战役中，这批白药发挥了重要作用，其后白药便传遍

曲氏大药房旧址

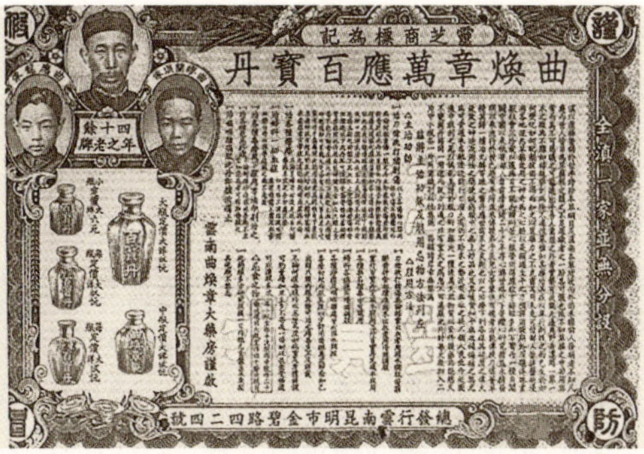

曲焕章万应百宝丹广告

全国，甚至远销新加坡、印度尼西亚、马来西亚、泰国等国，达到前所未有的高峰。

1938年，曲焕章被国民党政府接到重庆，以抗战需要为借口，强逼曲焕章交出白药秘方，交给“四大家族”创办的“中华制药厂”。曲焕章拒不从命，竟被软禁在重庆，抑郁成疾，恨恨而死。

曲焕章“成亦战场，败亦战场”，在当时的历史条件下，竟然酿成人生悲剧。

○老中医的医德：“尚气节”“扶困济贫”

清末民初，昆明出了不少医术高超的中医名家，而且医德很高，为市民所称颂。

早年昆明瘟疫多发，名医牛少宾治瘟病自成一派，他不顾劝阻，多次进入尸体横陈的贫民窟，冒着被传染的危险，救治患病的人力车夫和贫苦群众。另一位中医吴钟权医术高明，一个门生对他十分仰慕，曾写下一副对联：“济世全凭寸心无任钦佩；处方独具斗胆有谁抗衡。”吴钟权认为此联有奉承之嫌，又不便当面指责，就用典故开导这个门生，后来二人一起将此联烧毁了事。

昆明福元堂中医姚氏早在清代中期就以医术、医德为人称道，不少事迹都记录在《续修昆明县志》中。道光年间的姚时安“尚气节”而“不随人俯仰”。清道光十三年（1833年）昆明地震，各乡瘟疫流行，姚时安带药下乡，救治了不少百姓。而当时的总督程矞采召他去治病，他却拒绝道：“我一介布衣，

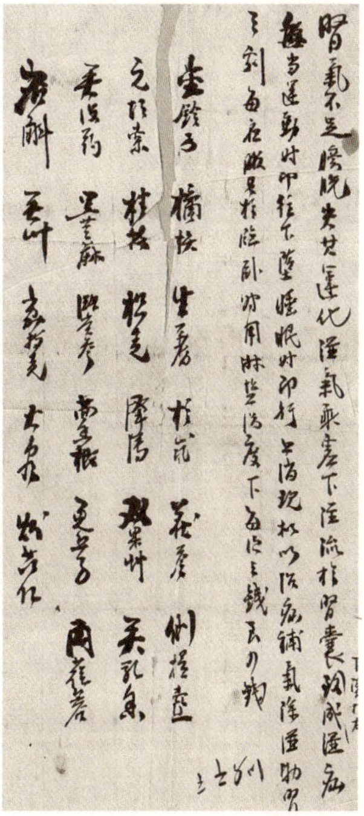

牛少宾所开之处方亦是极好的书法作品

为乡里百姓治点小病还可以，总督是贵人，岂敢冒昧！”程裔采大怒，要加罪姚时安，幸得昆明县令孔某从中缓解，姚才得免于难。

姚时安之子姚文彬承父业为医，也有成就。某夜四更，有人敲门而入，称总督召姚文彬诊病。姚文彬随其走到半路，此人突然跪下叩头，说：“我只是个贫家子，因母亲病重，又是深夜，担心请不动先生，才撒了个谎。”姚文彬不但不责怪此人，反而称赞他有孝心。但其母病重，已不可治，姚文彬又赠送银两，让其安葬老母。光绪年间，姚文彬为总督、巡抚治病，得“礼貌甚优”。姚文彬又乐善好施，扶贫济困，以致身后“家无余财”。他对家人说：“有了钱拿去帮助别人并不难，这些钱也是为人治病得来的，只要自己饿不着、冻不着就行了。”姚文彬的儿子年仅12岁就行医，求治者不少。有远道赶着毛驴来请他出诊的，要把他抱上驴背，驮到病家诊病，传为佳话。

姚文彬之弟姚文清认为乡下缺医少药，常常下乡行医。清同治十年（1871年），昆明水灾后疫病流行，姚文清下乡诊病。到河尾村遇到一位患“大头瘟”的孕妇，病势危重，而姚方清手头药已用尽，回城取药已来不及。姚方清就地找来蚯蚓粪、黄牛粪、苦马菜、萝卜、芦根之类，或外敷或内服，孕妇几天就痊愈了，后来还生了个儿子，母子平安。光绪年间，昆明鼠疫流行，姚文清为救治病人，竟被传染而死，年仅三十。

姚氏中医集大成者为清末民初的姚静轩，其医术过人，声望过人。当时人称，有病求治，但入其门，病就好了一半，而得其药方，病就消散了。凡是患者，无论贵贱，姚静轩都一视同仁，尽心医治。有穷人远道求医，他不仅免诊费，还送药，甚至资助返乡路费。姚静轩身为名医，遇患者卧床不起，请求出诊，他都有求必应，常常彻夜奔波，不得归家。后来姚静轩得了肿病，卧床不起，遇到坚求诊治者，他仍然抱病为之治疗。姚静轩为人谦和，他曾说：“‘自大’是为‘臭’，医学无穷，何敢自满！”云南高僧虚云为其题诗云：

慈心化作药王树，悲念溥为寿世珍。

更与一剂安乐药，十方世界尽回春。

1946年10月，昆明名医黄良臣在平政街创办昆明市贫民医院，经常到院内义务就诊。对前来求医的“扁担”（挑夫）和人力车夫等贫困者，不但减免医药费，甚至资助柴米、路费。他开出的处方是真方真药，货真价实，疗效显著，深受群众欢迎。他还定期给岔街老人院、初地巷安老院、归化寺麻风病院送医送药。凡是给老人送葬的贫困孝子，或者家人冻饿死亡而无力掩埋的穷人，都可以求助黄良臣，由黄良臣先出具证明，让丧家先到灵光街棺材铺请人掩埋，再由黄氏诊所凭证付款。

○登广告报医恩

早先昆明人得了重病，求助名医得治，回报方法之一是送块匾，题上“华佗再世”之类的字样送给医师。清末这种观念有了变化，有病人得治之后，在当时的《滇南钞报》上刊登广告，以亲身经历为医生招揽患者，以报救治之恩。

在光绪二十九年（1903 年）十一月十三日的《滇南钞报》上，就刊登了这样一则广告。发布人叫李玉成，他在广告中称自己得了重病，四处求治，“百药不效”“诸医束手”。后到钱先生处求诊，药到病除。广告请重病患者，可速到钱先生处就医，并标明钱先生行医地址为“南城哑巴巷”云云。

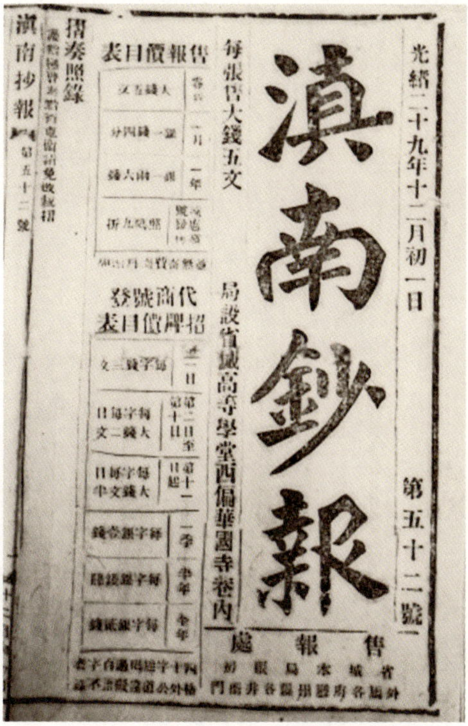
光緒二十九年十二月初一日
滇南鈔報
第五十二號
每張售大錢五文
局設省城高等學堂西偏華園寺巷內
售報處
售報價目表
代商號登招牌價目表
摺奏照錄
滇南抄報 第五十二號

《滇南钞报》刊登的广告价格表

老医院

清代昆明药店有的不开处方，只卖药材；有的又开处方，又卖药材；有的还自制丸药。清末更出现了只开处方不卖药的“官医局”，有救济和慈善的性质，也有点儿医院的意思，但这个“官医”治病效果太差，后被裁撤。

现代意义上的医院是随着西医进入昆明的，时间在清光绪年间。最早的是法国人在今华山西路开办的“大法施医院”。当时中法战争结束不久，昆明对法国人仇恨未解，加上法国把云南作为其势力范围，胡作非为之事甚多，市民非常反感，都不愿意到这个法国医院看病，对整个西医也是抵制的。但西医自有科学之处，早年昆明中医界名医也力主中西医结合，创办中西医联合医院，以“强种保民”，再次展现了昆明人兼收并蓄的包容精神。在当局的支持下，西医终于在昆明落地生根，逐步发展起来。

○清末“官医”和官医局

最早的“官医”是为这些无力出钱的穷人开办的，但却无用

因病沦为乞丐的底层人士

“官医”相对于“民医”而言，清光绪五年（1879年），昆明设立官医局，地点在城内翊灵寺（旧址在今华山南路），内设官医一人，称为“委员”，替人诊病，无论贫富，都免费开方，却不给药，另设医士两人，负责引种牛痘等。每天上午11时到下午4时接诊，其余时间出诊，则照常收费。早年和官医局同时设立的，还有一个检疫所，经费由民间捐输。检疫所又附设一个掩埋会，收敛城内外街头地尾的饿死者，算是做善事。

官医局为病人开出的方子，多半是一些好人吃不病、病人吃不好的汤剂，医术并不高，反正不收费，以此乱打发人。这样，到官医局看病的人也不多。勉强维持了近20年，到光绪二十五年（1899年），这个官医局就被“裁撤”了。

官医局外也有官医，多设在一些福利机构之中：华山西路口有一个养疾院，专门为外来人治病，设内外科医生各一人；拓东路有个残老院，收容孤寡老人，设堂医一人；钱局街有个敬节堂，专门收容无人照顾的孀妇，设公医一人；武成路有个育婴堂，收容遗弃的婴儿，设有种牛痘的儿科医生一人。此外，昆明县监狱也设有狱医一人，仵作（法医）二人，也算官医。

○“瘴疠之乡”的瘟疫之灾

老昆明地处边陲，旧时以“瘴疠之乡”闻名，历史上多次瘟疫流行，死亡惨重。清代乾隆、嘉庆年间，昆明几次流行鼠疫，据说死亡人数竟占当时人口的一半之多。

当时不知此病为鼠疫，只说是“痒子病”（淋巴结肿大），更不知道流行病因，无奈之下，只好在劝业场交叉路口挖一条大沟，在沟内烧起大火，希望借此阻断瘟病传播。

早年的乞丐，既有逃荒者，也有“逃瘟”者

据民国《昆明市志》记载，当时传染病多为赤痢、白喉症、猩红热等。从1921年夏天到1922年春季，昆明又流行白喉症、猩红热，“死亡者达三四万人，为从来未有之大疫”。据当时昆明的医生称，瘟疫传染之烈，昆明几乎无家可免。此疫流行，一时轰动全国。

1937年，流行性脑脊髓膜炎在昆明大流行，患者达8000余人。那时还没有磺胺类药品，只好从南京空运脑膜炎血清救急，并每天排放患者脑脊液进行治疗，最后仍死亡1000多人。到1938年，据不完全统计，昆明还有431人发病，死207人，病亡率高达48%。

○“麻脚瘟”：日寇制造的“缅甸虎列拉”

抗日战争中的1942年四五月间，中国远征军在缅甸作战失利，大批士兵、难民涌入滇西，日寇一路狂轰滥炸，从缅甸到云南，霍乱成灾，又沿公路传到昆明。当时难民被安排在昆明拓东路的救济院、东寺街和文庙，由于卫生条件差，霍乱迅速蔓延，从这年的4月到11月，昆明市、县地方患者达5953例，死亡3041人，病亡率达51%。仅市立医院就收治1068例霍乱患者，其中291例死亡。从盘龙江到福海村一带，因村民饮用河水，不少人染上霍乱，死亡尤为严重，一些村子死亡过半，惨绝人寰。当时的呈贡县（今呈贡区）因驻扎从缅甸战场后撤的部队，霍乱波及全县60个村中的50个村，据不完

当年“虎列拉”流行的昆明呈贡机场

日寇向滇西投放的就是这种陶瓷细菌弹

全统计，仅在6月，就有394人发病，232人死亡。这些数字还不包括驻军染病死亡者。当时驻军参加修建呈贡机场，据说早上出动一个营，晚上收工点名仅剩一个连，惨烈之状，不亚于缅甸战场。当时有村妇晨起到屋外草垛上拿稻草生火，抓到的竟是病死士兵的手！

此次瘟疫，时称“缅甸霍乱”，又按英语发音称“缅甸虎列拉”，本地人则叫“麻脚瘟”。有昆明民谣唱道：

麻脚瘟，麻脚瘟，上吐下泻肚子疼。

左右翻滚脚抽筋，口干舌燥头发昏。

前世不是人，现在进鬼门！

据近年调查确认，日军“731部队”曾在云南实施过大规模的霍乱、鼠疫细菌战，是“缅甸霍乱”的制造者。当时日军一方面向滇西城市、集镇空投细菌弹，一方面在滇缅公路沿线水沟、水井、水池投放霍乱病菌。不少证据表明，驻扎在缅北、滇西的日军南方军冈字9420部队防疫给水部曾和细菌战部队密切配合，大量征集、饲养老鼠和培养细菌。在滇西一带，还发现了日军遗留下来的生化防护服、大批饲养老鼠的鼠笼、毒气应急箱等实物证据。

○大法施医院：昆明最早的西医院

清光绪二十七年（1901年）八月，法国领事馆在昆明开办了“大法施医院”，对社会开放接诊，后来改名法国医院”，这是昆明的第一家西医医院。医院开设在逼死坡头（今华山西路），这里原来是清末临元镇台的驻昆行馆，俗称临元镇公馆，即今天昆明市妇幼保健院所在地。

法国医院开办时仅有医师和护士六七人，设有门诊。由于当时中法战争结束不久（与法军对阵的中国军队主力之一就是滇军），“昆明教案”刚刚发生，法国殖民者竭力扩张势力范围，在昆明胡作非为，开枪伤人，强占圆通寺等，昆明人仇恨未解，加上对西医的不信任，一般昆明市民到此看病的不多，求医者多半是教徒及其家属等。为吸引患者，法国医院实行免费门诊，后来看病的人多起来，又开始收费。

到民国初期，法国医院医护人员增加到十多人，“诊病分为两等：一等每次取费一元，二等每次取费一角，官员士兵一律送诊，贫苦者亦不取费”（民国《昆明市志》）。

1912年，华山西路的“法国医院”迁到巡津街，改名“甘美医院”

滇越铁路通车后，大法医院同时作为铁路医院，病人增加不少，院址渐显狭小。1912年，法国人又在巡津街建甘美医院（今昆明市第一人民医院址），大法医院作为门诊部，继续接诊病人。

○惠滇医院：中西医结合的教会医院

1920年，附属于英国教会的基督教中华圣公会在金碧路南侧的奏功桥旁购买土地，把原来设在万钟街的圣约翰堂诊所迁过来，开办了“惠滇医院”（今昆明市儿童医院址），以示英国教会对云南的“恩泽”。主事的院长和主任西医师都是英国人，还聘来了一个中医师坐诊，也算是“中西医结合”吧。和它的前身圣约翰堂诊所一样，惠滇医院同时也是一个传教的场所，其医护人员治病之时，还向患者和他们的家属布道。

早期惠滇医院仅每天早上10时到12时看病，时间仅有两个小时。诊费分为三等：一等5元；二等2.5元；三等0.6元（民国《昆明市志》）。这个收费在当时的昆明是很高的，让一般市民难以承受。经过多年发展，后来惠滇医院拥有医护人员50多人，病床87张，分设内、外、妇产诸科，医疗检测设备较好，年门诊人数达数万之多。成为民国时期昆明一大医院。

1920年，英国商人在商埠内创办惠滇医院，图为该院医务人员

○大法施医院附属学校：昆明最早的西医学校

1912年，华山西路的“法国医院”迁到巡津街，改名“甘美医院”，图为甘美医院的医生。

清光绪二十九年（1903年），法国人又在华山西路的三棵树巷设立“大法施医院附属学校”，招收中国学生学医，这又是昆明最早的西医学校，主要为法国人在昆明兴办的医院培养一般医务人员。

大法施医院附属学校招生46人，学制5年，学费全免，其中有昆明学生15人。法国医院越南籍护士也入校学习。学校开有病理学、药物学、解剖学和生理卫生学等，由于条件限制，学人体解剖用的是狗或猪的内脏。学校每天授课3小时，其余时间在医院打杂当助手，也算是学习。中国籍学生一般只分派在外诊疗室，越南人则分在内诊疗室，可见当时中国人之地位。

中国学生毕业后，留在法国医院的不多，多在昆明或回州县自开诊所，为西医普及做了不少事。

○国人自办的第一个西医院和第一个西医学校

清宣统元年（1909年），云贵总督锡良训练新军，伤病员不少，于是建立云南陆军医院，这是中国人在昆明创办的第一个西医院，地址在昆明南城外东寺街西寺塔旁的公房里。

云南陆军医院主要服务新军官兵，进行火器战伤救护。医院的首任院长是广东人陈子华，他也由此成为昆明的第一个中国西医医师。据民国《昆明市志》记载，民国初期陆军医院有医师、药剂师及助手共30多人，还附设将校休养所和废兵院。

为培养西医人才，1920年4月在昆明开办了云南陆军军医学校。这又是中国人在昆明兴办的第一个西医学校，起初设在江南会馆，又迁到云津市场防疫医院，后来附设在陆军医院内。

○最早的中西医之争和中西医结合

昆明人世世代代靠中医治病，20 世纪初西医随着法国人进入昆明，老昆明人仇恨西方列强的侵略，拿着手术刀的西医医师更成为不少人心中邪恶的象征，多不愿去法国医院就医。后来，留学日本或北洋归来的中国西医医生陆续在昆明开业，由于一般昆明人对西医都不太信任，加上西医诊费、药费、住院费都比中医贵，找西医看病的人并不多。

在这种情况下，西医要发展，就要和中医竞争，也容易产生冲突。如有的西医人士说中医治病不科学，没有仪器，没有客观指标。一些中医人士则认为中医有数千年历史，有丰富的理论，有望、闻、问、切和处方的临床实际经验，疗效远在治标不治本的西医之上。传说昆明一位中医以针灸著名，号称“万病一针”，一个外国西医不服，上门让中医“无病生病”。不料一针扎下，西医便发热冷战，再扎一针，则若无其事。外国西医想学针灸，昆明中医答道：“非童子之身，不能学针灸。”——可见当时中、西医之对立。而在清末，中医内部也有内耗，寒凉、温热两派成见较深，相互菲薄，几至积怨成仇。由于得到当时云贵总督锡良的支持，西医仍然在昆明扎下了根，逐渐成长起来。

据民国《昆明市志》记载，民国初期昆明登记在册的药店有 115 家，其中西药店仅占十分之一，中药店占十分之九。1918 年对行医人员进行考试，合格者中无一西医。到 1923 年，考试合格的西医医生有 24 人，而中医医生达 149 人。虽然差距仍然较大，但西医已经有了较大的发展，而且出现了中西医结合的趋势。

法国医院附属医学校的首批学员李继昌出身世代中医，入学前就有一定中医根底，毕业后自己开办诊所，以中西医结合诊治患者，疗效不错。1912 年，在昆明南城埂脚盐道街鹤丽镇公馆（今百货大楼西侧）开办的能仁医院广告称：“中国古医法，失传久矣！西人于内、外科，精研考究列为专门，吾华则瞠乎其后。本馆有鉴于此，特集合在外洋医学毕业数人，创设能仁医馆。用欧西最新法以治外科，用中国旧法以治内症。”可见当时昆明医界风气。

1913 年 8 月，昆明不少中西医医生吁请当局创办中西医联合医院，他们认为，中、西医各有所长，“合则双美，离则两伤”。而创建公立中西医联合医院，旨在“强种保民”，中西医生同堂共事，并创设西医研究所，学习西医诊治方法——如此开放，堪称医界有识之士。虽此事后来不了了之，但一些昆明药店还是推出“中、西医并举”服务，请来长衫布鞋的中医师和西装革履的西医师同坐一堂、为人诊病，分别取药。不少患者也“中学为体，西学为用”，诊病求西医、调理求中医，左右逢源，方便不少。

○警察医院：最早的市立医院

1914年，当时管理昆明市政的省会警察厅开办了警察医院，地点在南城埂（今人民西路东段）的吕祖庙和关帝庙，对原有庙房稍加修葺而成。这是昆明的第一个市立医院，分别开设中医、西医。中医仅有内科，西医则有内科、外科、眼科、妇科、小儿科、皮肤科、花柳病科、神经病科、传染病科等——体现的是中西医结合，但已偏重西医了。

警察医院主要为低级警士和清洁工服务，收费较低，但医疗条件和服务也较差。医院仅有医护人员10多人，其中医2人，只开处方不拿药，西医内科仅有小成药，外科只能涂膏上药而已。警察医院还开办过牛痘传习所，推广新法种痘，但在当时的社会环境下，成效不大。

1921年，朱德兼任云南省会警察厅厅长时，让警察医院对社会开放，惠及城市贫民患者，成为带慈善性质的医院，并由此改名为“宏济医院”。1922年，昆明市政公所成立，宏济医院划归市政公所管辖，成为昆明最早的市立医院。

○昆华医院：最早的省属医院

早年的昆华医院大门

1932年，云南省当局开始筹备成立省立医院。当时的省主席龙云的夫人李培莲因难产病逝，弥留之际，请求龙云变卖她的首饰，帮助建一个好医院，请医术高的医生来昆明行医。龙云痛下决心，在昆明建立一所设施较为齐全的省立医院，并定名为省立昆华医院。“昆”指滇池，因滇池又名“昆海”；“华”指太华山；“昆华”代指昆明。

昆华医院所需建设资金，由省金库拨款10万元，龙云变卖夫人李培莲的首饰遗物，捐助5万元。后来龙云母亲病故前立下遗嘱，捐出节省下来的丧葬费2000元建医院。社会各界也纷纷捐资赞助，昆华医院筹款总数达到了16.9万元。有了这笔启动资金，昆华医院终于动工。

昆华医院最早准备建在大西门外的胜因寺（今昆明师专址）东侧，但工程开工不久，就发现这里是学校区，多有不便。于是又到处考察，把院址选在当时的金碧公园后部，随即拆除园内设施，兴工建盖医院。昆华医院所购各项器械药品，都经滇越铁路运来。后来抗日战争爆发，设备半路滞留，医院首任院长秦光弘千方百计才得抢运到昆。

早年的昆华医院大楼

早年的昆华医院证章

1939年4月1日，省立昆华医院建成，有医院大楼、门诊部、宿舍、饭厅、洗衣房等，由于物价上涨，最后决算费用达387万元。医院设各科门诊部及药房，住院部设病房41间、病床128张，还有员工宿舍等。龙云为纪念李培莲，还捐款为昆华医院建了一个礼堂，以李培莲书斋“红藕轩”命名，取莲花长自红藕之意。医院内还开办了省立医士学校和省立护士学校。

昆华医院医疗水平较高，医疗设备较好，无论诊疗住院收费较为低廉，贫困民众和军人就诊还可以减免费用，一开始就建立了很好的声誉。如今改称云南省第一人民医院，一般昆明人仍称之为昆华医院。

○老昆明产婆

老昆明妇女生孩子多靠民间产婆，流弊不少。按民国《昆明市志》的说法，产婆“率多不学无术，且种恶习，贻害甚巨”，妇女分娩犹如过鬼门关。

早在1914年，主管昆明市政事务的省会警察厅就对昆明民间产婆进行调查注册，并在刚刚成立的警察医院里开办产婆学校，对产婆进行集训，学习西医的新法接生，降低了分娩时的母婴死亡率。但是，据昆明市政公所经调查，直到1923年，昆明产婆中以新法接生者不到三分之一，大多数仍沿用旧法接生。市政公所对产婆实行注册登记，规定要审查合格并持有证书才能接生，否则予以取缔，结果合格的产婆仅有35人。

1931年，当时的市政府在市立医院（原警察医院）开办临时助产讲习所，集中培训市内产婆，同时在市立医院筹办助产学校。1933年，龙云夫人李培莲产后流血，失治身亡。龙云大力支持助产学校，由他的后任夫人顾映秋担任名誉校长，并捐款万元，赠送大量书籍。1934年助产学校开学，共有54个初中以上学历的女学生入学。

○狗饭田麻风病院

麻风是老昆明的一大传染病，古已有之，却长期无药可治。最早的办法是将病人甚至病人全家火烧或者活埋，借此断绝传染。

昆明老人相传，当年一个当权者和老太太坐着轿子走过得胜桥，路遇几个麻风病人在盘龙江洗手洗脚，卫兵看见，竟掏枪要打。老太太说这些人可怜，要儿子找个地方把他们养起来，后来就有了麻风病院。

据民国《昆明市志》所记，麻风病院“在市东南聚奎楼外，凡患麻风症者，概送入调治，并使与市民远隔，以防传染。常购大枫子丸令服之”。这所麻风病院其实只是个收容所，1919年在金马寺狗饭田建成。说是医院，其实只有几间破烂的房屋，住着几十个病情严重的麻风患者，既无医无药，也无医护管理人员，只有一个院长每月去发一点口粮。直到20世纪40年代，有医生得到捐助，买了治麻风病的大枫子油、安懒露、依格露等针药，又自制苍耳草煎剂等，每周去治疗一次。经费用完后，治疗就停止了。后来美国传教士和法国主教也到麻风院送过药，每星期一次。

1935年后，当局强调集中收容麻风病人，加强管理，禁止流窜。省会公安局接管狗饭田麻风病院，收容80多人，由惠滇医院提供药品，协助治疗。病人口粮由养济院拨给，生活费由患者家属提供，使患者可以和家属见面，也可以减轻政府负担。

对于麻风病，当时没有特效药，治疗效果也不好。据说早在清同治年间，昆明人王福生得了麻风，向中医杨谦求治，竟得治愈，后来王福生拜杨谦学医，专治麻风，后来子孙相传云云——果然如此，后来竟不能到麻风院一试身手，让人遗憾。

老集园

娼妓卖淫被称为人类“最古老的职业”之一。旧时昆明有集园，有公娼；又有窑子，有明娼。这两类是合法的。至于秘密卖淫的暗娼，又属非法。一说昆明公娼出现在清咸丰年间战乱之后，为云贵总督岑毓英所设，是缓解当时财政紧张的措施之一。当时每当夜色降临，城南新城铺（今金碧路东段北廊）一带的娼寮就会在门前挂上一盏绿色灯笼，而在红栅子一带（今五华山前）的僻静地点，则多有“游妓”出没。

民国建立后，一方面严行“男女之大防”，一方面放开“公娼”。其间“禁娼”与“限娼”“公娼”与“私娼”竟纠结了近40年，与民国在云南的统治相始终，亦奇矣。

○禁娼与"限娼"·公娼与私娼

"禁娼"还是"限娼"，曾难坏了几代民国云南统治者，最早为难的就是这位云南督军唐继尧

辛亥重九起义之后，新的当政者在"禁娼"与"限娼"中选择了"限娼"，试图为妓女提供生计，并以公娼消灭私娼，以达无娼之境。办法是集中有案底的妓女，由警察局举办妓院，当时称"集园"。

最早的集园选址，竟然就在原云贵总督署前的甬道街上。当局在这条街的两端修起了门窗和围墙，激起群众特别是附近居民的强烈反对。后当局也觉得把集园建在市中心不妥，这才下令拆毁已建门墙，另外选址建园。

当时计划举办的集园分上、中、下三等，最后把上等集园建在南城外金碧公园（今昆华医院址）对面的三益里，中等集园设在城外的四川街（今金碧路东端），下等集园设在福兴街（今金碧路西端）。1913年前后全部挂牌，公开营业，由警察署管理，妓女按月缴纳花税、房租等。

集园开办后，形成娱乐、餐饮、演艺产业链，一时生意兴隆。鸨母购买穷家女或被拐骗来的良家幼女，并引诱贪图享受的良家妇女入行。在集园里，妓女、嫖客经常争风吃醋，打架斗殴，引发血案。集园同时又是官商应酬、营私舞弊、贪赃枉法的场所，成为典型的藏污纳垢之地，引发的社会问题不少。当时有媒体称当局此举为"天祸云南"，让"金马碧鸡名胜之区，一变而为野鸡害马秽乱之场"。昆明各社会团体也不断上书，要求取缔集园，迫于舆论的压力，当局于1914年6月全面禁娼，关闭了集园。

集园取消后，昆明私娼盛行，性病流行。当局感到"禁娼"也不解决问题，思路又回到"限娼"上来了。加上又有商人鼓吹"以公娼限私娼"，而且可以增加花捐收入，于是当局又决定让集园"复辟"。1918年4月，集园换了个"官督商办"的方式，重新在四川街开张。

新的集园仍然管理混乱，黑道横行，污秽不堪。1923年6月，昆明市政公所又将其关闭，另在云津市场设立集园，改为官办。但依旧积弊难除，流毒社会。这个官办集园分为东、西两院，大门相对，而以西院为“上等”。抗日战争时期，西院被日本飞机炸毁，集园再度萧条（万揆一《昆明掌故》）。

据《续云南通志长编》记载，1914年，为配合“集园”开办，当局还设立了“检梅院”，“专任集园各妓之检梅（检查梅毒）工作”，1920年改名“平康医院”，不久又恢复原名。抗日战争时期昆明为大后方，大批外省难民涌入，不少妇女生活无着，而大量工厂、军队特别是美军进驻，对昆明娼妓业形成刺激，但集园仍不景气，而私娼却繁盛一时。

1938年10月，昆明当局明令取缔妇女卖淫，“重申前令，严行查禁，以矫末俗而正风化”。废娼之后，“拟设立救济院，共分八部，其中感化院女子部以收容一切犯女及取消集园后无依娼妓，以剪发、刺绣、缝纫、烹调、纺织等工艺技能，俾其确能自营生活，同时注意培养其人格，迨其确能自立，并考查其确能悔悟者，始准其重入社会”（《云南民国日报》）。

但此后问题仍然得不到解决。有杂志描写当时的昆明街头：“坐黄包车的常常是那些落入风尘的烟花楼女，战时的昆明使这行古老的营生进入了空前绝后的黄金时代。”“一条灯光黄灰色的街却正适于某一些人的活动，在灯光射不到的黑影里，到处三三五五地站着些女人，没有人知道她们究竟是失去了灵魂，还是失去了生活的能力，浓厚的粉已掩盖她们的苍白，艳红的唇像染上了她们自己的鲜血，偶然注意她们一下，便飞回来了她们玻璃做成眼睛的传情。同主顾谈着价，她们便把自己像广味店内的腊肉似的，出卖了。”（1943年《社会服务周刊》）。入行卖淫的妇女本来家里就贫苦，出来社会上混，既要面临警察抓捕、拘押、罚款，又要面对地痞流氓的讹诈、骚扰乃至打杀，命运十分凄惨。

抗战胜利后，经济危机，风气败坏，百业凋敝，私娼畸形发展，集园苟延残喘，直到1949年才解散。

○集园“公娼”调查报告

民国官府举办“公娼”集园，表面上都说目的在于用公娼消灭私娼，以达到“无娼”的境界。在执行层面，就是化私娼为公娼。私娼非法，被警察抓到，转手就送进集园，变为公娼。这样，“以公娼消灭私娼”就成了“公娼”来源于“私娼”。这条道很黑很粗糙，也不知造了多少孽。

1944年，有关人员对昆明云津市场的官办集园进行了一次调查，所得结论被收入《续云南通志长编》，可见其重要。那时正是抗日战争后期，集园不太景气，共有公娼95人。调查其沦为妓女原因，绝大多数都是被逼为娼：其中孤苦无依者19

早年被迫在昆明街头出卖的小女孩

人，灾荒流落者17人，被人拐卖者15人，卖身偿债者6人，失业流落者4人，家庭生活贫困者16人，无计谋生者12人，占到了总人数的93%。另有原因不明4人，自甘堕落2人。至于教育程度，有目不识丁的文盲65人，占总人数的68%；略识字者23人，约占24%。二者占了绝大多数。上过学的仅有9人，约占9%，其中小学毕业4人，初中毕业4人，高中毕业1人。至于籍贯，本省有84人，占88%；其余来自广东、贵州的各2人，来自浙江、四川的各1人，另有籍贯不明者5人。让人略微放松的是这个调查结论："自愿从良，务正当职业者实占多数。"

至于"身价"，据说在此95人中，3000元者13人，2500元者17人，2000元者24人，1500元者8人，1000元者11人，800元者4人，500元者9人，未定者9人。这个"元"是什么概念？据有关资料，1944年昆明每斤米的价格是42元，而西南联大教授每月的薪水是18000元。

○妓女与"服装管制"

妓女和女学生，一浊一清，被视为女性两极，且两不相容，由来已久。清宣统元年（1909年）四月，昆明女子师范学堂发出布告称："近日常有下等妇女，假本学堂女生名义，或嫁人做妾，或营业不正。"影响女师名誉，呼吁世人举报，"以凭查办"。此中所谓"营业不正"，即指娼妓而言。从当时的材料看，也确有被开除的女师学生沦为娼妓的，学校疾言与"营业不正"者划清界限，情有可原。

行于街头，妓与非妓如何区别？1912年11月，就在昆明"上等集园"开业的同时，昆明妇女界见其"势不可当"，又剑走偏锋，另出高招，上书请求"服饰限娼"，以分良莠。办法有四条：一是让妓女梳双髻，不得和女学生一样穿裙子；二是妓女的衣装必须为绿色；三是妓女脖子上必须挂牌，写明本人所属集园馆号；四是妓女必须裹小脚。四条要求，当局采纳了半条：禁妓女穿着学生制服。其余全部驳回。其中一条反驳特别有意思：让妓女持牌，若被不识字者误认为校徽，岂不坏了女学生声誉？

早年的旗袍是昆明良家妇女的“标配”

不过，当局后来还是追加了不少“限娼”办法，如规定妓女外出必须腰悬白绸，两端垂脚，以标志身份，而坐轿只能坐小轿，必须放下轿帘，不得让人看见等等。

20世纪20年代，彩绣绸缎的女式“短装”在昆明流行，形成时尚。当局视之为“奇亵诲淫”，有伤风化，准备禁止而苦无良策。后来大概也从妇女界早先“服饰限娼”的建议中得到启发，于是反其道而行之，亮出奇招：将花花绿绿的短衣规定为妓女服式，并布告示众。省当局认为，这个办法“平易可行”，既为妓女服式，良家妇女必然避之不及，于是就可以“挽颓风而除恶习”了。这是对妇女界“服饰限娼”主张的一种设计巧妙的报复。

到了20世纪30年代，省立女子中学把旗袍作为校服，后来街市旗袍流行，妓女也穿起旗袍赶时髦。省女中认为女生人格受损，上书当局请求取缔妓女穿着旗袍，明确规定娼妓服装，“以别良莠”云云（参见万揆一《昆明掌故》等）。

○处罚娼妓、嫖客：劳役、罚款加打手心

民国时期的昆明，私娼始终是禁止的，公娼则时开时禁。违禁者要受处罚。1914年取缔公娼后，昆明私娼泛滥，当局处罚的办法有三条：设“钩台”拉皮条者

早年正月初八是铁峰庵庙会之日，铁峰庵为尼姑庵，赶会者中，以妇女为多，其中还有不少风尘女子

罚劳役三到五年；妓女初犯者罚劳役半年到一年，再犯者罚劳役一到三年；嫖客从重处以罚金，如果无力缴纳罚金，就折为劳役处罚。作为补充，1916 年当局又公布《取缔私娼办法》，规定所有私娼必须从良嫁人，逾期不嫁，则由警方送入济良所学习纺织缝纫，而后由警方统一择偶配人。规定如此，但执行起来，多为官样文章，敷衍了事。但也有撞上枪口被处罚的。据当时报纸报道，有嫖客被警察罚款 15 元，拉皮条者被罚 8 元。对官员的处罚似乎更重一些，1915 年，某知县召 3 名妓女陪游大观楼，后来妓女被送济良所，知县被罚 50 元。

如今难以想象的是，对违反禁娼规定而情节较轻者的处罚，竟然有“打手心”一项。1915 年 7 月，有妓女和男子在戏园“眉目传情”，并有女招待从中传递水果，被警察发现，处理结果是：男子罚款 5 元，妓女和女招待用板子责打手心 200 下。这类处罚也有随意性，同年 8 月，又有 3 人犯下相同的案情，结果男子罚款 5 元，妓女和招待只被责打手心 50 下。这种“责打手心”处罚还有另一种形式，1915 年 12 月，4 个男子在富春街召妓，正在等待时被警察抓获，由于未成事实，每人被责打手心 10 下，执行方式是“互相责打”。

这种“打手心”的处罚方式一直持续到 1947 年。这一年的 10 月，宪兵在南通街的上海大旅社抓到 4 个妓女，也处以“打手心”。宪兵打手心不用板子，而用刺刀代替“行刑”，比警察又“狠”上了一个等级（参见万揆一《昆明掌故》等）。

参考书目

〔明〕谢肇淛撰：《滇略》，载《云南史料丛刊》第六卷，云南大学出版社，2000年1月第一版

〔明〕刘文征撰、古永继点校：《滇志》，云南教育出版社，1991年12月第一版

〔清〕张廷玉等修：《明史》，上海古籍出版社、上海书店，1986年12月第一版

〔清〕谢俨纂：《康熙云南府志》，载《中国地方志集成·云南府县志辑》，凤凰出版社，2009年3月第一版

〔清〕戴絅孙辑：《道光昆明县志》，载《中国地方志集成·云南府县志辑》，凤凰出版社，2009年3月第一版

〔清〕檀萃辑，宋文熙、李东平校注：《滇海虞衡志校注》，云南人民出版社，1990年12月第一版

〔清〕师范纂辑：《滇系》，见《中国方志丛书》，成文出版社，1968年12月第一版

〔民国〕赵尔巽主编：《清史稿》，上海古籍出版社、上海书店，1986年12月第一版

〔民国〕昆明市政公所编、字应军校注：《昆明市志校注》，云南民族出版社，2011年7月第一版

李春龙主编：《正续云南备征志精选点校》，云南民族出版社，2000年3月第一版

〔民国〕云南通志馆纂：《新纂云南通志》，云南人民出版社，2007年3月第一版

〔民国〕云南通志馆纂：《续云南通志长编》，云南省志编纂委员会办公室，1985年12月印行

〔民国〕昆明县教育局乡土教材编辑委员会编：《修订昆明县小学乡土教材》，昆明实验县教育局，1938年印行

方树梅纂集：《滇南碑传集》，云南民族出版社，1903年7月第一版

昆明市志编纂委员会编：《昆明市志长编》，1984年3月印行

罗养儒著：《云南掌故》，云南民族出版社，1996年3月第一版

陆复初著：《昆明简史》，昆明市志编纂委员会，1983年12月印行

昆明市地名办公室编：《昆明市地名志》，1987年12月印行

昆明市地方志编纂委员会编：《昆明市志》，人民出版社，2002年8月第一版

谢本书、李江主编：《昆明城市史》，云南大学出版社，2009年12月第二版

张增祺著：《滇国与滇文化》，云南美术出版社，1997年10月第一版

〔法〕奥古斯特·弗朗索瓦等摄影《历史的凝眸——清末民初昆明社会风貌摄影纪实》，云南美术出版社 2000 年 4 月第一版

万揆一著：《滇云旧闻》，云南教育出版社，1998 年 10 月第一版

万揆一著：《昆明掌故》，云南民族出版社，1998 年 3 月第一版

万揆一著：《昆明古城拾遗》，云南教育出版社，2000 年 12 月第一版

云南省档案馆编：《建国前后的云南社会》，云南人民出版社，2009 年 12 月第一版

刘亚朝著：《昆明古城旧话》，云南大学出版社，2004 年 2 月第一版

余斌著：《西南联大·昆明记忆》，云南民族出版社，2003 年 12 月第一版

昆明市政协文史资料研究委员会编：《昆明文史资料选辑》各辑

汪曾祺著：《汪曾祺写云南》，云南美术出版社，2012 年 6 月第一版

汪曾祺著：《昆明的雨》，云南人民出版社，2011 年 2 月第一版

朱自清等著：《流亡三迤的背景》，云南人民出版社，2011 年 2 月第一版

昆明日报编：《老昆明》，云南人民出版社，1997 年 12 月第二版

秦桂珍主编：《昆明民俗》，中国文史出版社，2006 年 3 月第一版

徐刚著：《根究昆明》，云南民族出版社，2004 年 8 月第一版

龙东林主编：《昆明历史文化寻踪》，云南科技出版社，2008 年 8 月第一版

昆明市政协文史学习委员会编：《抗战时期文化名人在昆明》，云南美术出版社，2000 年 12 月第一版

云南信息报编著：《老字号》，云南人民出版社，2009 年 9 月第一版

李道生主编：《云南社会大观》，上海书店出版社，2000 年 1 月第一版

昆明市金融志编纂委员会编：《昆明市金融志》，1993 年 6 月印行

昆明市水利志编写小组编：《滇池水利志》，云南人民出版社，1996 年 7 月第一版

周忻、叶铸、徐刚编著：《文化昆明》，云南美术出版社，2008 年 12 月第一版

〔美〕伯特·克拉夫奇克著：《一个美国人难忘的云南印象》，云南美术出版社，1994 年 10 月第一版

〔美〕艾伦·拉森等摄影：《飞虎队员眼中的中国》，上海锦绣文章出版社，2010 年 4 月第一版

昆明市社会科学院编：《昆明百年》，云南人民出版社，1999 年 9 月第一版

后 记

二十载心事，千余日行笔，故纸与故土并重，苦行共苦乐一体，终于某日凌晨完稿，点了个存盘，突然发现自己如此幸运，一时毫无睡意，“幸”思泉涌，于是开列“幸事”如下：

幸逢古今贤士

行路遇仁人，行笔逢高士，成事之幸，莫过于此。今必谢者，如明代的刘文征先生（纂《滇志》）、谢肇淛先生（纂《滇略》），如清代的谢俨先生（纂《康熙云南府志》）、师范先生（纂《滇系》）、檀萃先生（辑《滇海虞衡志》）、戴䌹孙先生（纂《道光昆明县志》），如近代的袁嘉穀先生（纂《滇绎》等）、周钟岳、赵式铭、秦光玉诸先生（编纂《新纂云南通志》《续云南通志长编》）、童振藻先生（纂修《昆明市志》）、梁继先先生（修《昆明县小学乡土教材》），如现代的罗养儒先生（著《纪我所知集》）、陆复初先生（主编《昆明市志长编》）、邓广琼先生（主编《昆明市地名志》）、万揆一先生（著《昆明掌故》等）、张增祺先生（著《滇国与滇文化》等）、王海涛先生（著《昆明文物古迹》）等。至于摄影，清末的法国驻云南总领事奥古斯特·弗朗索瓦（方苏雅）先生（见《历史的凝眸》）、抗战时的飞虎队美国大兵伯特·克拉夫奇克（见《一个美国人难忘的云南印象》）都提供了大量的“真相”——伯特·克拉夫奇克当然是“洋贤士”，奥古斯特·弗朗索瓦（方苏雅）作为一个摄影家，也留下了不少“贤照”。当然还离不开云南美术出版社的编辑和出版人，有了他们的策划、组织和运作，才“天降大任于斯人”，于是“苦其心志”于故纸，“劳其筋骨”于田野，于是有了乐在其中的5年，有了这套丛书。笔者还期待更多的贤士不吝赐教，指正错误，弥补缺失，乐吾乐，以及人之乐，大乐哉！

幸逢互联网时代

一个“互联网+”阅读，让人在数年之间，可以做过去可能要耗费数十年甚至穷尽一生才能完成之事。一敲键盘，一点鼠标，世间万象，上下千年，皆可秒现眼前；求诸古籍，求证正误，不过举手之劳。无论查图书馆藏书，读前人原著，览硕博论文，都不在话下。就是一些稀缺古籍，也可以从网上下载影印本，或从网上淘购得来。

于是坐拥书城，从容敲字：足不出户而眼观六路，耳听八方；行程二万而上天有路，入地有门。难禁惊喜连连，令人直呼过瘾。还有无数网友高手，在网上大“晒”图文，有线索，有资料，拜读之余，脑洞大开，顿起“原来如此”之慨——感谢信息时代，感谢互联网，感谢知名和不知名的网友。

幸逢故土好人

本人有幸，且不说亲人好友都理解并容忍了我的选择和放弃，就是上山下乡，田野调查，从未迷途，也多亏了好心的指路人、引路者：小桃源村的娃娃、海晏村的钓鱼人、太华峰气象站的清洁工、安江村的父老、棕皮营的乡民、圆通山的网恋青年……出入庙堂，“精神考古”，多次享受破例，关照多多，又亏了省图书馆的管理员、古旧书店为我打折的老板、翠湖讲武堂的保安、红花巷朱德故居的主管、节孝巷地下党活动旧址小院的执事、抗战昆明广播电台旧楼的录音总监、玉案山筇竹寺的僧人、海源村龙王庙的算卦大妈、海晏村石龙寺的持斋大嫫、沙朗巷大院的看门人和水晶宫社区的小哥……帮忙的还有老天：大雨不期而至，洗刷螺峰山石刻上的拓印墨迹；白云如期而来，抹去东寺街更夫雕像额前的阴影；轻风翩然而起，掀起圆通寺后山摩崖题字前的经幡；太阳及时露面，照亮文明街小巷的“一颗印”民居……吉人天相，莫过于此。

幸逢劝学巷的小伙伴

当年一班熊孩子上天入地，打架干仗、无知无畏、无所不为：翻墙到隔壁后院扯桑子，到文庙“梭坡”，钻进圆通山到接引殿打乒乓球，到飞机场“描蛐蛐儿”，到八大河“闷老姆”，到海埂“掍老埂登”，到“二道铁路”钓鱼，到大观楼外草海捞“歪儿歪儿”，到南太桥跳水“洗澡”，到翠湖放风筝，到金殿“桃园三结义”，到南窑抠窑泥掼手枪，逃学到长春路茶铺“旁听”评书《三侠五义》，偷爬到青年路昆明剧院后台高桥上看京戏，从侧门混进长春路云南大戏院看滇剧，在自家“一颗印”小院里吹“青蛙”、刻人人、扯嗡、叠纸火箭、玩花绷绷、下仙人针、斗将军草，在岔巷“挺排坨”“封缸”，玩“拉人”、滚铁环、“躲猫猫”“打死救活”、跳“小黄牛”，在电线杆下讲鬼故事、打“豆腐块儿”、弹“玻得儿”、丢“炸弹”……直到天黑很久，家家大人喊归，小伙伴们身子一扭，有节奏地把屁股拍得山响，大吼“扁担开花，各回各的家”，悻悻而归，而意犹未尽。如此等等，皆可入书，岂不幸哉？

幸逢温厚长者

在劝学巷那头的长春小学，有几次起意要收养我的女教师，在劝学巷这头的42号小院里，有没结婚、没孩子却把院子里我们这群淘气鬼当子女的房东三嬢。三嬢出身医生世家，父亲去世后多年，还有乡间农民来找老医生看病。她说得一口纯正的昆明话，如“藩头儿（藩台）衙门”，如“早期（早上）”和“晚期（晚上）”等等。劝学巷42号是典型的一颗印小院，单层土基房，屋顶下有暗楼，木窗糊绵纸，院里有花坛，还有石缸、盆景。三孃的堂屋里有供桌和佛龛，天天早上都要敬香，我们总是好奇地在一边静静地看。老昆明的风俗在她那里几乎全了：清明上坟、七月半烧纸、中秋敬月等等。我们喜欢跟着她去上坟，走到昙华寺后山，供上七八个菜，然后一起就地坐下野餐，那黄焖鸡的味道好极。三孃是腌菜高手，她做的腌菜鲊、茄子鲊特别好，做成后要给院子里每家送一碗。我们不好意思，以后就会帮着她洗苦菜、晒茄子，不亦乐乎。三孃读过昆女中高中，我们跟她上街，她会给你两分钱让你看一本小人书；自己家太窄，我们喜欢跑到她的堂屋跪上板凳伏桌做作业，她会讲几个老昆明的故事，还会教我们唱抗日歌和学生运动歌，如聂耳的《毕业歌》，唱“同学们，大家起来”，如麦新的《牺牲已到最后关头》，唱“向前走，别退后，生死已到最后关头”等等。

幸逢我的娭毑（奶奶）

娭毑老家湖南浏阳，18岁守寡，纺着石棉线把我拉扯大。娭毑从外省“移民”的角度，给我讲了不少老昆明的人情世故。她牵着我去藩台衙门菜市买菜，到护国路粮店买米，到书林街的东寺塔数砖头，到财盛巷的大坡和小坡“梭石头坡”，到钱局街、文林街、登华街走亲戚。从小和娭毑相依为命，她辞世时我还远在千里之外的遮放插队。后来三孃告诉我，娭毑走前说过：“伊爪伢崽（这个娃娃）肯定会写出点麻列（什么）来。”再做梦时，我会把这套书送给娭毑，告诉她哪些是她给我讲过的故事，哪些是她牵我走过的地方……

朱净宇

2020年5月4日